日本3・0

2020年の人生戦略

装幀　トサカデザイン（戸倉 巌、小酒保子）
DTP　美創

はじめに：日本人よ。チャレンジ童貞を卒業せよ

「なぜ最近の日本人は挑戦しないのだろう。海外に出ていかないのだろう」

先日、中国で起業家として活躍している知人と久しぶりに会った際、ふとそんな話題になりました。この問いに彼はこう答えました。

「傷つくのが怖いのだと思う。世界との差を知るのが怖いのだと思う」

シンプルな回答ですが、私はその通りだなあ、と納得しました。私自身にもそういう面があると感じたからです。

「日本はやっぱり最高」「ガラパゴス万歳」「グローバル、グローバルと唱える意識高い系は痛いよね」などなど、行動しない自分を肯定するための理屈は日本にあふれています。自分は安全地帯にいながら、傷つくことも、大きな喜びを得ることもない世界にたたずんでいる。しかし、内心はコンプレックスであふれ、びくびくしている。

こうしたメンタリティは何かに似ています。それは、童貞男子です。

下品な意味ではなく、**今の日本人は「チャレンジ童貞」になっているのではないかとすら思います。** 自分がまだ見ぬ世界、領域、場所、体験など、未知のものを異様なまでに怖

がっているように見えるのです。その様は、女性を知らないがゆえに、女性に現実離れしたイメージを抱き、恐れたり、蔑《さげす》んだりする童貞男子とそっくりです。

もうひとつの日本の病は「サブカル病」です。サブなはずのサブカルチャーがメインとなるほど、サブカル好きを公言する人が増えました。メインカルチャーはメインだけにとても混み合っています。一方、サブカルにはライバルが少ないですから、競争に敗れて、劣等感を抱くことがありません。すぐに通《つう》を気取れます。

童貞とサブカル。双方に相通じるのは、「失敗」のないゆるい場所に逃げ込んでいるということです。プライドが低いように見えて、実は自己愛の固まりだということです。しかし、そういう人たちこそよくわかっているはずです。実は、自分のそうした行動がいちばんかっこ悪いということを。挑戦する人たちがうらやましいということを。ただし、そうした自己と向き合う強さがないゆえに、挑戦する人を笑ったり、批判したりするのです。全世代にそうした人たちがどんどん増えてしまっているのが、残念ながら、今の日本です。そうした日本の一面が、わたしはどうしようもなく嫌いです。

日本が今のような状態になったのは、幸せの裏返しとも言えます。世界では、国でも企業でも生活でも、激しい生存競争が繰り広げられています。うぶな「チャレンジ童貞」では、あっという間に、駆逐されてしまいます。

一方日本では、街は安全で、ご飯はおいしく、経済の低迷が続いているとはいえ、世界の中ではまだ相対的に豊かです。しかしながら、そんな平和な時代もついに終わりを告げようとしています。**安寧の日々が続くのもせいぜい2020年まで。**それに前後して、日本にはほぼ確実に修羅場が訪れます。それは、数年に一度のものではなく、数十年、おおげさに言えば、100年に一度と言ってもいいインパクトのあるものとなるでしょう。

日本の近代は、1868年の明治改元から始まり、その第1ステージは、1945年の敗戦によって幕を閉じました。その後、敗戦から立ち直った日本は、奇跡の経済成長を遂げ、輝かしい「近代の第2ステージ」を創り上げました。しかし、その時代にも終わりが近づいています。戦後モデルのガラガラポンがあらゆる領域に迫っているのです。

2020年前後から始まる「日本近代の第3ステージ」、通称「日本3・0」は、これまでとはまったく異なる思想、システム、人を必要とします。

新しい時代にもっとも不要なのは、「チャレンジ童貞」です。求められるのは、失敗してもはいあがり、しつこく挑戦する人間。常識を疑い、ゼロからイチを生み出せる人間。

日本にとどまることなく、世界に飛び出す人間。何にでも好奇心を持ち、貪欲に知を求める人間。そして、自己愛を超えたプリンシプル、思想を持った人間です。

ただし、「チャレンジ童貞」の人も、勇気を振り絞れば、いくらでも挽回するチャンスはあります。たった一度の行動で「チャレンジ童貞」から卒業できるのです。

たった一度、自己愛と恥を捨てて、好きな人に告白する。

たった一度、周りの空気を読まず、我が道を突っ走る。

たった一度、死ぬほど勉強して、新しい特技を身につける。

初めの一歩を踏み出せば、今とは違う世界が広がっています。きっと何か希望が見えてくるはずです。

「日本3・0」の時代の〝成功の方程式〟はまだ誰も見つけていません。それだけに一番乗りとなった人間は、歴史に名を残せる可能性すらあります。ちょうど幕末に、下級武士だった西郷隆盛や大久保利通や坂本龍馬がヒーローとなったように。ちょうど戦後に、一介のエンジニアだった、ソニーの井深大や盛田昭夫、ホンダの本田宗一郎がヒーローとなったように。

とくに適応力の高い30代以下の世代にとってはブルーオーシャンが広がっています。だ

からこそ若い人たちには、とにかく動いてほしいです。

「動く」と言っても、いろんな「動く」があります。

転職するのもいいですし、社内で部署を異動するのもいいでしょう。海外赴任するのもいいですし、留学したり、家を引っ越すのもいい。映画や演劇やアートを観て、心を動かすのもいいですし、何かのテーマについて、脳を動かして考えぬくのもいい。すなわち、脳と心と体の運動量をとにかく増やすべきなのです。

動けば動くほど、経験値が高まり、アイディアが生まれ、センスが磨かれ、出会いが生まれ、人脈が広がり、体力が高まり、チャンスが降ってきます。**今のような変化の時代には、止まること自体がリスクです。**動いてたとえ何か失敗したとしても、それは長い目で見ればきっと財産になります。

なんだかんだ言っても、日本には優秀な人がたくさんいます。にもかかわらず、多くの領域で停滞感が漂っているのは、「動く人」が〝驚くほどに少ない〟からです。逆に言えば、**「動く人」になる価値は極めて高いのです。大胆に自分の〝領域〟を超えていけばいいのです。**

今、時代は「下克上」を求めていますし、そのための好機は至る所に転がっています。

本書が、新時代をつくるために「動く人」たちにとって、多少なりとも役立つガイドブックとなれば、それに優る喜びはありません。

ニューズピックス編集長　佐々木紀彦

日本3・0　2020年の人生戦略　目次

第3章

日本3・0と経済 ―― 145

第5章 日本3・0と教育

第6章 日本3・0とリーダー 343

第１章

日本３・０の始まり

戦後の幸せな時代が2020年前後に終焉する。明治維新という「第1のガラガラポン」、敗戦という「第2のガラガラポン」に続く「第3のガラガラポン」が到来。「10のファクター」と「5つの社会変動」により、下克上と人材の大移動が起きる。そんな「日本3・0」の創り手となるのは、ナナロク世代を中心とする30代だ。

本章の10のポイント

・日本近代の第3フェーズである「日本3・0」が2020年前後から始まる。
・2020年に東京五輪、安倍政権終焉、東京の人口減少という節目が訪れる。
・東京五輪は、戦後日本のエピローグ。「団塊世代の卒業式」にもなる。
・キーワードは「ガラガラポン革命」。明治維新、敗戦に続く「第3の革命」が到来。
・ガラガラポン革命の原動力となるのは、いつの時代も「移動」と「下克上」。
・ガラガラポンの起爆剤は、年功序列の崩壊、同一労働同一賃金、移民、難民。
・同じ能力であれば、女性が出世する時代になる。
・業界再編、大型倒産、スタートアップ、第4次産業革命、交通革命、日本開国に注目。
・「日本3・0」幕開けの号砲は、財政破綻、政界再編、戦争、自然災害、改元。
・「日本3・0」の主役となるのは、ナナロク世代を中心とする30代。

戦後は幸せな時代だった

ひとつの時代が終わる。

そう感じさせるニュースが国内外で相次いでいます。2008年のリーマン・ショックから始まり、ギリシア危機、アラブの春、3・11、イスラム国誕生と続き、2016年には英国のEU離脱、トランプ大統領誕生などに世界が揺れました。これらの出来事は、将来、歴史の教科書に記されるような事象です。

なぜ今、こうした世界史的な事件が頻発しているのでしょうか。

それは単なる偶然とは思えません。歴史が大きな転換点を迎えていると考えるべきです。より具体的に言うと、**第2次世界大戦後から続いてきた「平和で安定した時代」が終わりつつあるのです。**

振り返れば、1945年以降の「冷戦の時代」、それに続く、冷戦終了後の「米国一人勝ちの時代」は、人類史上まれに見る幸せな時代でした。冷戦時代には、キューバ危機などときに肝を冷やすシーンもありましたが、世界はおおむね平穏でした。世界が米ソの2極に分かれて、うまく均衡していたのです。

そしてソ連崩壊後も、その平和は続きました。米国が〝世界のボス〟として君臨することにより、政治的にも、経済的にも、世界は安定しました。

国際政治学には、「覇権安定論」というセオリーがあります。それは、「ひとつの国家が世界的なヘゲモニー（覇権）を握ると、対抗する国家がなくなるため、国際システムが安定する」という考え方です。まさに冷戦後の世界はその理論どおりに動きました。大きな戦争もなく、世界は経済成長を続け、「国民国家」という〝近代のビジネスモデル〟もうまく機能していたのです。

この「平和で安定した時代」の恩恵をもっとも受けたのが日本です。

米国の庇護の下、軍事面の心配をすることなく、経済発展に邁進《まいしん》。**軍事という国家の大事をアウトソーシングすることにより、金儲けに専念することができました。**国と企業と国民が一体となった、日本の爆発的な高度成長――これは幾多の幸運に支えられた、世界史に残る偉業と言えます。

そんな日本の中で、もっとも幸せな世代が1947～1949年に生まれた「団塊の世代」前後の日本人です。この世代は、生まれたときを底として、未曽有の右肩上がりの時代を生きました。日本史上、もっともラッキーな世代と言ってもいいかもしれません（最後まで逃げ切れるかはまだわかりませんが)。

しかしながら、**「世界の平和＝米国の覇権」は長続きしませんでした。**

２００１年の９・11は米国の運命を決定的に変えました。ブッシュ政権が２００３年に始めたイラク戦争は、米国の国力を決定的に削ぐとともに、中東をカオスへと追いやってしまいました。

経済面でも、２００８年のリーマン・ショックにより世界は未曽有の混乱に見舞われ、ギリシアの債務危機が追い打ちをかけました。しかも昨今は、中国経済のバブル崩壊のリスクがじわじわと高まっています。

米国の苦境は政治にも及んでいます。中間層の没落により、格差拡大への不満が爆発。トランプ現象に見られるように自由貿易、移民に反対する声が高まっています。「自由」という米国のアイデンティティが揺らいでいるのです。

今なお米国は世界一の大国ですが、もはや覇権国とは言えません。**「世界のボス」を失った世界は、かつてないほど不安定になっています。その決定打となったのが、トランプ大統領の誕生です。**

国民の収入全体に占める富裕層の割合（米国）

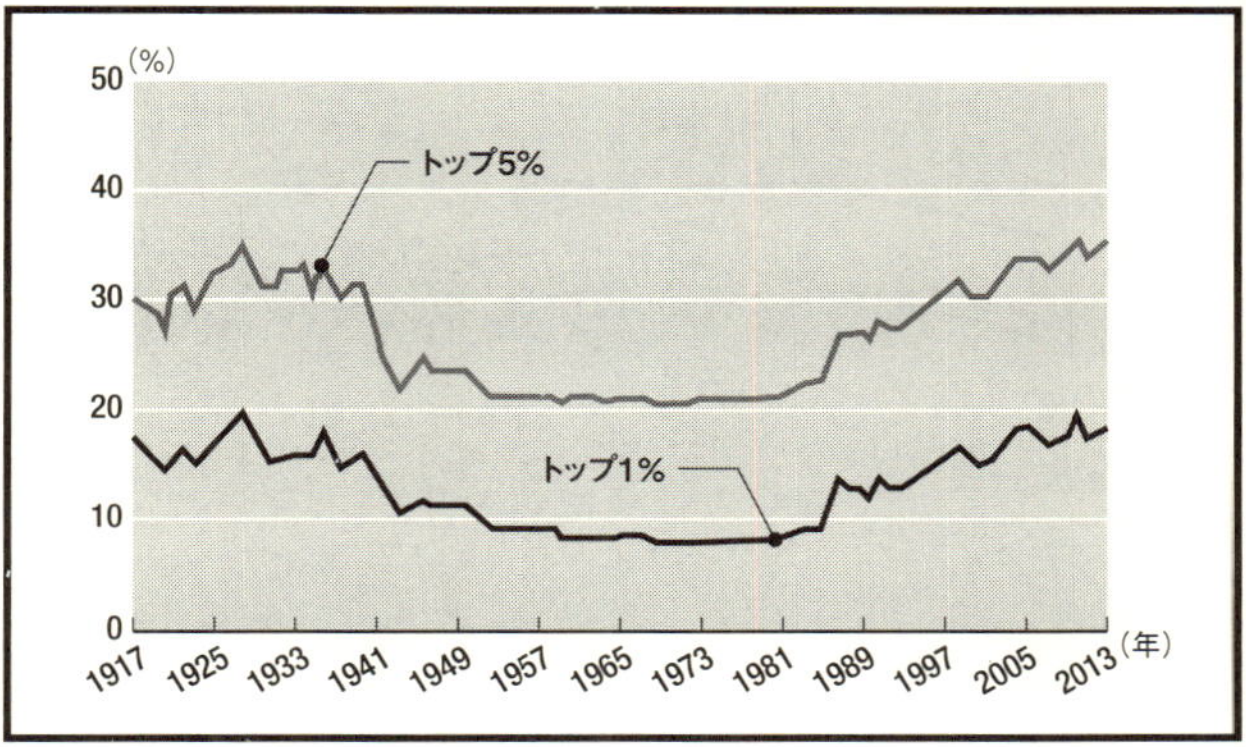

出所）The World Wealth and Income Database

トランプ勝利の意味

下馬評を覆してのトランプの勝利。この歴史的勝利は何を意味するのでしょうか。

間違いなく言えるのは、**中間層、とくに白人の労働者階級の不満が爆発したということです。**過去20年にわたり、アメリカ経済は順調に拡大してきました。しかし、その恩恵が中間層に十分に行き渡ることはありませんでした。

それはデータからも明らかです。

１９９０年前後から、国民の収入全体に占めるトップ１％、５％の富裕層のシェアは右肩上がりで拡大しています。それに対して、中間層の実質所得の中央値は、20年前と同じ水準に留まっています。つまり、

ジニ係数の推移

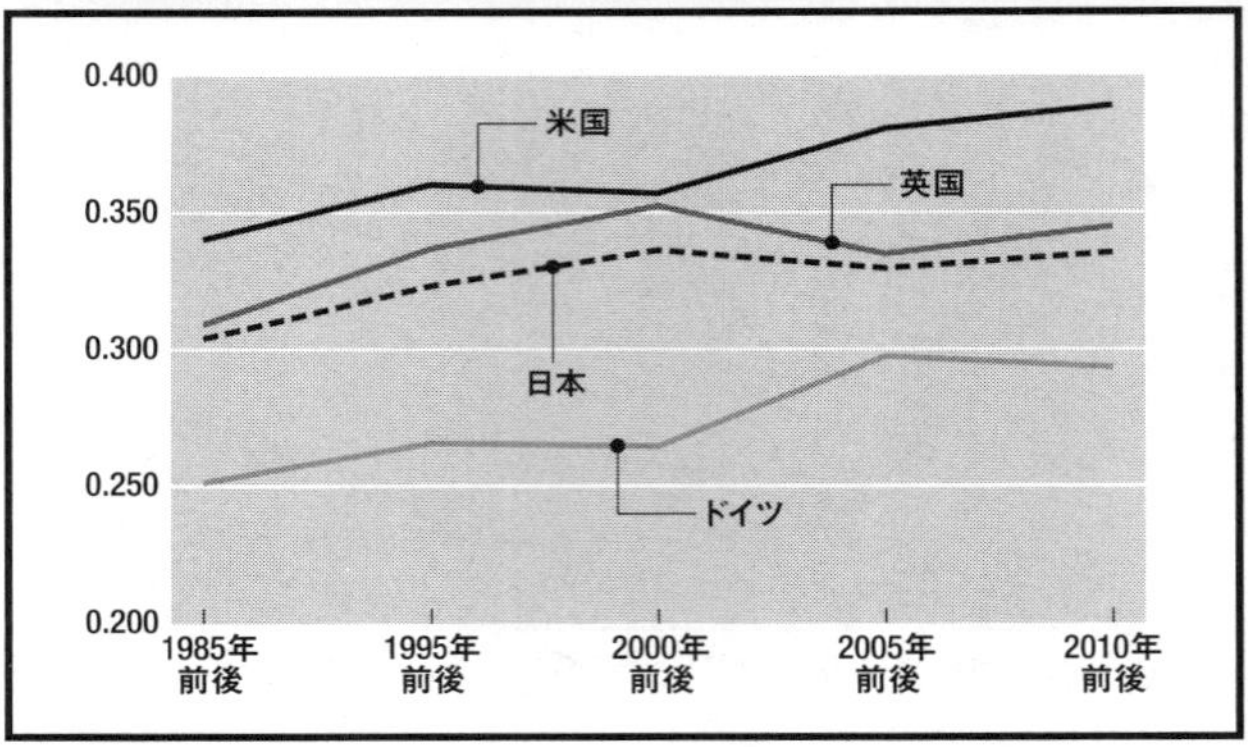

出所）OECD

中間層はちっとも豊かになっていないのです。

その結果、格差の水準を示す「ジニ係数（数値が高いほど格差が大きい）」は2000年前後から一貫して上昇。イギリス、ドイツ、日本など他の先進国と比べても、米国の格差の大きさは際立っています。

こうした格差拡大によって溜まりに溜まったフラストレーション。リーマン・ショックで世界を混乱に陥れながら、大した罰もなく復活している金融エリートへの怒り。そして、口では変化を叫びながら、何も変えようとしない、何も変えられないエリート層への苛立ち。そうした不満が吹き出したのが、今回のトランプ当選なのです。

別の言い方をすれば、**現在の格差は「グローバル派」と「ローカル派」の格差とも言えます。**経営共創基盤（ＩＧＰＩ）の冨山和彦ＣＥＯは、ブレグジット（英国のＥＵ離脱）やトランプの勝利を「Ｌ（ローカル）の反乱」と解釈します。

「今の世の中は、グローバルエコノミーの中で急上昇していく人たち（Ｇの住民）と、ローカル経済の中に閉じ込められている人たち（Ｌの住民）の間で分断されてしまっている。それが格差の実相だ。

実は、どんな国でもＬのほうが圧倒的多数派だ。少なくとも８、９割ぐらいがＬであり、アメリカでは９割くらいがＬだろう。そのＬの人たちが『政治もメディアも、俺たちのことを全然見ていないじゃないか』と反乱を起こした」

ブレグジットに続く、まさかのどんでん返し。トランプの勝利は、歴史のターニングポイントを示唆しています。

そのもっとも大きい意味は、**「グローバル化の進行」の終わりです。**

冷戦後、衰えることなく続いてきた「グローバル化」は、世界全体を豊かにしました。とくに、グローバル化により潤ったのが新興国です。中国を筆頭に、多くの人々が貧困から抜け出し、中間層へと成長していきました。**世界経済全体で見た場合、グローバル化は**

エレファントチャートに見る「中間層の苦境」

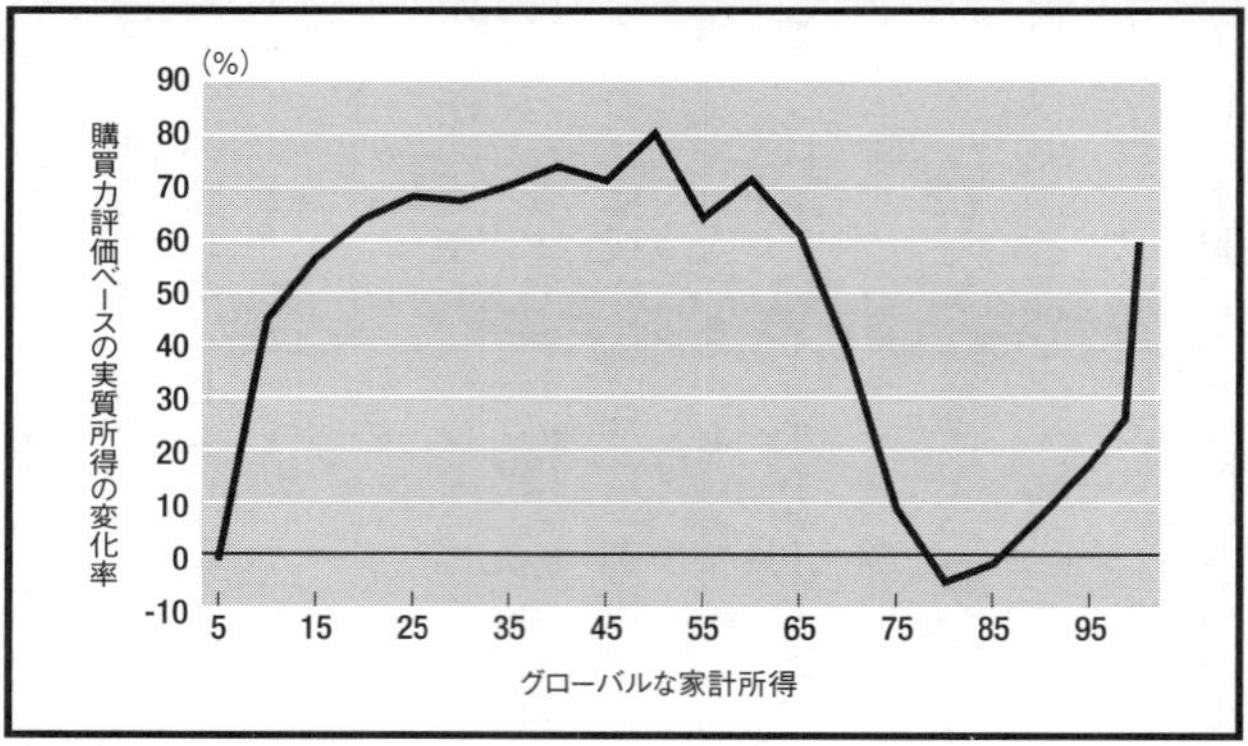

出所）Branko Milanovic

確実に富を拡大させました。

　しかし、前述の通り、そのメリットに先進国の中間層は十分にあずかることができませんでした。それを端的に示すのが、ニューヨーク市立大学のブランコ・ミラノヴィッチ教授が発表した「エレファントチャート」です。

　このチャートは、1988年～2008年の間に、世界中の各所得層の人たちの給料がどれだけ伸びたかを示しています。縦軸には、購買力平価ベースの実質所得の変化率（%）をとり、横軸には、グローバルな家計所得の分布を示しています。横軸は値が大きくなればなるほど、金持ちであることを示します（100がもっとも豊かな家計です）。

チャートからわかるように、所得が大きく上昇しているのは、下位10～60％の家計（主に新興国の家計）と、上位1％の家計（主に世界の超富裕層）です。一方、上位70～90％の家計（主に先進国の中間層）の所得は横ばいか下落しています。

この象のような形をした「エレファントチャート」が示すように、**先進国の中間層だけがグローバル化による富の拡大から置き去りにされてしまったのです。**

中間層の没落は、米国に限った話ではなく、他の先進国でも進んでいます。2016年に、マッキンゼー・グローバル・インスティテュートは「親よりも貧しくなる？　先進国で停滞・低下する所得」と題したレポートを発表しました。それによると、先進25ヶ国において、2005～2014年の間に、収入が停滞・低下した家計の割合（加重平均値）は65～70％に到達。とくにイタリアに至っては97％に達し、米国も81％、英国も70％に上っています。

そうした中間層が、グローバル化に反対し、保護主義を支持したのは、ある意味自然な流れと言えます。

実際、すでにグローバル化反転の兆候は芽生えています。

2005〜2014年の間に収入が停滞・低下した家計の割合

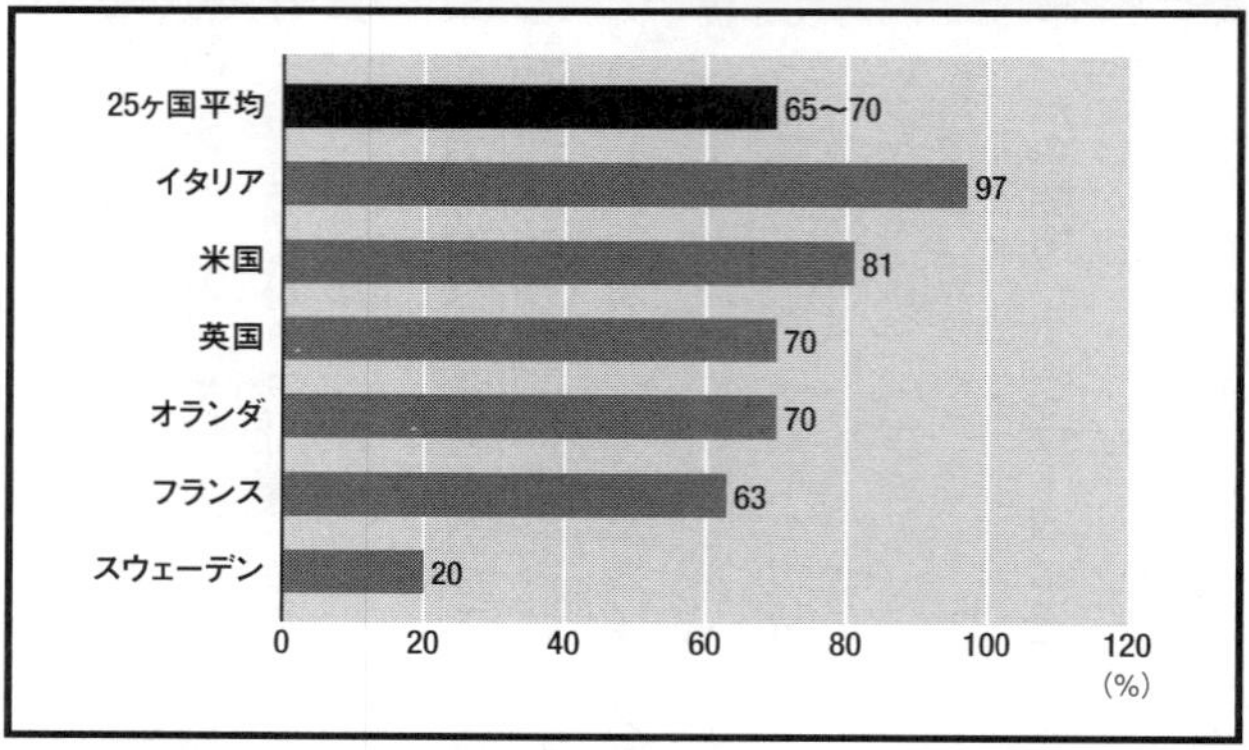

注）収入はMarket Income（雇用者報酬と財産所得の合計）
出所）McKinsey Global Institute

オランダの統計機関によると、世界の貿易額は2016年4～6月期に0・8%減少。さらに米国の輸出入額に限れば、2015年時点ですでに2000億ドル以上も減少しているのです。**米国において、国内総生産（GDP）が伸びているにもかかわらず、輸出入額が減少したのは第2次世界大戦以降、初めてのことです。**[1] これは一過性の動きではなく、大きな歴史の流れを示しています。

前出の冨山氏はこう語ります。

「第2次大戦後はずっとグローバリズムのほうに振り子が振れてきた。昔は米国とソ連という2つの帝国によるグローバリズムだし、その後は、米国という帝国によるグローバリズム。つまり、過去70年間にわたって、世界はグローバリズムの時代だった。

しかし、70年も一方に進むと、そろそろ反対に振れる。

絶対に間違えてはいけないのは、エモーショナルなポピュリズムゆえにトランプ現象が生じたわけではないということだ。英国のEU離脱、トランプ勝利は一過性のポピュリズムではない。社会構造、産業構造的な必然があるから繰り返している。今後、ローカルな波は数十年続くと思う」

むろん、グローバリズムの反転、米国のトランプ現象は日本と無縁ではありません。世界の大変化は日本にも押し寄せてきています。とくに大きいのが、外交面の影響です。**トランプ大統領の下、日米同盟の位置づけ、アメリカのアジア戦略も大きく変わる可能性があります。**

トランプはニューヨーク・タイムズのインタビューにこう述べています。

「今は、基本的にアメリカが日本を守ってやっている。北朝鮮が思い切ったことをするたびに、日本をはじめとする国から電話がかかってきて、なんとかしてくれと言われる。そんなことはどこかの時点で無理になる」

「もしアメリカが攻撃を受けたら、日本側は何もする必要がない。逆に、もし彼らが攻撃を受けたら、われわれは全力で出て行かなくてはいけない。わかるだろう？（日米間には）実に一方的な合意があるんだ。言い換えると、米国が攻撃されたら、日本は米国を守りに来る必要はなく、彼らが攻撃されたら、われわれが全面的に彼らの防衛に行かなくてはいけない。これは本当に問題だ」[2]

トランプ大統領誕生に伴い、日本は「国際政治のリアリティ」と直面せざるを得なくなるのです。

日米同盟という米国にとってメリットの大きい同盟を米国が解消するとはまず考えられません。しかし、それは日本が現状維持でいい、ということではありません。遅かれ早かれ、対米一辺倒の外交、対米依存の防衛からの脱却を求められるでしょう。

戦後70年の平和な時代、米国に頼りっきりの時代が終わり、真の意味での自立が求められる時代がやってくるのです。

ルールメーカーなき日本の現状

日本は、冷戦終結と時を同じくして、１９９０年代初頭にバブル崩壊を迎えました。

冷戦とは、いわば「チーム資本主義」と「チーム社会主義」の戦いです。**日本は、「チーム資本主義」のアジア代表としてボスである米国の言うことを聞いておけば、優遇される立場でした。**しかし、冷戦終結とともにチームは解散。日本は親離れを強いられました。しかも、**「チーム社会主義」のメンバーだった中国やインドが資本主義のゲームに参入し、強力なライバルとなったのです。**

そうして新たに始まった「資本主義のワールドカップ」。その戦いに日本は勝つことができませんでした。敗戦を繰り返した結果が「失われた20年」です。

世界の企業を売上高でランキングした「フォーチュン・グローバル500」という指標があります。1994年当時、世界トップ500社のうち149社が日本企業でした。これは米国の151社に続く僅差の2位です。しかしその後、日本企業の数は右肩下がり。2016年時点で、52社にまで落ちてしまいました。**残念ですが、過去20年の日本は負けっぱなし。落ちに落ちた状態が今なのです。**

今なお日本人は、世界トップクラスの平和で豊かな暮らしを享受しています。しかしその豊かさの大部分は、過去の遺産と未来からの借り入れによって支えられています。つまり、祖先と子孫からの仕送りを食いつぶしているのです。

実際、今の日本の国や企業や社会のシステムには、戦前・戦中や終戦直後につくられたものが多く残っています。経済学者の野口悠紀雄氏が著書『1940年体制』で喝破しているように、**日本の経済システムの骨格は、1940年に創られています。**間接金融型の金融システムや、中央集権的な徴税システムなどがその一例です。日本の主たるOS（オペレーティングシステム）は未だ戦前仕様なのです。

たとえば日本の有名企業のほとんどは、戦前か戦後間もなくにできています。メーカーを例に挙げると、戦前組が、日立製作所（1910年）、パナソニック（1918年）、トヨタ（1937年）であり、終戦直後組がソニー（1946年）、ホンダ（1948年）などです。

もちろん古いことが悪いわけではありません。伝統を引き継ぎ、進化させていくことはすばらしいことです。しかし、**ここ数十年、日本の伝統企業は過去の仕組みをマイナーチェンジしてきただけで、偉大な新製品や新サービスをほとんど生み出していません。**

ソニーと言うと、いまだにウォークマンがイノベーションの象徴として挙げられますが、初代ウォークマンが発売されたのは1979年のことです。過去に誇りを持つことは大事ですが、40年近くも〝記憶に残る商品〟がないのはあまりに情けない（プレイステーションもすごい商品ですが、ウォークマンには劣ります）。

では、なぜソニーを筆頭に日本企業は進化できなくなってしまったのでしょうか。

その答えを探る際に、真っ先に思い浮かぶのが、〝ソニー最後の異端〟と呼ばれる、近藤哲二郎さんの言葉です。近藤さんは、映像の高画質化技術「DRC」を実用化し、テレビの『WEGA』や『BRAVIA』が大ヒットする立役者となった伝説のエンジニアです。現在、アイキューブド研究所の社長を務める近藤さんから聞いた「人材3段階論」が今も忘れられません。彼はこう言いました。


人材には3つの段階がある。

ひとつ目が「今日の延長にあさってがある」と考えるルールフォロワー。彼らは、今の勝ち組、負け組をトレンド解析して、勝ち組のまねをする。

2つ目は、「今日の延長ではあさっては苦しい」と考えるルールブレーカー。彼らは今のあこがれのモデルをどう壊すかを考える。

3つ目が、「今日の延長にあさってはない」と考えるルールメーカー。彼らは自分で将来の場を創り出す。

人間国宝は、何歳になっても「私は未熟者」と言う。「もうやり尽くした」と言うのは年老いた素人。結局、自己否定を何回したかで価値が決まる。

一個一個壊していくのはルールブレーカー。自己否定を続けて、壊すものはないところまで上り詰めて、新しい場を創るのがルールメーカー。ＤＲＣも開発の過程で何度も壊しているから他社は簡単にまねできない。日本にはすでに危機意識は十分ある。それなのにうまくいかないのは、ルールメーカーを創っていないから。[3]

ぐうの音も出ない本質論です。**今の日本には、国にも企業にも社会にも、ルールメーカーがいません。**重箱の隅をつついて批判する小利口な人物はあふれていますが、ゼロからイチを生み出す能力と気概を備えた人物は枯渇しています。

私も記者・編集者として、過去15年、探してきましたが、悲しくなるくらい、ルールメーカーは見つかりませんでした。ここ数十年の日本は、完全に「新しいものを創る」力と意志を失ってしまったのです。

もうひとつ、日本人が失ったもの。それは「未来への責任感」です。今の日本人の多くは現在の利益、自分の利益しか見えていません。その最たるものが、１０５３兆円（２０

国の借金の推移

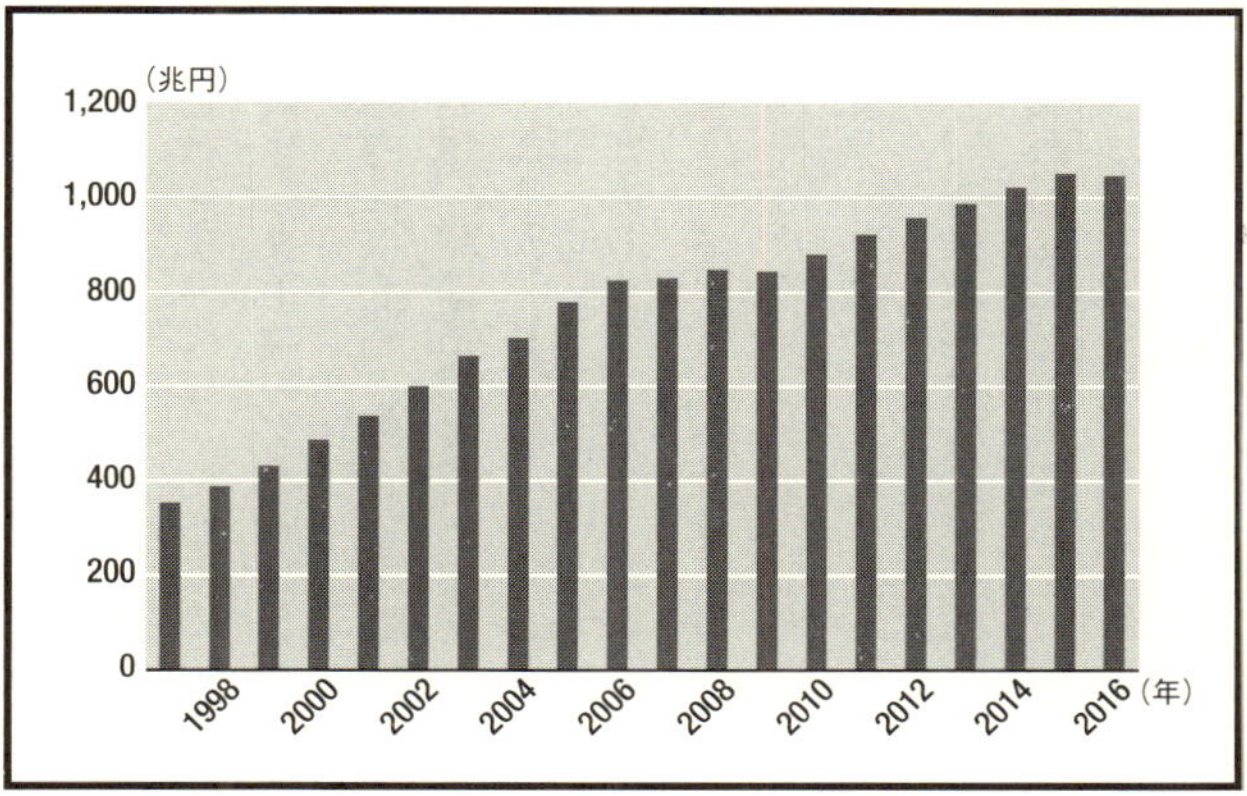

出所）財務省

16年6月末時点）に達した国の借金です。

言うまでもなく、この借金は、若者、子ども、さらに生まれていない日本人から借りているものです。いつの時代も、社会が成り立つのは、「後世に引き継ぐ」という意識があるからです。しかし**今の日本人は、後世に財産を残すどころか借金を押し付けようとしています。**これを倫理の頽廃《たいはい》と言わずしてなんと言えばいいのでしょうか。まずは、今の日本人はこういう恥ずかしい状況にあることを認識しなくてはなりません。

ターニングポイントとなる「4つの節目」

ただし、今の綱渡りの状態がこれ以上持つとは思えません。早ければ2020年、遅くとも2025年までには、何らかの〝大転換〟が起きるでしょう。

とくに大きなターニングポイントになるのは2020年です。この年に日本は4つの節目を迎えます。

ひとつ目は、東京五輪です。

今の日本は、2020年の五輪があるがゆえに、いろんな問題が噴出してはいても、国全体に目標があります。人々を束ねる夢があります。しかし、五輪が終わった後、日本にはわかりやすいターゲットがなくなります。現在、2025年の大阪万博誘致の話が進んでいますが、万博では日本全体を引っ張るには力不足でしょう。

2つ目は、安倍政権、アベノミクスの終わりです。

予定通り、安倍首相は自民党の総裁任期を3年延長したことにより、2021年まで首相を続けられることになりました。安倍首相は五輪を花道として、遅くとも2021年には政権から去ることになるでしょう。

安倍首相は、近年の首相の中では、稀に見るリーダーシップを発揮し、賛否両論がある

2025年がピーク ―東京都の人口推移―

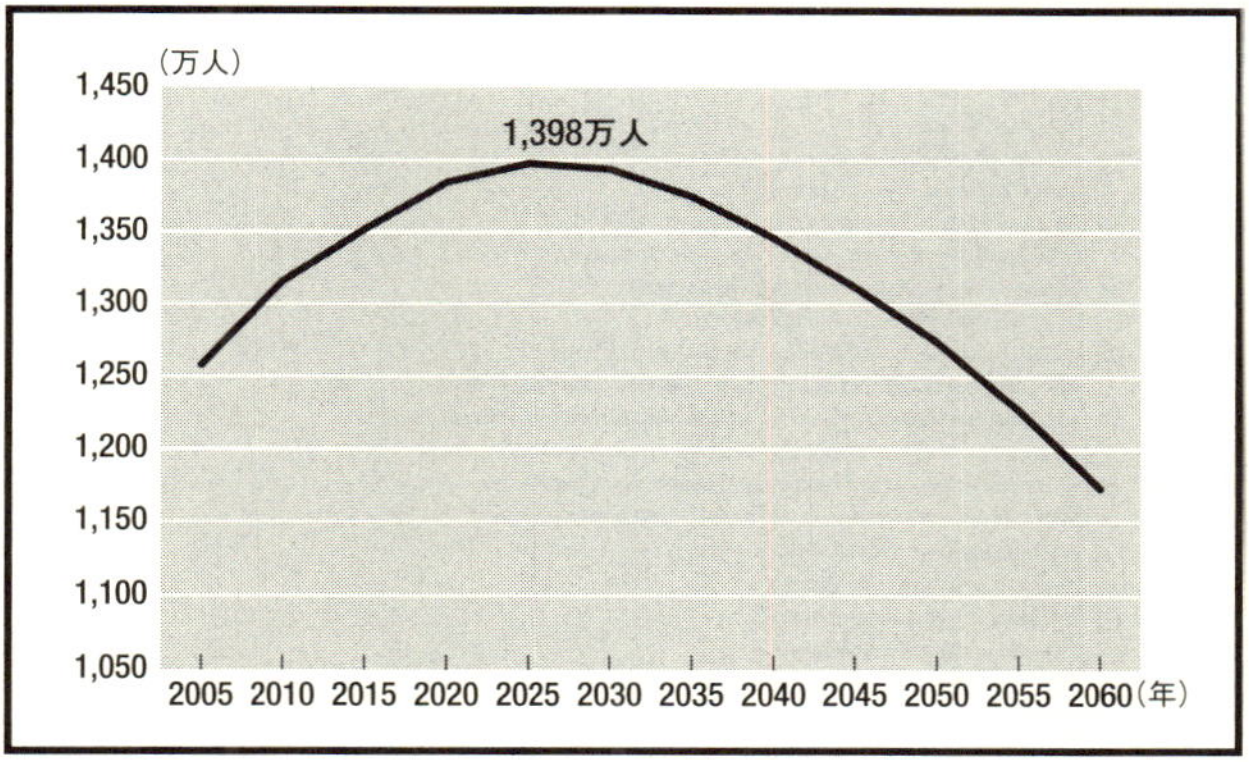

出所)東京都政策企画局

ものの、外交面を中心に実績を残してきました。その点は大いに評価できます。

しかし、経済面では辛口にならざるを得ません。金融緩和はもはや燃料切れ。アベノミクスの「第3の矢」である規制改革もうまく進んでいません。このままでは、金融緩和、財政出動というカンフル剤が切れた後、日本経済は一気に勢いを失うでしょう。つまり、政府主導でGDP拡大を目指した「戦後型日本経済」もフィナーレを迎えるのです。

3つ目の節目は、東京の人口減少です。

成長の最後の砦である東京でも人口減少が始まります。最新の推計によると、人口減少のXデーは当初予定の2020年から5年延期されました。しかし、人口減少が

2015年の人口構成（東京）

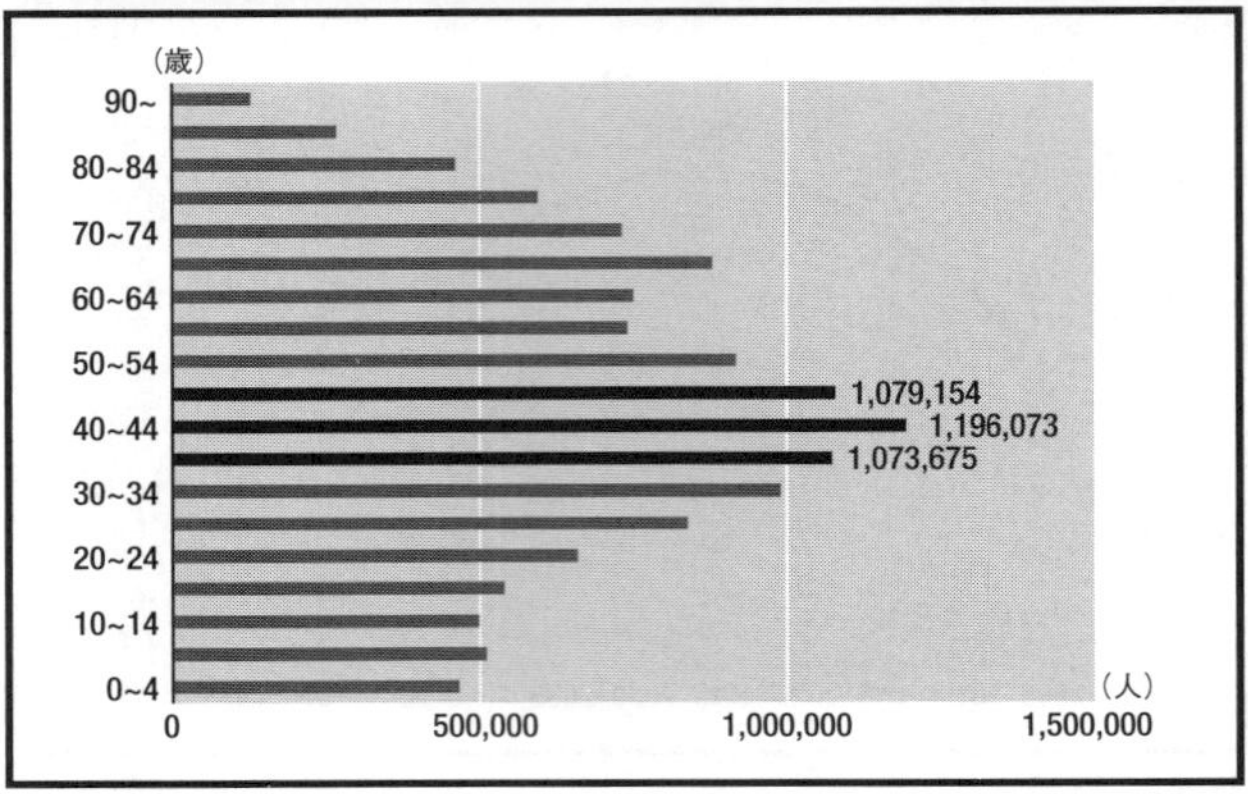

出所）東京都

2030年の人口構成（東京）

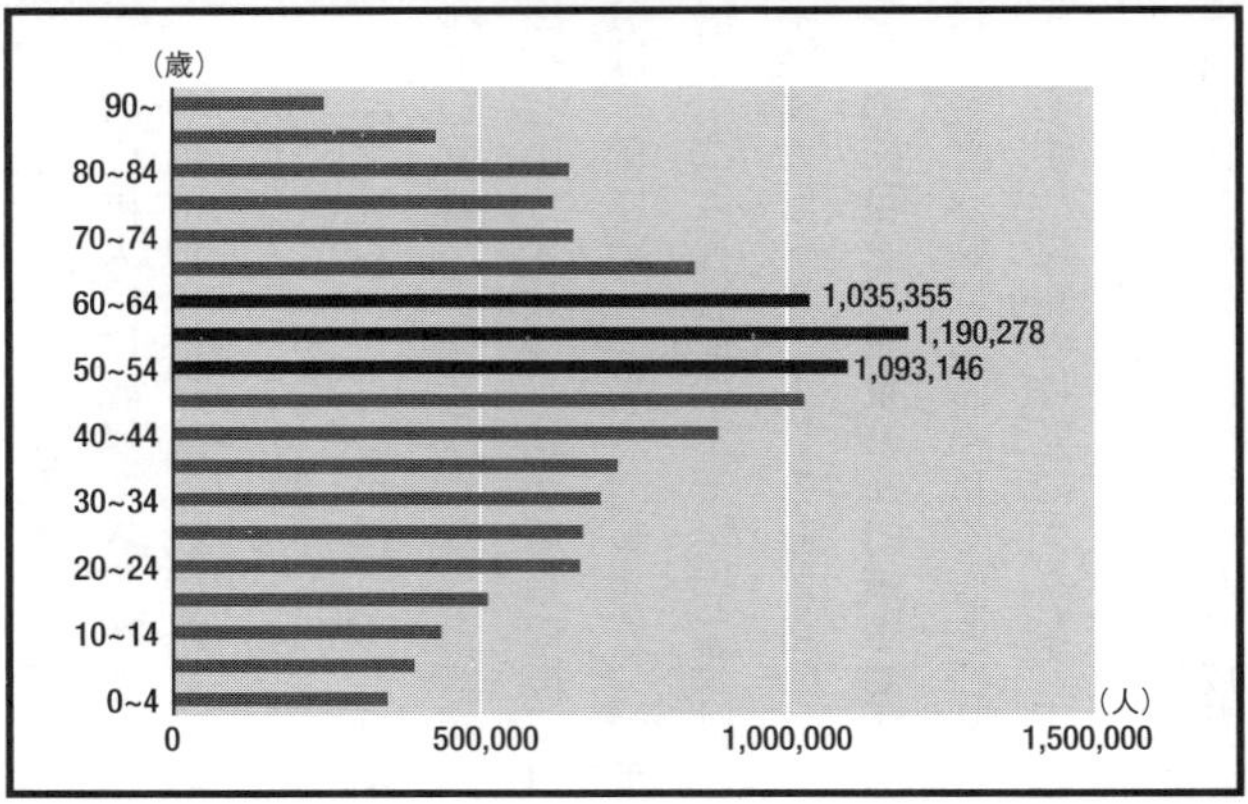

出所）東京都

迫っている事実は変わりません。東京の人口は2025年の1398万人でピークを迎え、2050年には1274万人まで減少する見込みです。

人口減少とともに東京も老いていきます。今、東京で暮らしていても「老い」をそれほど感じないのは、東京が他の地域に比べて若いからです。2015年時点の全国の平均年齢46・4歳に対して、東京は44・7歳。沖縄（42・1歳）、愛知（44・3歳）、滋賀（44・5歳）に次いで全国で4番目に若いのです。

2015年時点の東京で、もっとも人口が多いのは団塊ジュニアを中心とする40～44歳の世代です。この世代だけで119万人います。ただし、当然ながら、この世代も老いていき、2030年には、団塊ジュニアを中心とする50～64歳の数は約330万人に達する見込みです。すなわち、**東京が50代中心の都市になるのです。**

東京の人口減少と老いは、日本の意識を変えるでしょう。地方の他人事だった人口減少を、リアルに肌で感じるようになるはずです。

2020年は団塊世代の卒業式

そして4つ目の節目は、団塊世代の引退です。

戦後日本の象徴であった「団塊世代」が、日本の主役から完全に引退するのです。いわば、**2020年の東京五輪は、団塊世代の卒業式になるのです。**

「2020年のオリンピックだけは絶対に現地で見たい。それができれば、もう思い残すことはない。だからチケットとってくれよ」

最近、福岡在住の父親からそう言われて、息子として驚きました。

団塊世代の父親は、典型的な昭和の男です。私が小さい頃、一緒に夕飯を食べたり、外で遊んだりした記憶はほとんどありません。ジャイアンツのファンではありますが、さほどスポーツ好きでもなく、オリンピックに熱狂している姿はあまり想像できません。

そんな父親が、東京オリンピックについて熱く語るのを見てこう感じました。「東京オリンピックは、団塊世代にとっての卒業式になるのだなあ」と。

言うなれば、団塊世代の青春の終わり、戦後日本の総決算なのかもしれません。どん底から世界有数の経済大国へと駆け上った「戦後」という時代は、1964年の東京オリンピックをピークとして、2020年の五輪で終わりを告げるのです。五輪は「戦後日本」のエピローグとなるのです。

前回の1964年のオリンピックは、高度経済成長期のまっただ中に開催されました。

経済大国を目指す「新生日本」のデビュー戦とも言えるイベントでした。五輪をきっかけに、日本ではカラーテレビ、カー（車）、クーラーが家庭に普及し、その後、破竹の勢いで成長を遂げていきます。

昭和の高度成長は、世界史上でも類を見ないほどの金字塔です。日本近代の成功物語としては、『坂の上の雲』ばかり取り上げられますが、高度成長もそれに匹敵する偉業です。

その栄光のストーリーが終わるのが２０２０年なのです。東京五輪を見届けて、団塊世代は卒業していくのです。**団塊世代にはまだまだ元気な方が多いですが、東京五輪が終わると、さすがに「若い世代にすべてを譲ろう」という境地に至るのではないでしょうか。そうして「戦後日本」が終わり、新しい時代、「日本３・０」が始まるのです。**

結論、「日本3・0」とは何か

では、「日本３・０」とはどんな時代になるのでしょうか。なぜ「日本３・０」というネーミングなのでしょうか。

「日本３・０」という言葉が意味するところは、日本の近代が３段階目に入るということです。なぜ３段階目なのかを示すために、まず「日本１・０」と「日本２・０」について説明しましょう。

「日本1・0」とは明治改元（1868年）から敗戦（1945年）に至るまでの日本近代「第1のサイクル」を指します。

明治維新とは、日本近代の幕開け、つまり、「日本1・0」の始まりでした。

明治維新とは無血の革命です。国の支配権を、徳川家から天皇家に戻す（大政奉還）とともに、版籍奉還、廃藩置県により、藩の力を削ぎ中央集権を進めました。また身分制の廃止により、藩主と藩士の主従関係がなくなり、公家と大名が「華族」、一般の武士が「士族」、農民と町人が「平民」となりました。

ほかにも、明治憲法の制定、議会の開設、徴兵制の導入、学校制度の普及、鉄道の敷設など、西洋をお手本とした大改革を断行しました。

「日本1・0」とは、日本が近代国家として産声を上げ、日露戦争でピークを極めた後、敗戦という破滅を迎えていく「日本近代の第1のサイクル」です。いわば、生まれたての国家の大成功と大失敗のストーリーと言えます。

次に、**「日本2・0」は、敗戦（1945年）から2020年までの日本近代「第2のサイクル」を指します。**

	日本1.0	日本2.0	日本3.0
時期	1868〜1945年	1945〜2020年	2020年〜
スローガン	富国強兵（軍事）	経済成長（経済）	スマートカントリー（知、文化、ハイテク）
主役	下級武士（薩長）	官僚、企業戦士	企業家（経営者）、女性、クリエイティブクラス
始まり	明治維新	敗戦	財政破綻、自然災害、東京五輪
象徴	明治天皇	昭和天皇	次期天皇 or 愛子様 or 悠仁様
寄る辺	国家	会社	多元的（国家、会社、地域、家庭）
国民精神	ナショナリズム	エコナショナリズム	コスモジャポニズム

「日本２・０」は、敗戦後のＧＨＱの改革によって始まります。日本にとっての幸運は、さまざまな問題はあったにせよ、ＧＨＱの占領政策が全体としてポジティブなものが多かったということです。その証拠に、戦後統治下の日本でＧＨＱに対するクーデターは一件も起きていません。日本国民はＧＨＱを受け入れたのです。

ＧＨＱが行った５大改革は次のようになります。ＧＨＱにはニューディーラーが多かったこともあり、リベラル色の強い改革が並んでいます。

・**女性への参政権付与**：日本で初めて、

女性の国政参加が認められた。

・**労働者の団結権の保障**：労働組合の結成など、労働者の権利を保障した。

・**教育の民主化**：軍国主義的な教科書を廃止し、教育3法が制定された。

・**治安維持法や特別高等警察の撤廃**：思想・信条により人を取り締まる制度を廃止した。

・**経済の民主化**：財閥解体。三井、三菱、住友などに対し持ち株売却を命じた。

さらに日本にとって幸運だったのは、冷戦により米国にとって日本の戦略的価値が増すとともに、朝鮮戦争に伴う特需がもたらされたことです。東アジアにおける資本主義・自由民主主義陣営の砦として、日本は欠かすことのできないメンバーとなったのです。こうして日本は、米国の手厚いサポートを受けながら、未曽有の経済成長を遂げていきます。

戦後の焼け野原から、世界第2位の経済大国にまでなった後、バブル崩壊を経て衰退を続ける現在までの時代が、「日本近代の第2のサイクル」となります。経済国家としての大成功と大失敗のストーリーです。

この2つのサイクルを経て、これからやってくるのが「日本3・0」です。

明治維新という「第1のガラガラポン革命」

「日本1・0」「日本2・0」の始まりを見ればわかるように、古い時代の終わり、新しい時代の始まりには、何らかの〝革命〟が起きています。

では、革命とはどのようにして起きるのでしょうか。過去に、「日本1・0」「日本2・0」をもたらす明治維新、敗戦後の原動力になったものは何でしょうか。そして「日本3・0」到来のためには何が必要なのでしょうか。

そのヒントとなるのが、「ガラガラポン革命」という概念です。この言葉は、社会学者で京都大学名誉教授の竹内洋氏が提唱しているものです。

竹内氏が「新潮45」（2015年8月号）に寄稿した「『第三のガラガラポン革命』が起こる周期」という記事を読んで以来、「第3のガラガラポン革命」というキーワードが私の頭から離れません。

その論考の主たるメッセージは、**「戦後70周年を迎えた今、日本において明治維新、敗戦に続く、第3のガラガラポン革命が始まろうとしているのではないか」**というものです。

以下、私自身の解釈や解説を加えつつ、竹内氏の記事の要点をかいつまんで記します。

そもそも、「ガラガラポン」という言葉の語源は、くじの入った箱を振ったり回したりして、くじを振り出すときの「ガラガラポン」という音にあります。そこから転じて、社会のシステムを根底からガラッと変えたり、組織の人員配置をすっかり入れ替えたりすることなどの意味で使われるようになりました。

日本は制度や慣習が一度固まると、なかなか変わらない国です。しかし、マグマをためこむ分、いざ変わるときは猛スピードで変わります。

そんな**日本社会において、「ガラガラポン革命」の実例が近代において2回あります。それが、明治維新と敗戦です。**

「第1のガラガラポン革命」である明治維新――その原動力となったのは、「移動の自由」と「下級武士の下克上」です。１８６９年、明治政府は関所の廃止と居住移転の自由を布告。その後の鉄道の発達とあいまって、「地方から都市」への大移動が始まります。

江戸時代、人々は自分の生まれた藩で一生を終えるのが通例でした。薩摩に生まれた人は、薩摩で生涯を終えるしかありませんでした。いわば、転職が禁止されている企業社会のようなものです。

それが、**明治維新によって移動が自由になりました。**事実、明治30年代後半から大正期ごろまでの東京の人口増加の7割は、地方からの流入者によるものだったと言われています。「移動の自由の解禁」に加えて、それまでの身分制度が崩れたことにより、下級武士でも一気に出世できるようになったのです。

武士社会から「不条理な格差」が消えた理由

これが当時、どれほど画期的なことだったのか。それは「門閥制度は親の敵《かたき》でござる」と述べた福澤諭吉の言説を読むとよくわかります。

福澤諭吉がとりわけ憎んだのは、上士と下士の格差でした。

福澤諭吉が暮らした旧中津藩（現在の大分県中津市）奥平家には、武士が約１５００人いましたが、そのうち、３分の1が上士（上から、大臣、小姓組、医師、儒者）、３分の2が下士（上から、祐筆《ゆうひつ》、中小姓、供小姓、足軽、帯刀）でした。この**両身分には、絶対に超えられない明確な6つの壁がありました。**

ひとつ目の壁は、昇進と権利です。

福澤はこう述べています。

「下士は、どのような功績があっても、あるいはどれほどの才能を持っていても、決して上等の席に昇進することは許されなかった。まれに下士の上位である祐筆などから昇進して、上士の下位である小姓組に入ったという先例もある。しかし、それは２５０年におよぶ治世の間にわずか数名いるかどうかである」[4]

両身分の格差は、言葉遣いにも及びました。上士は下士を「貴様」と呼び、下士は上士を「あなた」と呼びました。同じ人間とは思えないような差があったのです。

2つ目の壁は、血縁です。

「上士と下士とは、どんな事情があっても縁組を結ぶことはなかった。藩法においても、慣習においてもそのような縁組は許されなかった」（福澤諭吉）[5]

すなわち、身分を超えた結婚は許されなかったのです。

3つ目の壁は、家禄・収入です。

家禄（代々受け継がれる家の収入）には大きな差がありました。当時、普通の家族が暮らせる目安は20～30石でしたが、下士の収入は10～15石にすぎません。そのため、生計を立てるために内職をするのが普通でした。下士の妻は、昼夜の別なく、糸を紡ぎ、木綿を織ったのです。

それに対し、上士の収入は、下級の医師でも１００～２５０石に上り、家老は１０００石以上を得ていました。現代のサラリーマン社会における、平社員と社長の給料よりも格段に大きい差があったのです。

４つ目の壁は、教育です。

上士は、生活が安定していたため、文武の芸を学ぶ余裕がありました。当時、上士が学問・武術を修めるために、経史（中国古典）の読書、兵書の講義、騎馬、槍、剣などに励んでいたのに対し、下士の勉学は、もっぱら実用的な算術や習字でした。教養を高める時間などありません。食うために学ぶという必死の暮らしだったのです。

５つ目の壁は、倹約や生活の仕方です。

福澤諭吉はこう語っています。

「上士のなかにも家禄が少なく貧乏な者がいないわけではないが、概してその家計を見れば、収入はそこそこあり、ただ支出に気をつければよいぐらいのものだった。しかし下士は、収入・支出ともに注意して苦労するものなので、その細かな倹約の様子は、上士が夢にも考えつかないものが多い[6]」

たとえば、下士は、娘の嫁入り前は忙しくなるのが通例でしたが、それは嫁入り道具を買うお金がなく、家で内製するためでした。下士はそうした細かい倹約を積み重ねていたのです。

上士	下士
使用人を雇う	使用人は雇わない
自分で買い物をしない	自分で買い物をする
町の銭湯に行かない	町の銭湯に行く
宴席でも上品に振る舞う	宴席で隠し芸を披露
外出時は袴と大小2本の刀	近所の訪問は丸腰

6つ目の壁は、風俗です。

福澤は「上士の風俗は正雅にして鷹揚、下士の風俗は下品にして活発だったと言うべきだろう」と述べていますが、両者には、具体的に上の表のような違いがありました。[7]

こうした6つの不条理な格差。それを打ち破ったのが、明治維新でした。そして、そうした時代精神を表現し、空前のベストセラーとなったのが『学問のすゝめ』だったのです。累計300万部以上が売れたと言われる『学問のすゝめ』のエッセンスは、次の一文に凝縮されています。

「これからは、日本中ひとりひとりに生まれつきの身分などといったものはない。ただその人の才能や人間性や社会的役割によって、その位というものが決まるのだ」

身分が低くても、若くても出世できる時代が来た。世界を知るものが、いち早く出世する時代が来た。**立身出世の条件が、身分や血筋から、学問、留学（国際性）、人間性、運、**

コネ（門閥）へと変わった。そんなルールの大転換が起きたのがこの時代だったのです。

時代の追い風を受けて、立身出世を遂げたのが維新の志士たちです。1867年の大政奉還時点での維新十傑の年齢は次の通りですが、10人中7人が30代です。その多くは、下級武士の出身です。

西郷隆盛：39歳
大久保利通：37歳
木戸孝允：34歳
小松帯刀：32歳
江藤新平：33歳
横井小楠《しょうなん》：58歳
岩倉具視：42歳
広沢真臣《さねおみ》：33歳
大村益次郎：53歳
前原一誠：33歳

さらに明治の志士の跡を継ぐ世代も、若くして世界に飛び出し、日本を代表する人材へと育っていきました。

そうした〝海外組〟の代表格が、留学生としてロンドンに旅立った5人の長州藩士（長州五傑）と、薩摩藩の留学生たちです。〝海外組〟の多くは、帰国後、各分野でのリーダーとなり、「日本1・0」をプロデュースしていきました（カッコ内は留学時の年齢）。

【長州五傑】

伊藤博文（22歳）：内閣の父

井上馨（27歳）：外交の父

遠藤謹助（27歳）：造幣の父

山尾庸三（26歳）：工学の父

井上勝（20歳）：鉄道の父

【薩摩藩遣英使節団】

森有礼《ありのり》（18歳）：外交官、政治家。明治六大教育家
五代友厚（29歳）：近代大阪経済の父

武士社会の壁が取り払われて、志ある若者たちのはちきれんばかりの「好奇心」と「野心」と「愛国心」がエネルギーを生み出した。そうして起きたのが、「第1のガラガラポン革命」だったのです。

敗戦という「第2のガラガラポン革命」

「第2のガラガラポン革命」である敗戦――その起爆剤となったのも「移動」と「下克上」です。

高度経済成長が、地方から都市への人口移動によって起きたことはよく知られていますが、その布石となったのが戦時中の疎開です。

空襲を避けるため、東京のモダンな生活を知る人々が大挙して地方へと疎開。1940年に735万人だった東京の人口は、1945年には349万人にまで減りました。単純計算すると、400万人弱が地方へ流れたのです。

東京の人口推移

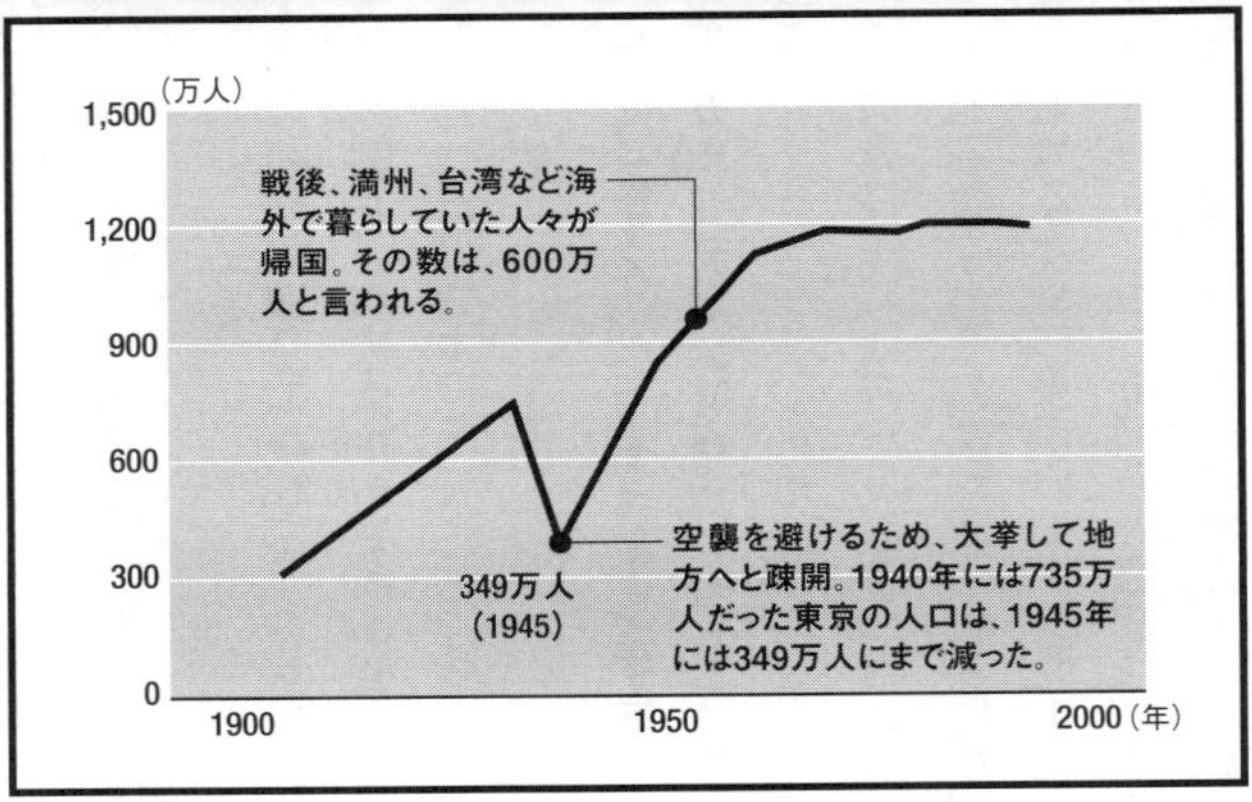
(万人)
1,500
1,200
900
600
300
0
戦後、満州、台湾など海外で暮らしていた人々が帰国。その数は、600万人と言われる。
349万人
(1945)
空襲を避けるため、大挙して地方へと疎開。1940年には735万人だった東京の人口は、1945年には349万人にまで減った。
1900
1950
2000(年)

出所)東京都

しかも戦後には、満州、台湾など海外で暮らしていた人々が続々と帰国。その数は、600万人と言われています。**地方移住者と合計すると、1000万人規模の〝人口大移動〟が起きたのです。**

そうして移動してきた人々が、都市や海外の文化や知識や教育を持ち寄り、地方に新風を吹き込みました。それが、地方の力の底上げにつながり〝良質な労働力のプラットフォーム〟としての地方を生み出しました。そして、その子女たちが、地方から都会へと移り住み、経済成長の「主役」となっていったのです。

さらに、**「下克上」という点では、戦後、GHQによる公職追放により政官財**

のリーダーたちが相次いで失脚。リーダーの世代交代が強制的になされました。

たとえば、経済界では、資本金1億円以上の役員や財閥直系・準直系の常務以上の人間は全員が追放の対象となりました。はじめは取締役以上という条件だったのを、吉田茂が説得して常務以上にとどめましたが、民間企業から新聞社・出版社といったメディアにいたるまで幹部層がごっそり抜けたのです。

とくに狙い撃ちされたのが財閥です。1947年には、旧三井物産と旧三菱商事に解散命令が下り、次のような苛烈な条件を突きつけられます。社員は散り散りとなり、旧三井物産は約200人、旧三菱商事は約300人の中小企業へと再編されました。[8]

(1) 部長職以上のものが2人以上ひとつの会社に属してはならない。
(2) 旧三井物産社員が100人以上集まり、会社を興してはならない。
(3) 旧三井物産の建物は新会社で使用してはならない。
(4) いかなる新会社も「三井物産」の社名を冠してはならない。

下克上の波はほかの大企業にも押し寄せます。その一例が日立製作所です。

戦後の1947年には、倉田主税《ちから》が公職追放された初代社長・小平浪平の後継として日立製作所の2代目社長に就任します。帝大閥が強かった日立において、仙台高等工業学校出身である倉田の社長就任は異例でした。

さらに、戦争から帰還した若手エンジニアから、戦後日本を代表するスター起業家が次々と生まれます。その中でも〝五大エース〟と言えるのが次の人物たちです。

【本田宗一郎】

1906年生まれ。1945年、所有していた東海精機重工業の全株を豊田自動織機に売却して退社し、「人間休業」として1年間休養。1948年に本田技研工業株式会社を浜松で創業する。従業員20人でスタートし、急成長を遂げる。

【盛田昭夫】

1921年生まれ。戦争中には、海軍技術中尉として、横須賀の航空技術廠支廠などに勤務。終戦後、1946年に井深大らとソニーの前身である東京通信工業を設立し、取締役に就任。1979年にウォークマンを発売し、世界を席巻する。

【井深大】

１９０８年生まれ。戦時中は、軍需電子機器の開発を行っていた日本測定器の常務を務め、その縁で、盛田昭夫と知り合う。戦後すぐに、盛田昭夫、義父の前田多門（元文部大臣）とともに、東京通信工業を立ち上げた。

【松下幸之助】

１８９４年生まれ。１９１８年に松下電気器具製作所を創業。戦時中には、軍需品の生産に携わる。戦後、ＧＨＱにより制限会社に指定され、公職追放処分を受ける。１９４７年に社長に復帰し、松下電器を世界的な企業に成長させた。

【豊田英二】

１９１３年生まれ。１９３６年に豊田自動織機に入社し、自動車部に配属される。翌年、トヨタ自動車工業分離独立に伴い転籍。戦時中は、軍のトラック製造を中心に行う。戦後の１９４５年に取締役に就任し、１９６７〜１９８２年、社長を務めた。

こうして、政界、官界、経済界などで、リーダー層の「下克上」が起きました。

このGHQによるパージをきっかけとした下克上は、経験豊富なリーダーを失うというマイナスもあった反面、新世代にチャンスを与えたのです。「第2のガラガラポン革命」が、日本に新たなダイナミズムと希望をもたらしたのです。

第3のガラガラポン革命を引き起こす「10のファクター」

明治維新と敗戦という2つのガラガラポン革命により生まれ変わった日本。では、「第3のガラガラポン革命」はいつ起きるのでしょうか。

「第1のガラガラポン革命（1868年）」と「第2のガラガラポン革命（1945年）」は、およそ70～80年の周期で起きています。その法則を当てはめると、敗戦70周年の2015年は、「第3のガラガラポン革命」が始まる節目になるのではないか、というのが竹内氏の見立てです。私は、竹内氏の予測は的中するのではないかと思っています。

とくに五輪バブルが弾ける2020年以降、「第3のガラガラポン革命」が本格化する確率はかなり高いでしょう。2020年までの日々は、いわば「第3のガラガラポン革命」の序章、その胎動がさまざまな形で見えてくる期間になるはずです。

では、「第3のガラガラポン革命」において、何が「移動」と「下克上」を引き起こすのでしょうか。私は次の「10のファクター」が複合的にガラガラポンをもたらすと読んでいます。

(1) 年功序列の終わり
(2) 正社員と非正規社員の格差解消
(3) 男女逆転
(4) 外国人労働者の登用
(5) 難民
(6) 業界再編・伝統企業の倒産
(7) スタートアップの興隆
(8) 第4次産業革命
(9) 交通革命
(10) グローバル化

第3のガラガラポンを引き起こす10のファクター

① 年功序列の終わり	終身雇用はともかく、年功序列を維持している限り、日本企業はグローバルな競争に勝てない。先進的な企業ほど、年功序列を廃止していく。大企業でも30代で役員となったり、新卒で幹部候補生となるケースが出てくる。
② 正社員と非正規社員の格差解消	現在、正社員と非正規社員の間にはアンフェアな格差がある。同一労働同一賃金の導入により、現在の格差は法的に許されなくなる。有能な非正規社員が報われ、給料分の働きをしていない正社員の特権は揺らぐ。
③ 男女逆転	女性の登用は、社会貢献としてではなく、企業の戦略として不可欠。欧州のように、女性リーダーの比率を義務付けるクオータ制導入の可能性もある。女性総合職が増えた団塊ジュニア世代から、女性の管理職が急増していく。
④ 外国人労働者の登用	高度移民制度などの導入により、知識産業や介護産業などを中心に外国人労働者の登用が進む。リーダーが外国人となるケースも増えてくる。とくに、IT、AIなどの分野や、マネジメント領域では外国人の存在感が増す。
⑤ 難民	もし北朝鮮の体制が崩壊した場合、日本にも難民が押し寄せる可能性は高い。また、中国がバブル崩壊などを契機に、国内が混乱した場合、難民が大挙してやってくるシナリオが考えられる。
⑥ 業界再編・伝統企業の倒産	人口縮小や、国際競争の過熱により、多くの業界で再編がより一段と進む。流通、メーカー、メディアなどの業界に加え、公的セクターも再編の対象となる。山一證券の倒産のような、象徴的な大企業の破綻事例も増える。
⑦ スタートアップの興隆	日本のスタートアップは力不足だが、一部、大企業の力を借りながら、テクノロジー領域を中心にして、イノベーションを起こす企業が出てくる。とくにモバイル、AI、バイオの分野では、スタートアップの可能性が大きい。
⑧ 第4次産業革命	デジタル、モバイルによる変化が、第4次産業革命（ロボット、AI、ビッグデータ、IoT）によって、より一層加速する。デジタルに弱い会社や人材は、地位を失う一方、デジタル・ネイティブの若手が有利になる。
⑨ 交通革命	リニア中央新幹線が、2027年には東京―名古屋間、最速で2037年には東京―大阪間で開通される見込み。また、2020年に向け、羽田の発着枠も国際線を軸に拡張。自動運転車の普及も移動の流れを変えるはず。
⑩ グローバル化	グローバル化がピンチとチャンスを生む。とくにTPPのような経済連携協定が実現すれば、第2の開国と言えるインパクトがある。規制に守られてきた産業が変化を強いられる一方、国際競争力のあるセクターは、世界で稼ぐチャンスを手にする。

この10の項目のうち、前半の5つは「人の移動」や「人の下克上」をもたらすミクロな要因です。一方、後半の5つは、国、産業、企業に変化をもたらすマクロな要因です。

10項目についてそれぞれ解説していきましょう。

遂に平成にも身分改革と黒船がやって来る

（1）の「年功序列の終わり」は、戦後のGHQによるパージと似た効果を生むはずです。今後は、先進的な企業ほど年功序列を廃止し、30代役員の誕生など若手の抜擢が進むでしょう。そうでないと国際競争に勝てないからです。政府は法律で「同一労働同一賃金」を徹底するなどして、その流れを後押しできます。

また、「同一労働同一賃金」の推進は、**（2）の「正社員と非正規社員の格差解消」にもつながります。**これは明治維新によって打ち破られた「上士と下士のアンフェアな格差解消」と似たインパクトをもたらすはずです。

安倍政権もすでに「年功序列の見直し」と「同一労働同一賃金」を政策メニューに掲げており、問題意識は十分持っています。問題は、政策の優先順位をどれだけ高められるか、具体的な制度を骨抜きにならない形でうまく設計できるかです。

ドイツ経済が近年、堅調に推移している背景には、1998年から2005年まで首相を務めたシュレーダーによる雇用制度・社会保障の改革があります。シュレーダーは、解雇規制の緩和や生活保護支援期間の短縮を行う一方、就業訓練を拡充しました。もし安倍首相が、安全保障や外交面での成果に加えて、雇用制度改革もやり遂げられれば、歴史に残る首相になれるでしょう。

(3)の「男女逆転」は、一言で言えば、女性がどんどん地位と影響力を高めるということです。「男女逆転」社会がリアルになっていきます。

法律の後押しもあります。2016年4月より、女性活躍推進法が施行され、労働者301人以上の大企業は、女性の活躍推進に向けた行動計画の策定などが新たに義務づけられました。欧州でのクオータ制(女性役員比率などを法律で義務づける制度)に比べると緩やかな政策ですが、企業社会での女性の活躍を多少は促すはずです。

まだ当分は、男性から「女性の優遇はアンフェアだ」という批判が出たり、女性から「わざわざ出世したくない」という声が出てきたりするでしょう。しかし、5年もすれば「男女逆転」は当たり前になり、同じ能力であれば、女性が先に出世するようになっていくはずです。この流れにもはや不可逆です。**今後、既得権を失う「おじさん」と、時代の追い風をうける「女性」の出世争いが過熱していくはずです。**

過去にも女性ブームはありましたが、その都度、挫折してきました。その理由は単純です。そもそも、日本の企業には女性の総合職が充分にいなかったのです。女性総合職は、男女雇用機会均等法が施行された１９８６年の直後は大きく伸びましたが、当時就職した女性の多くは、結婚、出産などで職場を去りました。つまり、これまでは女性を登用しようと思っても、登用できる女性の候補が会社にいなかったのです。

しかし、やっと女性登用の機が熟しました。女性の層が厚くなってきたのです。日本の大企業において、女性の総合職が一気に増え始めたのは、１９７６年生まれの〝ナナロク世代〟からですが、その世代が40歳を迎えました。

この世代の女性は、結婚、出産後も仕事を続けるのが普通です。多くの総合職の女性は、ワーキングマザーとして働く道を選んでいます。もちろん、保育園の不足や、家族のサポート不足により、ハンデを背負っている面もありますが、着々と存在感と実力を高めています。ビジネスパーソンとして一番脂がのっているこの世代の女性から、新時代のロールモデルが次々と生まれてくると私は確信しています。それぐらい、この世代以降の女性は優秀です。

先日も、商社の知人と話していたところ、「自分たちと同世代の商社の女性は本当に優秀で、男性よりも行動力がある。きっと大きな仕事をやってのけるはずだ」と言っていました。そうした例は、商社に限らないはずです。

近いうちに、『女性上司に仕えるための10の方法』といったハウツー本が出てきて、好セールスを記録するのではないでしょうか。
(4)の「外国人労働者の登用」は、高度人材と単純労働人材の双方がありますが、まず優先すべきは、高度人材に日本に来てもらうための取り組みです。とくに、AIやソフトウエア開発など日本が弱い分野は、日本人だけでは世界競争に絶対勝てません。
ソフトウエア企業のワークスアプリケーションズは東大生の就職数で10位に入る注目企業ですが、同社の牧野正幸社長は「東大でもAIの人材が足りない」と強調します。そのため、インドにまで採用担当者を派遣し、インド最強の理系大学、インド工科大学の学生をスカウトしています。これくらいの努力をして、外国人の高度人材を口説いてこないと、世界での成功は困難です。これからは、テクノロジーやマネジメント分野を中心に、外国人が上司となることも珍しくなくなるでしょう。

（5）の「難民」とは、ズバリ、北朝鮮と中国からの難民です。今後、北朝鮮の体制が崩壊した場合、数万人、数十万人単位で北朝鮮の国民が日本に押し寄せることもありえます。さらに、中国がバブル崩壊や権力争いで大混乱に陥った場合、中国人が日本に大挙してやってくるかもしれません。難民問題は日本にとって対岸の火事ではないのです。

「第2の開国」で日本は浮かぶか

次にマクロな要因を見ていきましょう。

まず**（6）の「業界再編・伝統企業の倒産」はかなり高い確率で起きるでしょう。**

「失われた20年」の間に再編が進んだ業界もありますが、まだ手付かずの業界がたくさんあります。とくに、規制や言語や文化の壁で、世界との競争に晒されなかったセクターはその典型です。たとえば、建設業、流通業、農林水産業、メディアなどは、これから再編が本格化するはずです。都政の混乱からもわかるように、公的セクターの多くもいまだ昭和モードのままです。今後は地方議会不要論も出てくるはずです。特殊法人などを含む行政セクターも再編を強いられるでしょう。

日本では、大企業の経営が傾いた場合に、政府や銀行がどうにかして救おうとします。

その結果、呼吸はしていても、成長はせずイノベーションも生み出さない「ゾンビ企業」が温存されてしまっています。

しかし、**長い目で見ると、ダラダラと延命するよりも、いっそ倒産や大リストラを選んだほうが、従業員にとっても、社会にとってもプラスになるケースも多々あります。**

とくに、大企業に死蔵されていた人材が、ほかの活きのいい企業に移るプラス効果は無視できません。実際、１９９７年の金融ビッグバン以降、外資系金融の世界で活躍したのは、山一證券や日本長期信用銀行出身の人たちでした。

きっと今後10年の間に、有名企業の倒産がいくつも起こるはずです。**業界再編が吹き荒れる中、(7)「スタートアップの興隆」も起きるでしょう。ただし、第3章で詳しく述べますが、スタートアップの過大評価は禁物です。**日本はどこまでも大企業支配の国であって、スタートアップが成功するのは容易ではありません。

ただ、死屍累々とはいえ、大企業や海外企業の力をうまく借りながら、急成長を遂げるスタートアップもいくつかは出てくるはずです。戦後、ソニー、ホンダが日本のスタートアップの象徴となったように、新時代を彩るスタートアップが頭角を現すでしょう。

そして、**スタートアップを含む日本企業の大きなチャンスとピンチになるのが、(8)**

の「第4次産業革命」です。これも第3章で詳述しますが、**第4次産業革命とは、簡単に言うと、AI、ロボット、IoT（モノのインターネット）、ビッグデータの4つのテクノロジーがもたらすビジネス界の大変革です。**

ソフトバンクの孫正義社長が「スマホの次は、IoT」だと盛んに訴えているように、第4次産業革命は、次のメガトレンドとして世界中で注目を集めています。この**第4次産業革命を通じて、既存の王者が失墜したり、今の敗者が息を吹き返したり、意外なニュープレーヤーが登場したりするはずです。**世界中で下克上が起きるのです。

(9)の「交通革命」は、まさしく、国内外の人の移動の流れが変わるということです。

とくに注目すべきプロジェクトが2つあります。

ひとつ目は、2027年始動予定の東京（品川）―名古屋間のリニア中央新幹線です。最速で2037年には、名古屋―大阪間も開通する見込みです。東京と名古屋が40分、東京と大阪が67分で結ばれることにより、三大都市を一体化した「スーパー・メガリージョン（超巨大都市圏）」が生まれます。

2つ目は、羽田空港の国際ハブ化、拡張です。

羽田は、2010年に4本目の滑走路を新設したのを機に、国際線に本格進出。年間の

世界の空港、顧客満足度ベスト10（2016年）

順位	空港名
1	シンガポール・チャンギ空港
2	仁川国際空港
3	ミュンヘン空港
4	羽田空港
5	香港国際空港
6	中部国際空港
7	チューリッヒ空港
8	ロンドン・ヒースロー空港
9	関西国際空港
10	ドーハ・ハマド空港

出所）英スカイトラックス社

国際線発着枠は6万回に増えました。２０１４年には発着枠は9万回にまで拡大し、さらに２０２０年までには、都心を低空で飛ぶ新ルートの解禁により、12・9万回にまで増える見通しです。さらに、五輪には間に合いませんが、５本目の滑走路を造る案も浮上しています。２０１０年から２０２０年のわずか10年間で、羽田は世界を代表する国際空港へと生まれ変わるのです。

現在、「アジアのハブ空港」の座は、シンガポールのチャンギ空港、韓国の仁川《インチョン》国際空港が争っています。英国のスカイトラックス社が、世界の約５５０空港を対象に１０６ヶ国・地域の

世界の空港、旅客数ベスト10（2015年）

順位	空港名
1	ハーツフィールド・ジャクソン・アトランタ国際空港
2	北京首都国際空港
3	ドバイ国際空港
4	オヘア国際空港
5	羽田空港
6	ロンドン・ヒースロー空港
7	ロサンゼルス国際空港
8	香港国際空港
9	パリ・シャルル・ド・ゴール国際空港
10	ダラス・フォートワース国際空港

出所）国際空港評議会

約1300万人の航空旅客に実施した満足度調査でも、チャンギ空港と仁川国際空港が1位と2位になっています。

ただし、羽田の順位も悪くありません。満足度では4位ですし、世界の旅客数ランキングでは5位です。このまま羽田が順調に国際化と拡張に成功すれば、「アジアのハブ空港」の地位を獲得するチャンスはあります。

羽田がハブになれば、当然、人の流れも変わり、出張・旅行がさらに活発化するでしょう。そうした空の「交通革命」も、リニアモーターカーによる地上の「交通革命」とともに、人の移動を促すはずです。

最後に（10）の「グローバル化」の主役は、何と言ってもTPP（環太平洋パートナーシップ）です。TPPが施行されれば、農産品や工業製品にかけられる関税が、一定期間を経て撤廃もしくは大幅にカットされます。さらに、サービスや投資の規制緩和が進むことにより、海外企業が日本市場に参入しやすくなるとともに、日本企業が海外市場へ進出しやすくなります。「第2の開国」と言ってもいいインパクトが見込めるのです。**トランプ政権誕生によりTPP成立は難しくなりましたが、米国抜きで実現を目指すのも一案です。**米国抜きでは効果は限定的になるとはいえ、意義は大きい。

TPPは不成立に終わっても、他の貿易協定を実現できれば、海外でチャンスを摑む日本企業も出てくるでしょう。これは高度経済成長期に貪欲に世界に出ていった当時の日本企業に似ています。また、国内に世界の企業が参入することで、既得権益が打ち破られるかもしれません。これは、英国と組んで倒幕を果たした薩長と似ています。

これら10のファクターが相乗効果を生み出すことによって、「第3のガラガラポン革命」の気運は一気に高まっていくはずです。

日本を根こそぎ変える「5つの社会変動」

日本を変える5つの社会変動

① 財政破綻	すでに日本の長期債務は1000兆円を超過。低金利が続いているが、国の資産売却、内国債比率の高さを加味しても、危険水域に達している。自然災害、金融危機など何かのきっかけで金利が急騰するリスクがある。
② 政界再編	安倍政権は2021年までは継続する可能性が高いが、その後は有力候補が見当たらず、政界再編もあり得る。民進党の一部と、自民党の一部と、改革派首長が組み、第三極を創るシナリオも考えられる。キーパーソンは小泉進次郎氏。
③ 戦争・紛争	尖閣諸島を巡る中国との衝突、北朝鮮からのミサイル攻撃など、軍事衝突が起こるリスクは年々高まっている。とくに、アメリカ軍がアジア地域のプレゼンスを低下させた場合、軍事衝突のリスクはさらに高まることになる。
④ 自然災害	政府の地震調査委員会は、南海トラフ地震（最大マグニチュード9.1）が起こる確率を「今後10年以内に20％程度」「20年以内に40〜50％」と推計している。その被害は、最大で死者数32万人、被害総額220兆円と予測されている。
⑤ 天皇の生前退位	天皇陛下のご希望どおり、生前退位が認められた場合、平成という元号も変更されることになる。日本の歴史上、元号は象徴的な意味を持ってきた。元号の変更が人々の認識を変え、時代の変化を促す可能性は高い。

これらの10のファクター以外にも、**「第3のガラガラポン革命」につながる「5つの社会変動」があり得ます。**

それは、**財政破綻、政界再編、戦争・紛争、自然災害、天皇の生前退位です。**

ひとつ目の「財政破綻」のリスクについてはもはや指摘するまでもないでしょう。

国の借金については、「国は資産を多く持っているので実際の負債は少ない」「国債の大半は、国内の投資家が保有しているので売り浴びせられるリスクは低い」といった意見もあります。しかし、国の資産は売れないものも多いですし、国内の投資家だからと言って、危機になったら国債を持ち続けるとは限りません。今は世界的な低金利に助けられていますが、リスクは確実に上昇しています。

2つ目が「政界再編」です。2021年までは安倍政権が続いたとしても、その後を担うリーダーたる人材がいません。一気に世代を飛び越えて、小泉進次郎氏がトップに立てば面白いですが、安倍政権以後、自民党は求心力を失い不安定になるおそれもあります。対抗軸となるべき民進党もまず復活の芽はないでしょう（2020年まで存続しているかどうかすら怪しい）。となると、自民党の改革派、民進党の良識派、改革派首長などが合流して、新党を結成するシナリオも考えられます。その新党が軸となり、日本の政界が流動化する可能性は小さくありません。

自民党の大幅な若返りか、第三極の新党結成か。このいずれかのシナリオに進まないかぎり、日本の政治はデッドロックに陥るはずです。

3つ目の「戦争・紛争」については、そのリスクが日に日に高まっています。次章の「日本3・0と国家」で詳しく述べますが、世界は今、もっとも危険な時代を迎えようとしています。その火薬庫のひとつが日本を含む東アジアです。数々の不運や誤解が重なれば、突発的な紛争がいつ起きてもおかしくありません。

4つ目の「自然災害」の中で、もっとも恐れるべきは南海トラフ地震です。南海トラフとは、四国から静岡県の南の海底にある水深4000メートル級の深い溝のことであり、大規模な地震発生帯としても知られています。政府の地震調査委員会は、南海トラフ地震の発生確率を次のように予測しています。

・今後50年以内に90%以上
・今後30年以内に60~70%
・今後20年以内に40~50%
・今後10年以内に20%程度

マグニチュード9・1とも言われる巨大地震が発生すれば、被害想定は、最大で死者32万人、被害総額は220兆円。もっとも被害を受けるのは静岡県で、10・9万人もの死者が出ると推計されています。**地震が起きれば、国債も売り浴びせられ、財政危機も同時に到来するかもしれません。**

5つ目は「天皇の生前退位」です。もし生前退位が認められた場合、平成という元号が変わります。元号は日本という国にとって単なる記号ではありません。『天皇の影法師』『ミカドの肖像』『ジミーの誕生日』などで天皇家について記している作家の猪瀬直樹氏は、元号の持つ意味をこう指摘します。

「近代日本は独自の時間軸を『一世一元』の元号に置いた。天皇の代替わりにより明治、大正、昭和、平成といったん時間をリセットする改元を実施してきた（江戸時代までは天皇の代替わりと元号は一致していない）。改元のたびに、我われはいったん記憶を消す。天皇というたった一人の人間の寿命という偶然事に時間軸を託したのである」

猪瀬氏の意見を敷衍《ふえん》すると、**生前退位は2つの意味で日本を揺さぶります。**ひとつは、元号が変わること自体によって。**改元は、「日本に新しい時代がくる」という象徴的なメッセージになります。**もうひとつは、天皇の寿命により改元が行われるという、日本近代の伝統を壊すことによって。**死という人間が選択できない区切りから、生前退位という人間の意思が入った区切りに変わる。それは革命的な変化です。**

いずれにしても、生前退位が実現すれば、それは日本を新しい時代へと誘うことになるでしょう。

「日本3・0」時代は30代が主役になる

ここまで再三述べてきたように、すでに「第3のガラガラポン」へのカウントダウンは始まっています。では、**第3のガラガラポンによってもたらされる「日本3・0」の主役となるのは誰でしょうか。**

結論から言うと、今の30代だと思います。

先ほど「2020年は団塊世代の卒業式」と書きましたが、卒業する団塊世代からバトンを受けるのが、団塊ジュニア以降の世代です。つまり、**東京オリンピックは卒業式であると同時に、団塊ジュニア以後の世代の「大人への入学式」でもあるのです。**

厳密に言うと、団塊ジュニアとは、1971年から1974年までのベビーブームで生まれた世代を指します。つまり、**2017年時点で、団塊ジュニア以降の世代となるのは46歳以下の世代です。**この「団塊ジュニア以後」の世代の中で中核となるのが、ナナロク世代、すなわち1976年以降に生まれた世代です。

30代に期待をかけると、私自身が30代であるため単なる自己肯定と思われるかもしれませんがそうではありません。考えれば考えるほどに、「日本3・0」を創る主役となるのは、この世代しかいないと感じるのです。

もちろん、「世代論は陳腐、安易」との反論もあるでしょう。ただ私は、どの時代を生きるか、どの年代にどんなことが起きたかは、人間の世界観や感性に大きな影響を与えると考えています。

「人間の知性は、生まれで決まるか、育ちで決まるか」という論争が長らく繰り広げられていますが、今のところ、専門家の間では「半々」という説がもっとも有力です。それと同じように、世代の価値観を形作るのは、その人間の固有の性質と、その時代の共通経験が半分ずつだというのが私の仮説です。

では、**なぜ30代がカギを握るのでしょうか。それには主に3つの理由があります。**

ひとつ目に、30代は、いつの時代においても経験と無知のバランスが最適だからです。

社会経験も10年以上積み、組織でも一定の責任を担い始める。かといって、組織に染まりきっていないので、発想がまだ自由です。なおかつ若くて体力があるので、多少の無理は利きます。改革は体力なしではできません。変革の時代において、若さは強力な武器になるのです。

松下幸之助も変革と30代についてこう語っています。

「大きな変革は、若い者しかできんな。名誉やカネや地位のある者は、失うことを恐れて、挑戦しよう、今の状態を変えて、新しい日本を創ろうということは、ようせんね」

そして、30代に人間が伸びる理由をこう付け加えています。

「ところで、きみ、38歳か。いちばんええときやな。忙しいかもしれんが、いろんな苦労をせんといかんね。ただ何がなしに育つというんでは、本当に厳しいときに、よう生きていけんよ。昔から、若いときの苦労は、買ってでもせよ、と言われておるけど、ほんまや。若いときに苦労しとかんと、人間としての実力もできんし、人間的にも魅力がでんわ。それに、苦労して、苦労して、それを乗り越えて来た者は、どんなことがあってもくじけんし、たいてい成功するな。苦労というと、困ったな、かなわんなと思うわな。

けど、そういうことを考えると、苦労を喜んで迎える、困難を喜んで受け入れる。近頃は、血のにじむような苦労をするということを、あまりせんわな。けどほんとうは、この血のにじむような苦労をせんと。そういういちばん苦労せんといかんという、その時期は、やはり、30代やな。いちばん伸びるときは30代や[10]」

言うなれば、30代とは最後の青春です。

40歳は人生の折り返し地点であり、〝子ども時代〟を完全に卒業するのです。40歳以降は、これまでの積み重ねを活かし、これだと決めた分野に打ち込む時期に突入します。

であるからこそ、惑わなくなる（不惑）とも言えますが、社会の大きな変化についていけない人、守りに入る人も多くなってきます。家庭を持ち、住宅ローンを抱えていればなおさらです。ですから、40歳以下でないと、時代の節目となる変革期に適応するのは難しいのです。

ナナロク世代の破壊力と新たな価値観

30代がキープレーヤーとなる2つ目の理由は、今の30代はそれ以前の世代と価値観が違うからです。おおまかに、1976年生まれあたりを分かれ目として、価値観に大きな溝があります。

その**最大の要因のひとつは、インターネットとケータイです。**ナナロク世代は、若い頃から、インターネットやケータイを当たり前に使いこなしてきた最初の世代です。ネットが自然と体に染み込んでいるのです。

実際、このナナロク世代の前後の世代から、ミクシィ創業者の笠原健治氏、グリー創業者の田中良和氏、チームラボ創業者の猪子寿之氏、2ちゃんねる開設者の西村博之氏など、数々のネット起業家が生まれています。

もうひとつの違いは、何をかっこいいと思うか、何をブランドと思うかの価値観です。

『下流社会』などの著書があるマーケティング・リサーチャーの三浦展《あつし》氏はナナロク世代についてこう分析しています。

「やはり大きく変わるのはナナロク世代、すなわち1976年生まれ以降（真性団塊ジュニア）です。シェアハウスを造りだした建築家もナナロク世代が多い。IT業界の経営者など、新しい価値観で活躍するナナロク世代もたくさんいます。

ナナロク世代は、たとえば建築家の場合、大学に入った年に阪神・淡路大震災に遭っています。ですから、この世代から本格的に『従来のやり方ではだめだ。新しくビルをつくっていればいい時代じゃない』という考えになったと思います[11]」

この世代に、震災とともに強烈な印象を与えたのが、1997年の山一證券破綻です。大企業ももはや永遠ではない、鉄板のブランドも傾くリスクがある、会社に頼り切っていてはいけない——20歳前後の頃に、そんな現実を見せつけられたのです。

世間・トレンド評論家の牛窪恵氏はナナロク世代の価値観をこう語ります。

「リーマン・ショックでもトラウマにならなかったのは、だいたい30代半ば以下の世代です。２００４年ごろ、小泉内閣が初めて『自己責任』という言葉を使うのですが、今の20～30代はもう会社や国が自分を守ってくれるとは考えていません。自分の身は自分で守るしかないという感覚をもっていて、上の世代とは意識がまったく違います」[12]

過去の否定と自助自立。それが、ナナロク世代以降の特徴です。わたしは１９７９年生まれですが、ナナロク世代の前と後で価値観の違いをよく感じます。

ひとことで言うと、**ナナロク世代より前の世代は、伝統的なブランドを愛する傾向があります。**三井・三菱といった財閥、有名大企業、東大・慶應などの名門校、有名私立中高などが大好きです。それも無理もないことで、46歳以上の日本人は全盛期の日本を知っていますし、わかりやすい目標として、伝統ブランド以外の選択肢がなかったのです。それが１００％の正解だったのです。それゆえ、憧れのブランドを手にした人もできなかった人も、ブランドに絶大な思いがあるのです。

しかしながら、１９９０年代後半以降、デジタル化とグローバル化によって、新たなフロンティアが生まれました。デジタル化の風に乗り、グーグル、ヤフーらのインターネット企業が誕生し、日本でもベンチャーという選択肢が生まれました。

そしてグローバル化によって生まれたのが、外資系という選択肢です。私が就職活動をしたのは2002年ですが、当時は外資全盛期で、ゴールドマン・サックス、モルガン・スタンレーといった金融機関や、マッキンゼー、ボストン コンサルティングといったコンサルティング・ファームが大人気でした。今では信じられませんが、商社に入る学生は保守的だとバカにされていたのです。

良くも悪くも、過去の伝統にとらわれない、個人主義で人に依存しない、それが今の30代の特徴だと言えます。

団塊ジュニア、最後の「下剋上」

最後に3つ目の理由として、30~45歳の世代はとにかく数が多いのです。政治でも、経済でも、社会でも、やはり数は力です。

これまで、日本で多数派を占めてきたのは団塊の世代です。2015年時点で、団塊の世代を中心とする60~74歳の世代は約2600万人もいます。それに続くのが、団塊ジュニアを中心とする30~45歳の世代であり、人数は約2550万人に上ります。

つまり、団塊、団塊ジュニアの親子コンビだけで5000万人に達し、成人人口のほぼ半分を占めているのです。この両世代を味方につけたものが、世論とビジネスを制すると

2015年の人口構成（全国）

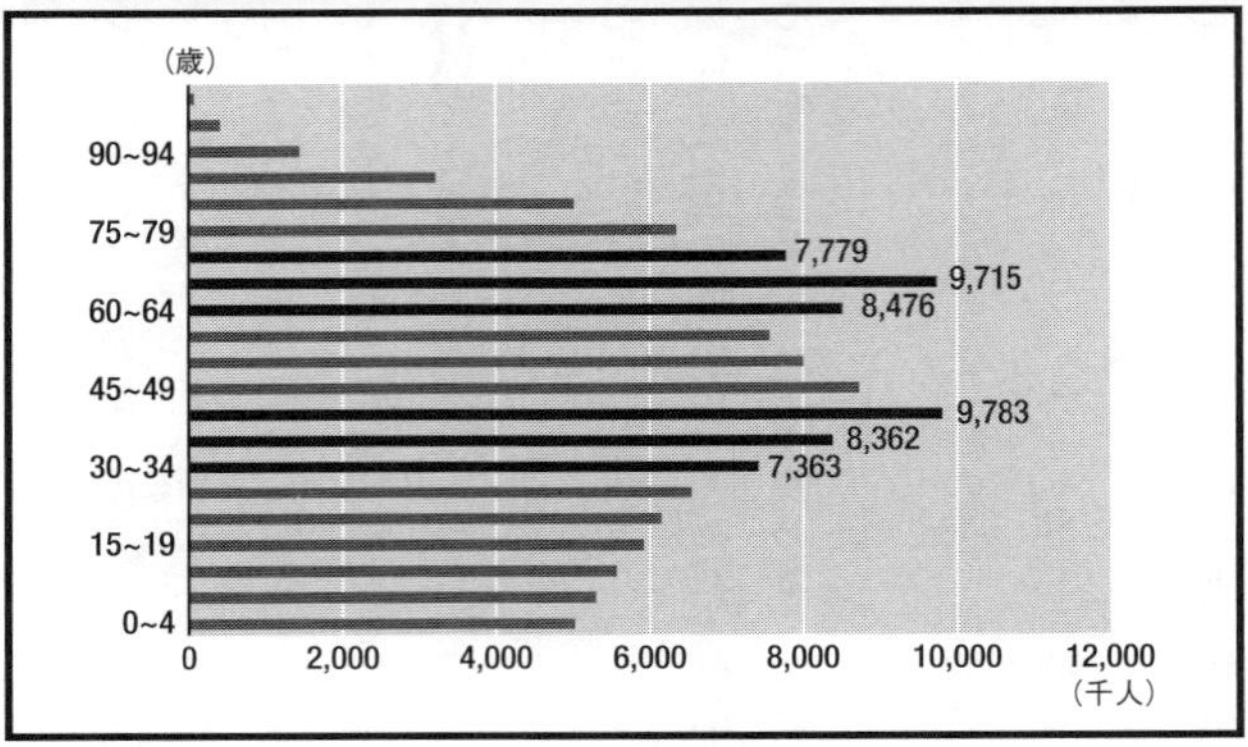

出所）総務省

言ってもいいでしょう。

2020年になると、団塊世代の多くはビジネス界から引退し、団塊ジュニアが多数派に躍り出ます。2020年には40代後半となる団塊ジュニア世代は、数が多いだけでなく、年齢的にも重責を担うようになっていきます。会社でも、政治でも、社会でも、この世代がもっとも強いパワーを持つことになるのです。

団塊ジュニアは、就職氷河期とバッティングしたため、就職などで苦労した人も多く、上の世代や社会への不満も大きいはずです。その構図が、昔の下級武士に似ているように思えます。数多い同世代のライバルと戦うため努力をしてきたが、報われな

2020年の人口構成（全国）

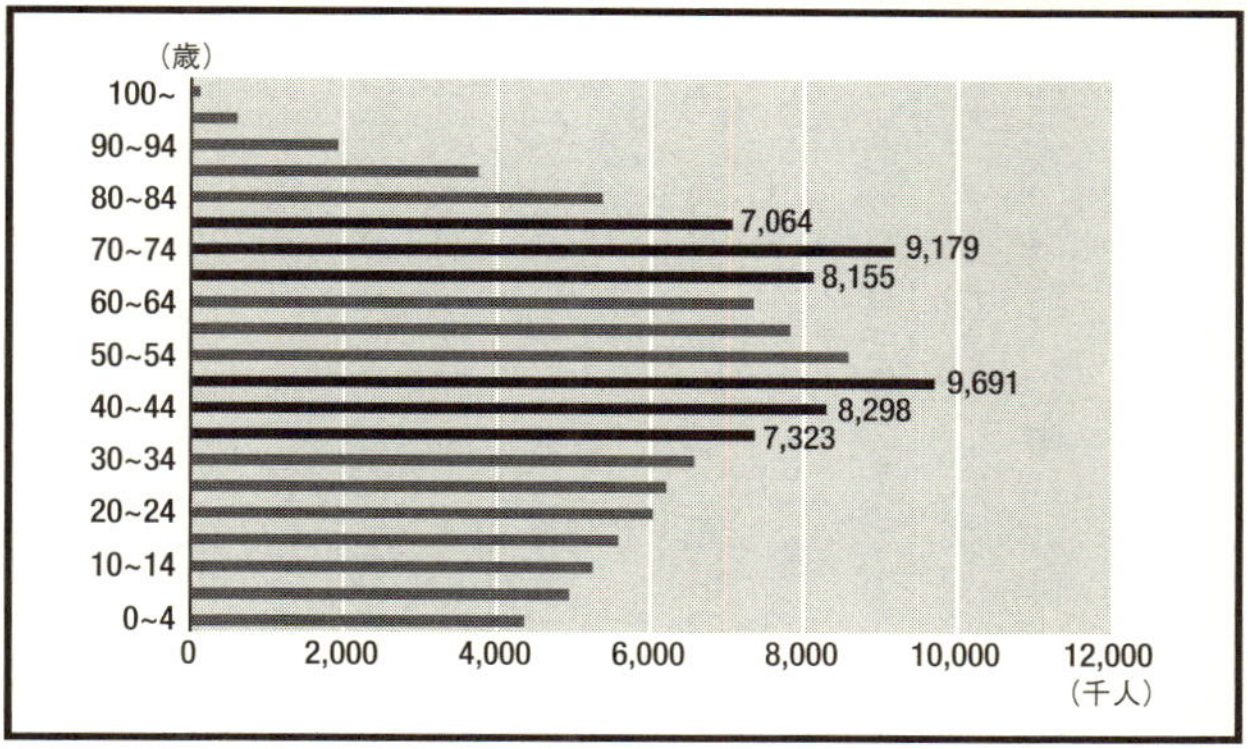

出所）総務省

かった、ただし、やっと時代の風が吹いてきた。**2020年以降の「日本3・0」は、この世代が下克上を起こすチャンスなのです。**

過去、似たムーブメントが一度だけありました。それは、小泉政権による構造改革とホリエモン（堀江貴文氏）による経済改革が盛り上がった2000年代前半です。しかし、その試みは未完に終わりました。小泉政権もホリエモンも、「日本2・0」の国家機構を打ち破ることはできませんでした。古い国家の抵抗に敗れたのです。

しかし、2006年の小泉首相退陣、ライブドア事件から約10年が経ち、また下克上の気運が高まってきています。ホリエモンは一部の層から熱狂的な支持を受け、出す本がことごとくベストセラーとなり、テレビでの露出もどんどん増えています。ホリエモン人気こそが、日本の「改革への渇望」を測るいいバロメーターなのかもしれません（ホリエモン指数とでも名付けましょうか）。変化へのマグマは確実に溜まりつつあります。

団塊ジュニア以後の世代も40歳を超え、家庭を持つ人も増えました。子どものように上の世代や世間に対し文句を言うのは恥ずかしいお年頃です。ブーブー文句を垂れる暇があれば、自らが動き、新しい商品やサービス、アイディア、さらには社会や国家をつくっていかなければなりません。

上の世代と同様、30代は、先祖の遺産を食いつぶした無責任世代として歴史に刻まれるか、それとも、「日本3・0」をつくった祖として記憶されるか、その勝負をかけたチャレンジがこれから始まるのです。

では今後、われわれは、どんな「日本3・0」をつくっていけばいいのでしょうか。次章以降、国家、経済、仕事、教育、リーダーという5つの切り口から、「日本3・0」の全貌を描いていきたいと思います。

日本3・0の始まりを考えるための10冊の本

・福澤諭吉『現代語訳 学問のすすめ』ちくま新書
・福澤諭吉『現代語訳 福澤諭吉幕末・維新論集』ちくま新書
・猪瀬直樹『天皇の影法師』中公文庫
・野口悠紀雄『戦後日本経済史』新潮選書
・ジョン・ダワー『敗北を抱きしめて』岩波書店
・岡崎久彦『陸奥宗光とその時代』PHP文庫
・半藤一利『昭和史』平凡社
・加藤陽子『それでも、日本人は「戦争」を選んだ』朝日出版社
・司馬遼太郎『「明治」という国家』NHKブックス
・竹内洋「『第三のガラガラポン革命』が起こる周期」(「新潮45」2015年8月号)

第2章

日本3・0と国家

明治維新から始まった「日本1・0」は軍事とナショナリズムの時代、敗戦から始まった「日本2・0」は経済と一国平和主義の時代だった。では、「日本3・0」はどんな時代になるのか。世界は「もっとも危険な時代」を迎え、国家が復権し、6つのモデルに収斂《しゅうれん》していく。日本では、「真・保守主義」「リベラルイノベーター」が新たな主役になる。

本章の10のポイント

・国民国家がなくなることは今後もない。むしろ復権する可能性が高い。
・国民国家がなくなった後に、平和が訪れないことを人々は悟っている。
・「アラブの春」の教訓。インターネットは壊すのは上手だが、創るのは下手。
・世界は「もっとも危険な時代」を迎えようとしている。とくに東アジアは危険。
・同質性、島国、天皇などの条件がそろう日本は、とくに国の磁力が強い。
・今後、世界はさらに多様化。国家は主に6つのモデルに収斂していく。
・国内政治は、「政府の大きさ」「GとLの考え方」などにより4勢力に分かれる。
・保守主義と伝統主義は違う。「真の保守主義」を再定義しなければならない。
・「リベラルイノベーター」層が新たに誕生。都会をベースに勢力を拡大する。
・日本人の拠り所は、個人、家族、国家の3本柱と、会社、地域、宗教。

ホリエモンの国家論は正しいか

ここ数年、毎月のように、ホリエモンこと堀江貴文さんに取材をしています。ホリエモンと聞くだけで、拒否反応を示す人もいますが、実際の堀江さんはそんなに嫌な人ではありません。愛嬌がありますし、その発言は鋭い洞察に満ちています。

一言でいうと、堀江さんは「44歳の天才少年」です。

合理的に考えた本音を、子どものようにオブラートに包まず語るので、多くの人の琴線に触れたり、一方では逆鱗に触れたりするのでしょう。私は堀江さんが好きですし、私の同世代には、堀江さん支持派のほうが批判派より多いように感じます。

堀江さんは、主にビジネスやテクノロジー分野のご意見番として知られていますが、最近は、国家論についても熱く語っています。その核となる主張は**「日本という枠に縛られるのはもう古い。国民国家の時代は終わる」**ということです。その中身を簡単に説明してみましょう。

堀江さんの国家論において、世界は、グローバル（G）、ナショナル（N）、ローカル（L）という3つの枠組みに分けられます。

この3つのうち、今後、N、つまり、ナショナリズムや国民国家は徐々に消えていき、代わって、GとLが存在感を増してくる。Gを代表するプレーヤーは、ニューヨーク、ロンドン、東京といった大都市や、グーグル、アマゾン、フェイスブック、アップルといったスーパーグローバル企業です。ローカルを代表するのは、地方都市やマイルドヤンキー的なひとたちです。主役が国家から都市やグローバル企業へとシフトし、「日本」「米国」といった国単位で語るのは古くなるというのが堀江さんの言い分です。

堀江さんはこう語ります。

「僕はよくツイッターでネトウヨの人と対立するし、左翼の人とも対立するんですが、最近気付いたのは、『右翼も左翼もNを前提にして動いているから、対立するんだ』ということです。でも、大多数の人は、本当は国なんてどうでもいいと思っているはずですよ。

ナショナリズムはそもそもフィクション。それが必要だった時代もあったと思うんですが、SNSとかモバイルインターネットなどのテクノロジーのおかげで、そうしたフィクションは事実上、必要なくなってきているんじゃないですか。

ナショナリズムをよくよく考えてみたら、『なんで国のために死ななきゃいけないの？』ということになる。多くのマイルドヤンキーにとっては、『天皇？　別にいなくてもいいよ』という感じだと思いますよ」

いかにも堀江さんらしい極論ですが、これからの世界と日本の行方を考える上で、本質的なポイントを突いていることも確かです。

近代は、Nが中心となった時代でした。

欧州が発明した「戦争に勝つために、ナショナリズムによって人々を束ねて国力を高める」というモデルが世界を席巻したのです。日本も例外ではなく、**明治維新は、世界で日本が生き残るために「N」を強化しようという大改革でした。**しかし今日では、国家間の戦争は減少し、「戦争のために国民を総動員する」という必要性は薄れています。

今後、堀江さんが言うように、Nは後退していくのでしょうか。

そもそも、「国家の時代が終わる」というのは新しくて古い議論です。最初に、この説を世に問うたのは、1990年に出版された大前研一さんの『ボーダレス・ワールド』です。この本は、本家の「ハーバード・ビジネス・レビュー」の読者投票でトップになった連載を書籍化したもので、大前研一さんは世界のスターになりました。

その後、大前さんが予測したように、世界ではグローバル化が急ピッチで進み、国境の壁は低くなっていきました。しかし、それはあくまで経済、ビジネスに限った話です。**政**

治や社会という面では、国家の壁は今なおそびえ立っています。

もちろん、「情報」と「マネー」という面では、確かに世界はグローバル化しています。たとえば、2013年時点で、世界の株式投資のうち4割弱が国を越えて行われていますし、インターネットのトラフィックのうち2割弱が国境を越えたものです。

しかし、「人」と「モノ」に視点を移すと、その構図は一変します。

国境を越えて移民する人の比率は約3%、留学する人の比率は約2%にすぎません。国外に旅行する人の比率は16%程度に上りますが、その行き先の大半は近隣諸国です。[1] さらに、貿易においても、グローバル化は頭打ちになりつつあります。[2]

つまり、今のグローバル化とは「頭でっかちのグローバル化」なのです。**ネットなどの情報を通じて、世界とつながったつもりになっただけで、そこに身体性はありません。頭はグローバル、体はローカルといういびつな構造になっているのです。**

しかも、経済という要素は極めて重要ですが、国家や世界は経済によってのみ成り立っているわけではありません。「本当に国民国家が終わるか」を考えるには、ナショナル・アイデンティティ、軍事・政治・社会といった側面も見る必要があります。

次の図は、国連加盟国の数の推移を示したものですが、**国民国家の数は、減るどころか**

国連加盟国数

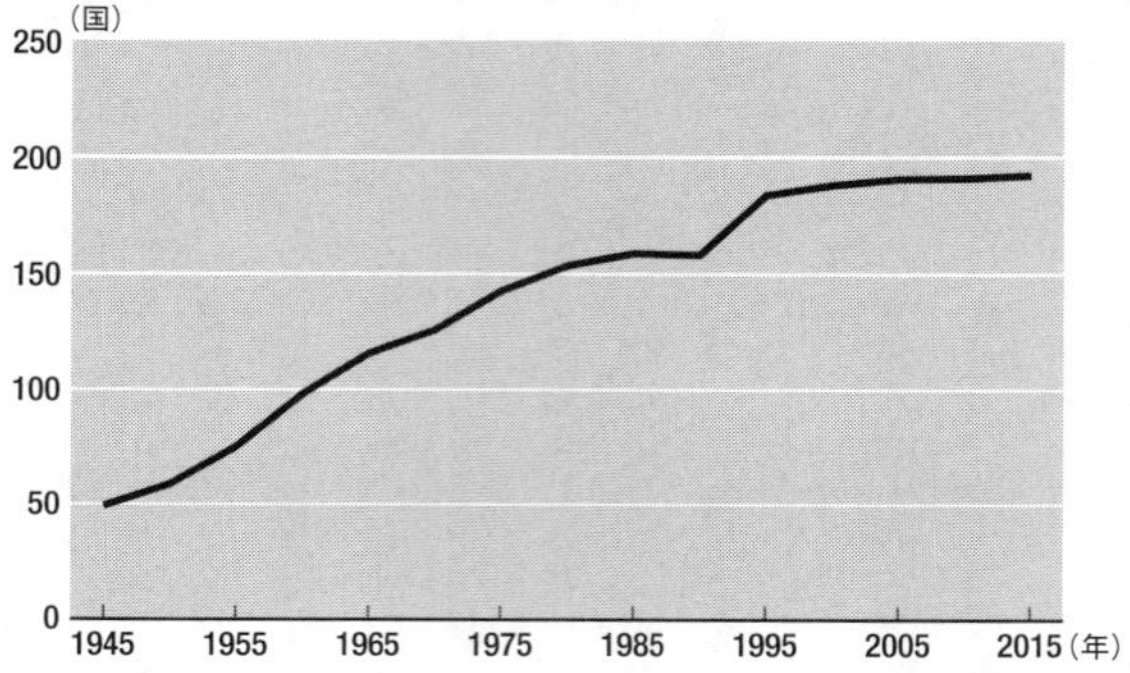

出所)国際連合

増え続けています。

2016年時点における、国連加盟国数は193ヶ国。これは、1945年に比べて実に4倍弱です。国家の数は、第2次世界大戦後に急増した後、冷戦終結による共産圏の解体によりさらに増加しました。近年、その伸び率は落ち着いているものの、現在200ヶ国近い主権国家が存在しています。**数だけを見れば、国民国家というモデルは今なお活況を呈しているのです。**

国民国家の時代が続く理由

ただし、国民国家が増えているのはあくまで今日までの話です。今後は、その勢いがなくなり、むしろ国家の衰退が加速するのでしょうか。

どうもそうとも思えない、**少なくとも数十年、もしかしたら100年以上にわたってNの時代が続くのではないか、というのが私の見立てです。**

なぜでしょうか。主に2つの理由があります。

ひとつ目に、国民国家に代わるものがないからです。

国民国家が衰えたとして、誰が治安や安全を守り、医療・教育などの社会インフラを提供するのかという問題があります。都市やグローバル企業がどこまでそうした役割を担えるかははなはだ疑問です。

加えて大切なのは、アイデンティティの問題です。

たとえば、人は何を心の寄る辺にするか、人は何のために死ねるかを考えると、（昭和の時代ならまだしも）会社のため、地域社会のため、東京のために死ぬというのはあまり想像できません。その一方で、世界、宇宙となると大きすぎてリアリティがありません。

以前、宇宙飛行士の向井千秋さんとお会いした時、「宇宙から地球を眺めると、自分が地球人だという意識が芽生えてくるのですよ」とおっしゃっていました。それは海外に出ると、急に日本人の意識が芽生えるのと似ています。みなが宇宙に旅行する時代になれば、

「地球人」としてのアイデンティティが芽生えてくるかもしれません。
ただ、宇宙旅行が格安になるにはまだ時間がかかるでしょうし、SF映画のように、宇宙人と戦争にでもならないかぎり、「地球のために命をかける」という感覚は湧いてこないのではないでしょうか。地球や宇宙や人類というキーワードは、多くの人を支えるアイデンティティとは当分ならないはずです。

国民国家を超える〝壮大な実験〟であるEUも、ブレグジットでつまずきました。その理由としては、移民に対する反発、EUによる主権奪取などが挙げられますが、「結局、EUに対して忠誠心を持てなかった」というアイデンティティの問題も大きいのです。英国人は、あくまで英国人であって、EU人という意識は持ちにくいのです。EU離脱派の急先鋒だった現外務大臣のボリス・ジョンソンは「欧州には、共通した政治文化もメディアもユーモアのセンスもない」と喝破しましたが、その指摘は的を射ています。

EUに対して懐疑心を持つのは、英国民だけではありません。他のEU諸国でも国民国家への郷愁とEU懐疑論がくすぶっています。マグマのように溜まった不満が最初に爆発したのが英国だったと考えるべきでしょう。
調査機関ピュー・リサーチ・センターは、EU諸国において、各国におけるEUの好感

EUに懐疑的な国民の比率

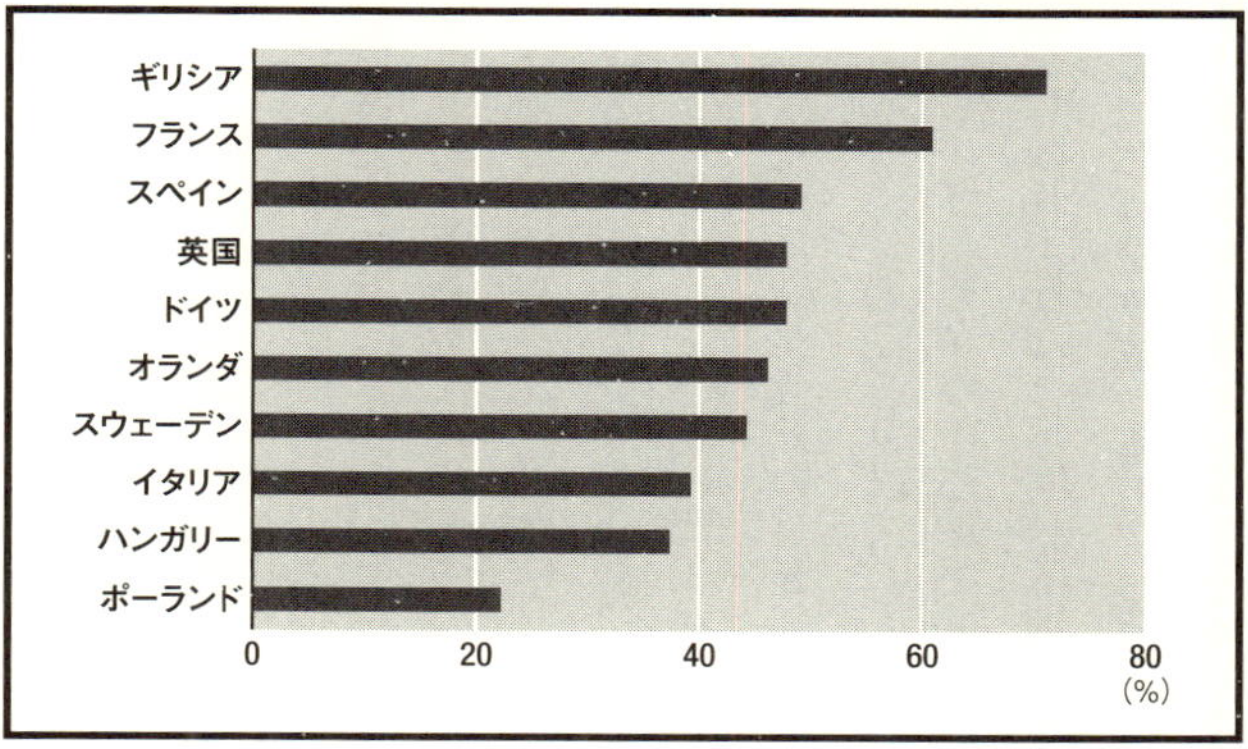

出所）ピュー・リサーチ・センター

度を調査しています。それによると、EUに懐疑心を持つ国民の比率は、英国の48%に対して、ギリシアでは71%、フランスでは61%、スペインでは49%、ドイツでも48%に達しています。[3] 英国だけが異常ではないのです。

各国では、移民に対する不満だけでなく、国家の主権をEUへ譲ることへの抵抗感、そして何よりも、他国のために自国の税金が使われることの不満が根強くあります。

本音では、「なぜギリシアのような怠慢な国をわれわれの税金で助けなければならないのか」と思ってしまうのは人間の性《さが》とも言えます。つまり、共感、同志としての連帯感を国民国家の外にまで広げるのは実に難しいのです。

米国のような国民国家の内部でも、人種や階層によって大きな分断があります。同じ国の中でさえバラバラなのに、いわんや国の外をやという話です。

国家 vs. メガシティ

EUはポスト国家時代のひとつのモデルでしたが、脱国家の取り組みはなかなかうまくいっていません。しかし、だからといって、国民国家がこれまでのような盤石な枠組みであり続けるという意味ではありません。ライバルは出てきます。

堀江さんが言うように、一部のメガシティは国家と拮抗するほどの存在感を持つでしょう。コンサルティング会社のKPMGは、人口1000万人を超すメガシティの数は、現在の20都市から2025年までに37都市に拡大すると予測しています。[4]

そうしてメガシティの存在感が増すにつれ、都市は国家という枠組みを部分的に超越し始めるかもしれません。事実、米国のインテリジェンス機関である国家情報会議は「**2030年までに、2ヶ国、もしくは3ヶ国にまたがる大都市が少なくとも40都市は誕生する**」と予測しています。[5] 過去、古代ローマ、中世のフィレンツェなど都市国家が栄えた歴史もあるだけに、都市が国家化することもありえます。

ただし当面は、都市も国家と対立するものではなく、あくまで国の管轄下に置かれる構図は変わらないでしょう。ブレグジットの後に、ロンドンで独立論が盛り上がりましたが、まだ現実味がありません。あくまで、英国の中のロンドン、米国の中のニューヨーク、日本の中の東京という位置づけであって、都市単体で国民国家のような機能を持つにはまだ時間を要するはずです。

とくに大きなポイントが、防衛です。ドローンなどの技術革新や、傭兵の活用などにより、一定の軍事力を持つことはできるでしょうが、最後は自国民が命をかけなければなりません。そうした人材をどれだけ得られるかがカギになります。

ほかに堀江さんは、国家に代わるもののひとつとして、趣味仲間やネットを介してつながるコミュニティを挙げ、一例として、自身が運営するオンラインサロン（堀江貴文イノベーション大学校）について語ってくれました。

堀江貴文イノベーション大学校とは、堀江さんが主宰する月額1万８００円の会員制コミュニティラウンジです。会員になると、オンライン・オフラインでの講演会、勉強会、イベントに参加できる上、30を超える分科会グループでは、ビジネス、遊びなどさまざまな活動が行われています。

この取り組み自体はとても面白く、成長性は高いと思います。こうしたコミュニティに愛着を持ち、新しい自分を見つける人も出てくるでしょう。ただし、私にはどうもそれが人間の支えになるイメージが湧きません。個人のひとつの大事な場所にはなるかもしれませんが、アイデンティティの核にはならない気がするのです。

現代の日本では、核家族化などにより家族の絆もかつてより弱くなり、会社も共同体としての機能が弱まりつつあります。さらに、**もともと地域社会の濃度も薄く、宗教が盛んではない日本では、心や生活の支えとして国家に頼る人がますます増えていくのではないでしょうか。**

そもそも、国家と個人は対立する概念ではありません。フランスの歴史人口学者であるエマニュエル・トッドは「国家こそ個人の自由の必要条件です。『個人』の成立には『国家』が必要なのです」と述べていますが、まさにそのとおりです。

国家が教育、社会保障、医療といった福祉の基本を整えるとともに、個人の権利や治安を守ってくれるがゆえに、個人は自立して生きていくことができます。国家は個人の自立のための基盤なのです。

国家が社会主義のように何にでも介入すればいいというわけではありませんが、**国家が基本インフラをしっかり提供できなければ、さまざまな保護を家族に頼らざるを得なくなり、家庭の格差がそのまま個人の格差になります。**中国社会のように家族への依存度が高まり、自立できなくなってしまうのです。

だからこそ、自立した個人があふれる社会を希望する人ほど、国家について真剣に考えないといけないのです。

「アラブの春」という反面教師

国民国家がしぶとく残ると思うもうひとつの理由は、国民国家なき後の世界が、不安定で平和に程遠いことを、世界中の人々が目の当たりにしているからです。

今の中東で起きているのは、まさに国家の崩壊です。近代に欧米諸国が人工的に引いた国境線が無力化し、宗教、民族、文化といった前近代的なファクターがむき出しになってきているのです。国家や独裁者なき後に現れたのは、平和ではなく、宗教、民族、文化の違いによる対立、いわば、カオスでした。

象徴的な例が、イラクです。

米国のイラク戦争の最大の過ちは、戦後の統治プランのずさんさにあります。異なる宗教、文化の人たちが住むイラクという国の中で、どうにか機能していた国家体制を解体してしまったため、国がバラバラになってしまったのです。

同じように、アラブ諸国の独裁を打ち破った「アラブの春」も平和をもたらすことはありませんでした。

2010年末にチュニジアで始まった「アラブの春」は、エジプトにも波及。フェイスブックなどで結びついた市民によるデモも拡大し、2011年2月にはムバラク大統領が退陣しました。当時、世界中のメディアは、「ムバラク政権崩壊によって、エジプトに民主主義が生まれる。インターネットが民主化の起爆剤になった」と麗しいストーリーを発信しました。

しかし、その後、エジプトではテロやデモが頻発し、経済は低迷。2014年6月に就任したアブドゥルファッターハ・エルシーシ大統領の下、民主化プロセスを進めてはいるものの、まだ道半ばの状況です。

エジプトでの革命の際に、当時グーグルに勤務していたワエル・ゴニムは、フェイスブックページをつくって20万人の民衆を動員し英雄となりました。彼は今、当時を振り返りこう語っています。

「私はかつて、インターネットさえあれば社会を解放できると言いました。でもそれは間違いでした。『アラブの春』はソーシャルメディアの大きな可能性を示した一方で、重大な欠陥も明らかにしました。独裁者を倒すために私たちを繋いだ道具が私たちを分裂へと導いたのです」

彼は革命の武器になったソーシャルメディアが、革命後、むしろ社会分断を助長する武器になってしまったと言います。

「革命後に起きたことは衝撃的でした。高揚感は薄れ、合意形成には失敗し、政治的闘争が著しい二極化を招きました。ソーシャルメディアはデマ、単なる噂、意見交流の阻害、ヘイトスピーチを助長して状況を悪化させただけでした。まさに最悪の状況で、オンライン上の私の世界は荒らしと嘘とヘイトスピーチが飛び交う戦場と化しました」[6]

インターネットやソーシャルメディアなどの新しいテクノロジーは、既存の秩序を壊すのは得意です。しかし、新しい秩序をつくる魔法の杖にはならなかったのです。

このネットとＳＮＳの特徴は、アラブにかぎらず、日本にも当てはまります。**ネットの言論は権威に噛み付き、引きずり下ろすのはうまいのですが、そこから新たな代案を作り**

出すことにはまだ成功していません。言うなれば、〝破壊的な野党〟であって、〝生産的な与党〟ではないのです。

　ですので、インターネットやソーシャルメディアの正の側面だけを見て、「ネットは国家を超える」といった麗しい理想を信じ込むのは危険です。ただ壊すだけでは、壊す前よりも悲惨な状況が生まれかねないのです。

　世界の歴史を見ても、独裁政権から民主主義への移行期にある国家は政情が不安定化しやすい傾向があります。今もそうした「危険な中間地点」状態にある国が世界に50ヶ国も存在します。[7]

　その中では、エジプトはまだ恵まれているほうです。エジプトは、中東・北アフリカ地域では例外的に古代まで遡る国民意識があるので、国民がまとまりやすい。それに対して、イラク、ヨルダン、レバノン、シリアなど近隣諸国では、国民としてのアイデンティティよりも、宗教や民族のアイデンティティのほうが強いため、国家が崩壊したときのインパクトが大きいのです。[8]

　国民国家というモデルは、対内的にも、対外的にも〝団結〟という点では便利です。同じ国民というアイデンティティを共有することで、助け合いの精神が生まれて社会が安定しますし、外に敵が生まれたときは、命をかけて団結して戦う防衛線にもなります。**国民国家は、戦争の火種になることもありますが、心強い用心棒にもなりうるのです。**

現代はもっとも危険な時代

百歩譲って、もし今の世界や日本を取り巻く環境が平和極まりなく、戦争のリスクが著しく低いのであれば、「脱国家」も選択肢に入るかもしれません。

欧州が世界に先んじて「脱国家」たるＥＵを推進できたのは、「二度と悲惨な戦争は起こさない」という理想と利益を各国が共有できたからだけではありません。ＮＡＴＯ（北大西洋条約機構）という軍事的な抑止力があったことに加えて、冷戦の終焉によりロシアの軍事的脅威が弱まったことも大いに影響しています。「脱国家」しても大丈夫そうな条件がそろっていたのです。

同じく、**戦後の日本が、平和ボケと揶揄《やゆ》されるほどに、国家を忘れることができたのも、恵まれた国際環境があったからです。**冷戦によって世界が二極化して安定していましたし、中国は長らく眠れる獅子でした。かつ、世界のジャイアンこと、米国と同盟関係にありました。二重三重に日本に有利な状況が出来上がっていたのです。

戦争数の推移

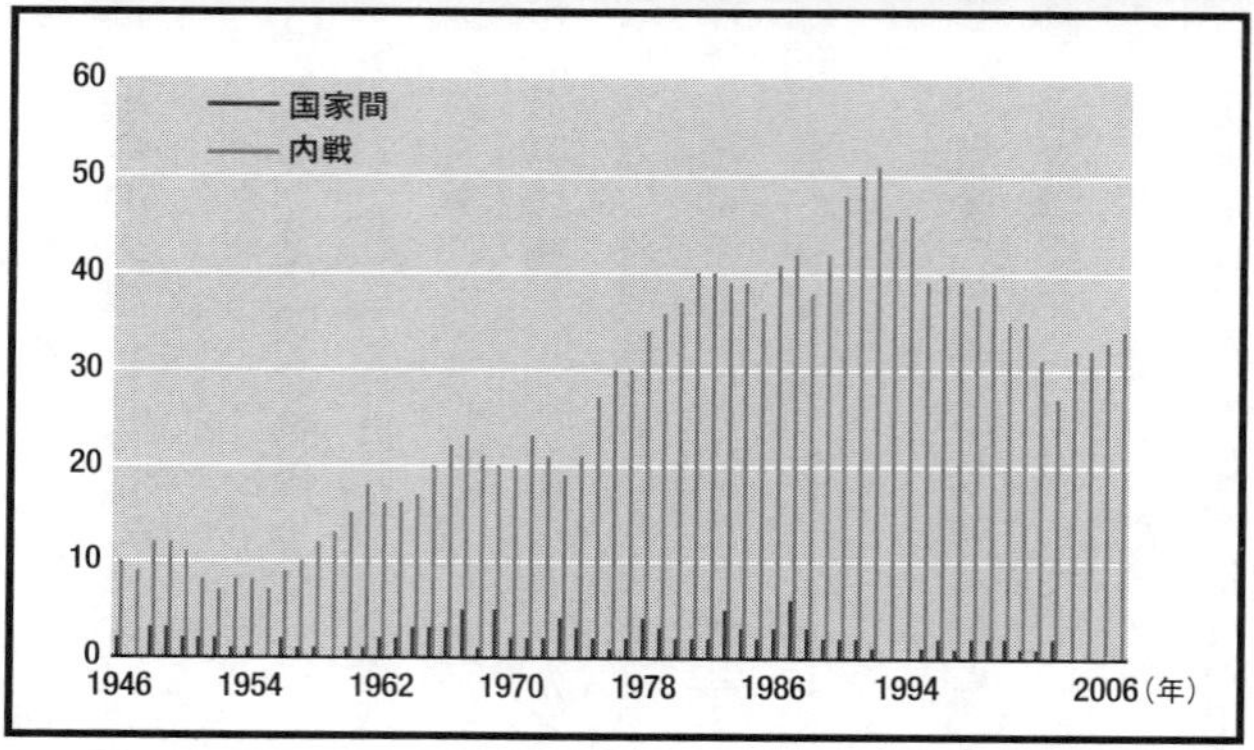

出所）Human Security Report Project

しかし今や、世界中の平和が揺らぎつつあります。

世界の戦争数の推移を見ると、冷戦終結後のピーク時に比べて数は減っています。かつ、国家間の戦争は2000年以降ほとんど起きていません。戦争の大半は内戦です。表面上は平和なようにも見えます。

しかし、この傾向が続くとは限りません。米国の国家情報会議は、2030年に向けた予測の中で、今後は国家間の紛争が起きる可能性が高いと論じています。そして、2011～2015年まで、**米軍のトップである統合参謀本部議長を務めたマーティン・デンプシー氏は「今は私の生涯でもっとも危険な時代だ」と警鐘を鳴らしていま**

す。[9]

欧州はロシアの脅威、アジアは中国の脅威、そして、中東はＩＳ（イスラム国）の脅威にさらされています。そのどれもが、冷戦後のパックス・アメリカーナの時代にはなかったものです。

しかも、米国は財政の逼迫《ひっぱく》や、国力の相対的な低下により、「世界の警察」の役割を果たす余裕と意志を持てなくなってきています。米国はトランプ政権を含めて当分の間、これまでのような積極的な介入を海外で行うことはないでしょう。必然的に、日本を含む同盟国に対してより多くの負担を求めてくるはずです。

とりわけ**日本が位置する東アジアは、これから〝危ない季節〟を迎えます。**ロシア、中国、北朝鮮という強烈な独裁者をリーダーとする、ナショナリスティックな国が日本を取り囲んでいるからです。**とくにリスクが大きいのが中国です。**

歴史上、戦争や紛争がもっとも起きやすいのは、地域に新たなスーパーパワーが生まれたときです。国力を増す新興勢力は、ほぼ例外なく既存のパワーに挑戦します。

その典型が、かつて米国に戦争を挑んだ日本です。**現在、中国がアジアにおける米国の覇権や日本などに挑むような行動を繰り返していますが、それは歴史を見ると、むしろ自**

然な流れです。上り調子の国家は、いつの時代も好戦的になりがちです。

歴史上、この法則に当てはまらないのは、戦後の日本とドイツぐらいです。両国とも目覚ましい成長を遂げながら、アジア、欧州における米国の覇権に挑みませんでした。

ただし、この2国は例外的なケースと言えます。ともに米国とは軍事同盟関係にあるので、経済面はともかく、軍事面でアメリカと張り合うという選択肢はなかったのです。

翻って、現代の中国は、米国と経済的な利害は共有していますが、軍事的には、日米同盟は目の上のタンコブです。アジアから米国を追い出したい、日米同盟に楔《くさび》を打ち込みたい、と考えるのは必然です。

しかも中国には時間がありません。高度成長が続くのはせいぜい2025年まで。その後は労働人口の減少もあり、経済が減速し、バブル崩壊のリスクが一層高まります。そのタイムリミットまでに中国が取れるものを取っておこうと考えるのは合理的です。

であるからこそ、**日本は国家として、あらゆるリスクに対処できるよう、万全の準備をしておかなければなりません。**単純に言えば、独裁国家であり、人権意識が低く（人の死が軽く）、ナショナリズムが高揚している国と、もし戦争となった場合、日本は勝てるのか、国民と国土を守れるのかということです。

今の日本が無自覚に「脱国家」を標榜するのはあまりに軽率です。そうした、非現実的な試みの筆頭が、鳩山政権による東アジア共同体構想でした。

むしろ今の日本は、軍事的、外交的には国家を強化せざるをえない時期にあります。右翼的、愛国的に国家を強化するという意味ではなく、現実的なニーズとして、国家の力を結集しないといけないタイミングなのです。

今後のリーダーは、いい意味で国家意識が強く、健全に国民のナショナリズムを醸成できるリーダーでないといけません（ナショナリズムは化物のようなもので、一度過熱すると手がつけられなくなりますので、表立って煽ってはいけません。心に秘める程度でちょうどいいのです）。

長期的には、たとえば2050年になれば、世代交代も進み、中国も勃興期を完全に終えるでしょう。それが戦争で終わるか、内部崩壊によって終わるか、平和的なソフトランディングで終わるかはわかりませんが、その頃には、脱国家の余地が生まれている可能性はあります。

しかし、そうしたユートピアに到達するまでには幾多の修羅場があるはずです。だからこそ、ホリエモン的な国家がなくなるといった主張は、議論のための議論としてはありですが、それがメインシナリオになると思い込んではいけないのです。**デジタル化やグローバル化によって、国民国家がなくなり、紛争もなくなるので軍事なんて気にしなくていい、といったナイーブな思想を持つのはあまりに非現実的なのです。**

愛国心はひとつじゃない

世界全体でも国民国家の枠組みは当分続くはずですが、とくに日本は簡単なことでは揺るがないでしょう。なぜなら、**日本は国民国家と相性がいいからです。**その理由は、「そもそも国民国家とは何か」をたどるとわかりやすくなります。

国を英語で表現するとき、カントリー、ステート、ネーションという3つの言葉がありますが、それぞれ意味するところは違います。

カントリーは、地理として、場所としての国です。自然条件としての国です。たとえば日本は、北は北海道から南は沖縄に至るまで山と海に恵まれたカントリーだと言えます。

ステートは、政治的に定められた機関としての国です。主権国家としての日本はステートです。行政機関を代表する政府のことをステートと言うこともあります。

ネーションは、文化や人種をベースにした共同体としての国です。血や文化を分け合う同士としての国です。同じ言語や慣習や歴史を持っている人たちのグループと言えます。

このうち、国民国家とは、英語でネーションステートと言うように、政治的な単位と文化・人種的な単位としての国を組み合わせたものですが、それにカントリーが加わり「3つの国」が一致するとは限りません。

一例がベルギーです。ベルギーにはベルギー語がなく、フラマン語（オランダ語の一種）を公用語とする北部と、フランス語を公用語とする南部に分かれます。つまり、ステートとカントリーはダブりますが、文化的なネーションとはずれるのです。そうした背景があるがゆえに、ベルギーではつねに分裂シナリオが持ち上がるのです。

同じく米国も、文化的、民族的なネーションが国の中で分かれています。すでに新生児は白人より非白人のほうが多くなっていますし、言語という点でも英語を話さないヒスパニック系の国民が増えています。

それに対して**日本の場合、人種に多様性がなく、国土が狭く島国でもあるため、カントリーも含めた3つの国の概念が重なりやすい。**自然と一致してしまう。それゆえに、国民国家という枠組みに馴染みやすいのです。一方、**中東は、カントリーも、ステートも、ネーションも全部バラバラなため、国民国家ができにくいのです。**

この3つの「国の概念」を前提にすると、愛国心にも3種類あることがわかります。

自分の故郷、日本の自然、富士山などを愛するという意味での「カントリー的な愛国心」、日本の政府が大好き、安倍首相ラブ、明治政府が好きといった「ステートとしての愛国心」。そして、日本文化や日本人という民族が好きだという「ネーションとしての愛国心」。この3つに強弱があり、混ざっている人が多いはずです。

たとえば、この定義でいくと、政府を批判したり、貶《おとし》めたりすることは、必ずしも愛国心に反する行為にはなりません。

「わたしは日本の自然を愛しているし（カントリーとしての愛国心）、日本の伝統やこの文化を愛している（ネーションとしての愛国心）。しかし、今の政府は好きではない（ステートとしての愛国心）」という主張は成り立ちます。愛国心や国という言葉を重層的にとらえることで、議論がより明確になりますし、自分の気持ちがより整理しやすくなるはずです。

天皇という国家精神の化身

もうひとつ日本の特殊性を形作っているのは、メディアです。

日本ほど、テレビと新聞というマスメディアの影響力が大きい先進国はありません。視聴率が低下しているとはいえ、民放、ＮＨＫの波及力は今もケタ違いです。部数が減ったとはいえ日本の新聞は何百万部という部数を誇っています。２０１６年４月時点の読売新聞の販売部数は８９９万部で朝日新聞は６６０万部。**読売新聞と朝日新聞の部数は、世界の数ある新聞の中で、1位と2位です。**

日本では、週刊誌やネットで報じられたスクープも瞬く間に、マスメディアを通じて全国津々浦々に届けられます。国民みなが、ベッキーの不倫を話題にすること自体が異様なことなのです。

私自身も、２０１６年７月の都知事選の際に、日本のマスメディアの威力を思い知りました。私が編集長を務める経済メディア「ニューズピックス」に、猪瀬直樹元東京都知事が、都議会のドンと呼ばれる内田茂都議会議員について語った「猪瀬直樹が語る『東京のガン』」という記事を掲載したところ、過去最高の読者数を獲得。その記事は、フェイスブックやツイッターを通じて凄まじい勢いで拡散されていきました。

ただし当初、その広がりはあくまでネット空間に限られていました。しかし、続いて「週刊文春」が内田茂氏について詳しく報じ、選挙後には、民放がこぞって内田氏を特集。

内田氏をテレビで見ない日はないぐらいの内田氏尽くしとなりました。これらの〝報道シャワー〟によって、それまで無名だった内田氏は、瞬く間に、お茶の間の有名人になったのです。

何が言いたいのかというと、**日本のマスメディアの力を使えば、一瞬にして、日本中に新たな常識を植え付けることができる、世論を変えることができるということです。**現代は、インターネットによって関心が分散していると言われますが、ネットやソーシャルメディアの話題のなかにはテレビ発のものが多くあります。ネット空間でもその影響力は抜群なのです。

国民国家について研究した『想像の共同体』の中で、著者のベネディクト・アンダーソンは、国民国家を生むファクターとして、印刷による情報技術、メディアの重要性を説いています。ある意味、**日本ほど、メディアによって「日本人という意識」を醸成しやすい国はありません。**全国紙が存在しないと言ってよい米国や、社会階層によって触れるメディアが異なる英国とは、そこが決定的に違います。

そして、**何と言っても、日本の特殊な存在は天皇です。**戦後、マッカーサーが国民統合の象徴として、天皇制を維持したのは大正解でした。当時、マッカーサーに天皇制の維持を提言した、情報将校のボナー・フェラーズはその理由をこう記しています。

「天皇に対する日本国民の態度は概して理解されていない。キリスト教と異なり、日本国民は、魂を通わせる神を持っていない。彼らの天皇は、祖先の美徳を伝える民族の生ける象徴である。天皇は、過ちも不正も犯すはずのない国家精神の化身である。天皇に対する忠誠は絶対的なものである」[10]

日本人にとって、天皇は崇高かつ空気のような存在ですが、とくに戦後、国民統合の象徴として果たしてきた役割は極めて大きいのです。

天皇制を筆頭に、島国、ほぼ単一民族、強力なメディアといった要因があるがゆえに、日本は国民国家と馴染みやすいのです。世界と日本のこれからを考える際にこの特殊性を頭に入れておかなければなりません。

フランスの歴史人口学者であるエマニュエル・トッドも**「日本人にとっては、自分たちが『日本人であること』は自明」**と、そのナショナル・アイデンティティの強さを指摘し、同じく島国で王室を戴く英国と似た面があると述べています。[11]

6つの国家モデル

ここまでひたすら述べてきたように、**「国民国家」はこれからもしぶとく残っていくでしょう。ただし、その「かたち」はより多様になっていきます。**

ベルリンの壁が崩壊する直前の1989年、政治学者のフランシス・フクヤマによる論文「歴史の終わり?」が世界中で話題になりました。

論文の中でフクヤマは、リベラルな民主主義と資本主義の勝利を高らかに宣言。世界のあらゆる国が、民主主義と資本主義に収斂していく、つまり、歴史の進歩はもう終わり、最終形態へと行き着くと論じました。

しかしそれから25年、まだ歴史の終わりは訪れていません。それどころか、**中国、ロシアなど民主主義とはほど遠い専制国家の勢いが増し、先進国においても資本主義を攻撃するような論調が高まっています。**

では今後、世界がより多様になっていくとして、どのような国民国家の〝モデル〟が有力になるのでしょうか。

チャールズ・カプチャン著『ポスト西洋世界はどこに向かうのか』を参考にしながら、6つの選択肢を紹介していきましょう。

国家の6つのモデル

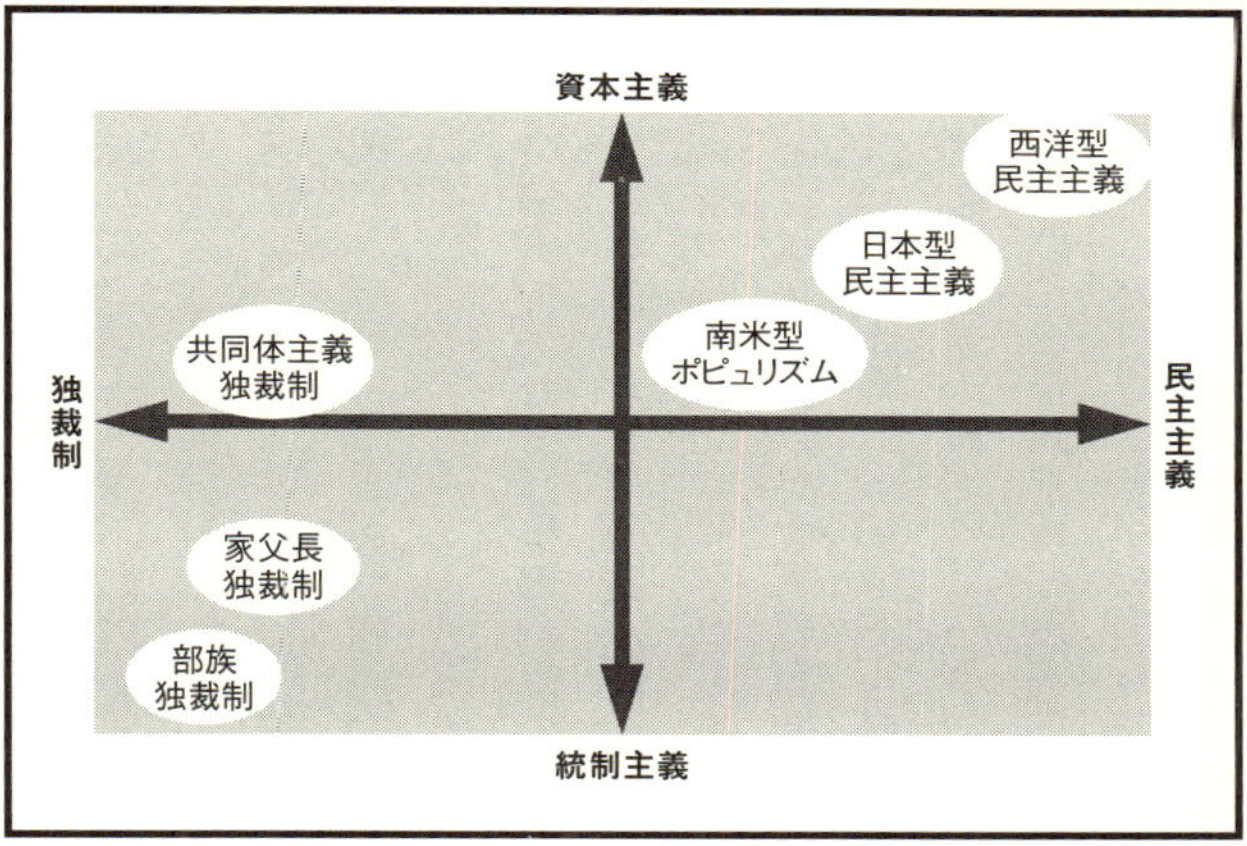

（1）西洋型民主主義（米国、英国、北欧など）
（2）日本型民主主義（日本）
（3）南米型ポピュリズム（ブラジルなど）
（4）共同体主義独裁制（中国）
（5）家父長独裁制（ロシア）
（6）部族独裁制（サウジアラビアなど）

上図は、2つの軸で6つのモデルを分類したものです。

横軸で政治体制（民主主義的か、独裁的か）、縦軸で経済体制（資本主義的か、統制主義的か）を評価しています。定量的に政治体制と経済体制を点数化するのは難しいのですが、民主主義の度合いとしては、英国の経済誌「エコノミスト」が発表する民主主義指数、資本主義の度合いとしては、同じく「エコノミスト」が集計しているクローニーキャピタリズム指数を参考にしています。

民主主義指数は、選挙プロセス、政府の機能、国民の政治参加、政治文化、市民社会の自由などの観点から、各国を10点満点で採点。スコアが高いほど完全な民主主義に近いという評価です。

ちなみに、日本のスコアは世界23位の7・96ポイントで、「欠陥のある民主主義」にカテゴライズされています。「国民の政治参加」のスコアが低かったことが響いています。

もう一方のクローニーキャピタリズム指数は、まず政府の影響力の強い産業（クローニー産業）をピックアップ。ロシアの石油産業や、米国の防衛産業などがその典型例です。そして、各国のビリオネア（10億ドル以上の資産を持つ富裕層）の資産のうち、何％がクローニー産業の富裕層から生じているかを測っています。その割合が高いほど、資本主義的なシステムが弱く、縁故主義が色濃いという仮説です。

その数字を見ると、ロシアが突出して高く18％に到達。日本は0・6％と極めて低い数字が出ています。

世界各国の民主主義指数（2015年）

順位	完全な民主主義	スコア
1	ノルウェー	9.93
2	アイスランド	9.58
3	スウェーデン	9.45
4	ニュージーランド	9.26
5	デンマーク	9.11
6	スイス	9.09
7	カナダ	9.08
8	フィンランド	9.03
9	オーストラリア	9.01
10	オランダ	8.92
11	ルクセンブルク	8.88
12	アイルランド	8.85
13	ドイツ	8.64
14	オーストリア	8.54
15	マルタ	8.39
16	英国	8.31
17	スペイン	8.30
18	モーリシャス	8.28
19	ウルグアイ	8.17
20	米国	8.05

順位	欠陥のある民主主義	スコア
21	イタリア	7.98
22	韓国	7.97
23	日本	7.96
23	コスタリカ	7.96
25	チェコ	7.94
26	ベルギー	7.93
27	フランス	7.92
28	ボツワナ	7.87
29	エストニア	7.85
30	チリ	7.84
35	インド	7.74
51	ブラジル	6.96
74	シンガポール	6.14

順位	独裁体制	スコア
132	ロシア	3.31
136	中国	3.14
148	UAE	2.75
160	サウジアラビア	1.93
167	北朝鮮	1.08

出所）The Economist

世界のクローニーキャピタリズム指数（2016年）

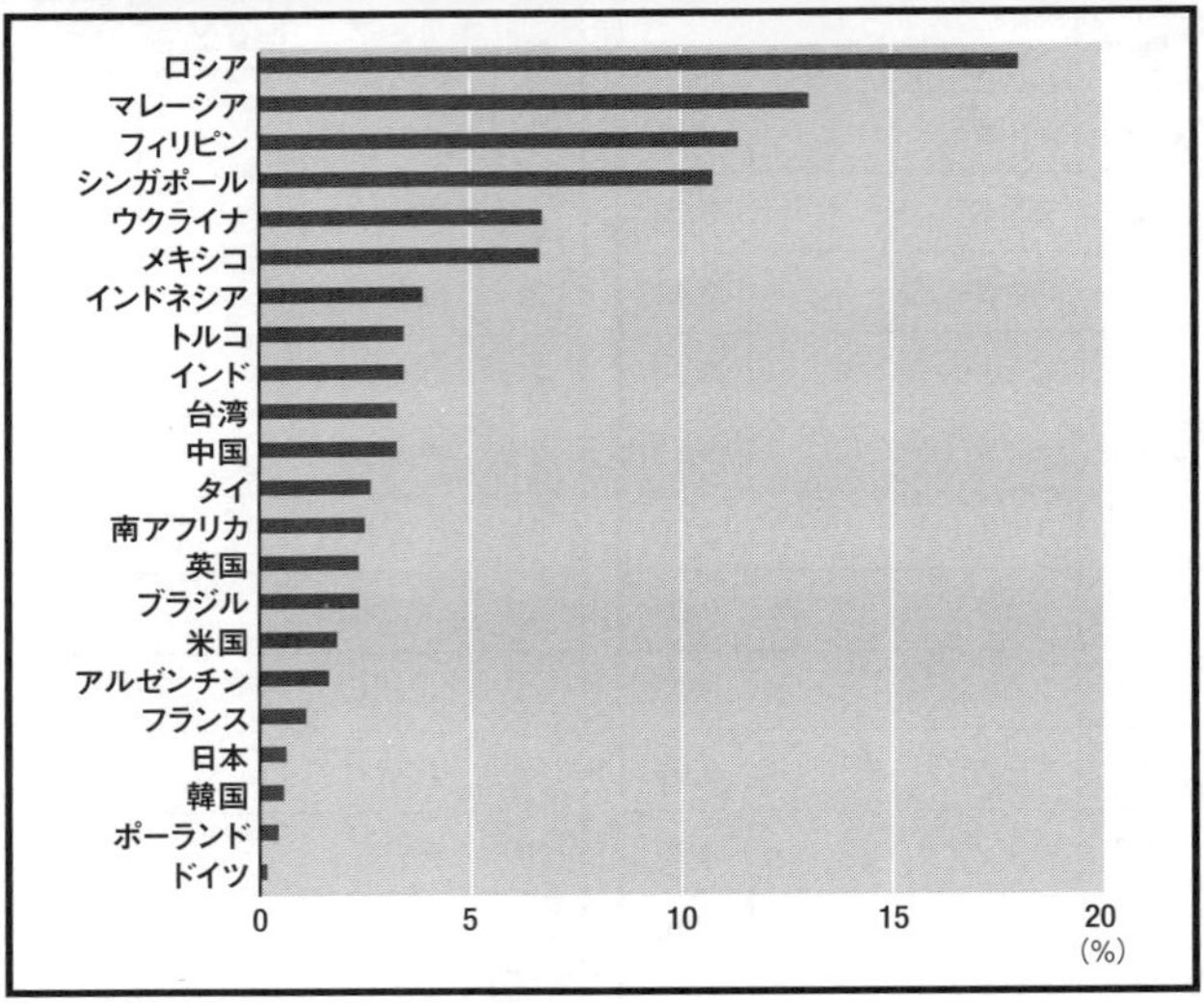

出所）Forbes, IMF, The Economist

順に6つのモデルを説明していくと、まずもっともわかりやすいのが、**（1）の「西洋型民主主義」**です。これは、**民主主義と資本主義、そして、世俗的なナショナリズムの3点セットで成り立っている国家です。**行政と議会の自律性が高く、民間部門も自由度が高いため、政府に過剰な干渉を受けずにビジネスを展開できます。典型例は米国、英国、北欧諸国などです。

（2）の「日本型民主主義」を（1）と別モデルとしたの

は、西洋型とはいくつかの点で違いがあるからです。第1に、**西洋に比べて、行政の力が強く、議会、司法が弱い。**さらに、**経済セクターに対する国家の介入がやや強く、企業の自律性は西洋諸国ほどには高くありません。**また、移民をほぼ受け入れておらず、国民の同質性が高いという点も「西洋型民主主義」との違いです。

(3)の「南米型ポピュリズム」はブラジルが典型ですが、民主主義は根付いています。ただし、中間層が薄く(全体の20%)、貧困層が厚い(全体の約40%)ため、**政治は貧困層に受けるようなポピュリズム的な政策に流れがちです。**反米感情とあいまって、左翼ポピュリズムが色濃いのです。経済面でも、市場経済を採用してはいますが、汚職がはびこっており、透明性と公平性に欠けています。

残りの3つのモデルは、民主主義を採用しない独裁国家です。

(4)の「共同体主義独裁制」は、いわば、チャイナモデルです。中国共産党という政治エリート集団が政治も経済も牛耳っています。その特徴は、国家と民間部門が互いに支え合っていることです。

西洋型民主主義では、歴史的に、企業家などの民間セクターは、政府の独裁を打ち破る原動力となりました。自由を求めて政府と戦ったのです。それに対して、中国共産党は、企業家などの新興ブルジョアジーや中産階級を国家に取り込むことで、反対勢力の芽をうまく摘みました。中国では、2001年7月に当時共産党のトップだった江沢民が企業家の入党を認め、現在では、企業家の3分の1以上が共産党員であると言われています。[12] **中国では、政治と経済、政治家と資本家が一体化しているのです。**

(5)の「家父長独裁制」は、現在のロシアのように、国家トップが国民の〝家父長〟として独裁制を敷くモデルです。 プーチンはいわば国民の父です。大統領選出に当たり、選挙は行われますが、公正な選挙とは信じられていません。中央政府は強権支配を行う代わりに、しっかり国民を養います。経済も国家が統制しており、中産階級の大部分は公務員として政府のために働いています。

(6)の「部族独裁制」は、部族や氏族により形作られる政治共同体を指します。 サウジアラビア、UAEといったペルシア湾岸諸国がその代表例です。

たとえば、サウジアラビアでは、建国以来、国王はサウド家が世襲しており、重要閣僚ポストは王族が占めています。そして、石油収入を基にした経済面での大盤振る舞いによって、中産階級をうまく懐柔しています。中東諸国は、ナショナリズムが根付いていないため、部族・宗教意識と経済的利益により国民を束ねているのです。

6つの国家モデルの特徴

	西洋型民主主義	日本型民主主義	南米型ポピュリズム
特徴	資本主義、自由民主主義、世俗的ナショナリズムの3点セットによる統治。チェックアンドバランスが利きやすく、多様な意見を吸収。イノベーションとも相性がいい。	資本主義、自由民主主義、世俗的ナショナリズムにより成り立つ。ただ、西洋モデルに比べ、行政が強く、議会、司法、民間部門が弱い。国民の同質性も強い。	民主主義を採用。ただし貧困層の数が多いため、反米感情を利用した、左翼ポピュリズムに走りやすい。市場主義には必ずしも積極的ではない。
代表例	米国、英国、北欧など	日本	ブラジルなど
強み	多元的な意見 自己修正力 市場メカニズムを活かしやすい	ボトムアップによる総意形成 格差が広がりにくい 社会の安定	政党システムの安定
弱み	意思決定に時間がかかる 格差が広がりやすい	意思決定が遅い イノベーションが生まれにくい	大きな所得格差 イノベーションが生まれにくい 経済の腐敗
正当性	国民からの支持	国民からの支持	所得の再分配 国民からの人気
拠り所	理念、ナショナリズム	天皇、文化、ナショナリズム	宗教、家族

6つの国家モデルの特徴

	共同体主義独裁制	家父長独裁制	部族独裁制
特徴	民間部門と国家が互いに支え合う。共産党が新興ブルジョアジー(企業家など)や中産階級を国家に取り込むことで、反対勢力の芽を摘む。	中央政府による強権支配。国家は国民を養い、企業の経済的ニーズを満たす代わりに、政治権力を独占する。中産階級の大部分は公務員。	部族や氏族により形作られる政治共同体。部族社会に根ざした権力と経済面での大盤振る舞いによって、中産階級を取り込んでいる。
代表例	中国など	ロシア	サウジアラビア、UAEなどペルシア湾岸の諸王国
強み	効率的な意思決定 政策の一貫性 政治の安定	社会の安定	社会の安定
弱み	個人の機会・自由の抑制 イノベーションの不足 政治の腐敗、汚職	民間部門が弱い 市民社会の欠如 政治の腐敗、汚職	石油依存の高さ 民間部門が弱い 市民社会の欠如
正当性	経済パフォーマンス 政治的安定	権威 予測可能性	部族の伝統 利益誘導 経済的成功
拠り所	親族	国家	宗教、血族、部族

123～124ページの表に記したように、6つのモデルにはそれぞれ一長一短があります。どのモデルがフィットするかは、各国の歴史、文化、発展段階が異なるため、正解はひとつではありません。**企業の経営モデルにも唯一の正解がないように、国家の統治モデルも多様です。**

そして、モデルの選択と同じかそれ以上に大切なのは、国家の組織づくり、オペレーション、ガバナンスです。

国際的に著名なジャーナリストである元朝日新聞主筆の船橋洋一氏は、「戦略は統治を超えられない」と言います。つまり、**どんなに優れた戦略やモデルを考えついても、それを実行できる体制がなければ、絵に描いた餅に終わるということです。**

これは企業にもまったく同じことが言えます。私もスタートアップ企業に勤務しているのでよくわかりますが、いくらいい戦略、アイディアがあっても、その運用、実施が遅く、稚拙だったがゆえにつまずいた企業がたくさんあります。よい戦略と統治がそろったときに、国家も企業も繁栄するのです。戦略と統治は両輪なのです。

したがって、国家モデルとあわせて、どうすればよりクリーンで、フェアで、スマートな政府や統治を実現できるのかについて、具体的な議論が必要になります。その意味で、東京都の小池百合子知事が、都議会改革や情報公開の推進といったガバナンスをテーマにしているのは正しい方向性です。国政においても、安倍政権が、安定して政策を実行できるのは、官房長官である菅義偉氏がしっかり官僚の人事権を握り、政が官を統率するというガバナンスを利かせているからです。

日本政治の4つの対立軸

ここまでは世界の国家モデルについて記してきましたが、日本国内では、国家運営や国家観に関してどのような潮流が生まれるのでしょうか。言い換えれば、**日本の政治にどんな対立軸が生まれるのでしょうか。**

現状を分析すると、自民党は安倍首相の一極集中であり、対立軸はほぼありません。一方、民進党は、民主党時の拙い政権運営などにより、信頼は地に落ちています。**今の政治体制は、安倍首相がリードする「国家主義」の勢力が圧倒的に優勢です。そこに民進党に代表される「戦後リベラル」が挑んでいる構図です。**つまり、2極しかないのです。

ただし、この**2極だけでは、今の日本、国民のニーズに応えられません。**むしろ双方ともに共感できない有権者が多数派でしょう。そのひとつの証左が、自民党の外から出馬し

日本の4つのスタンス

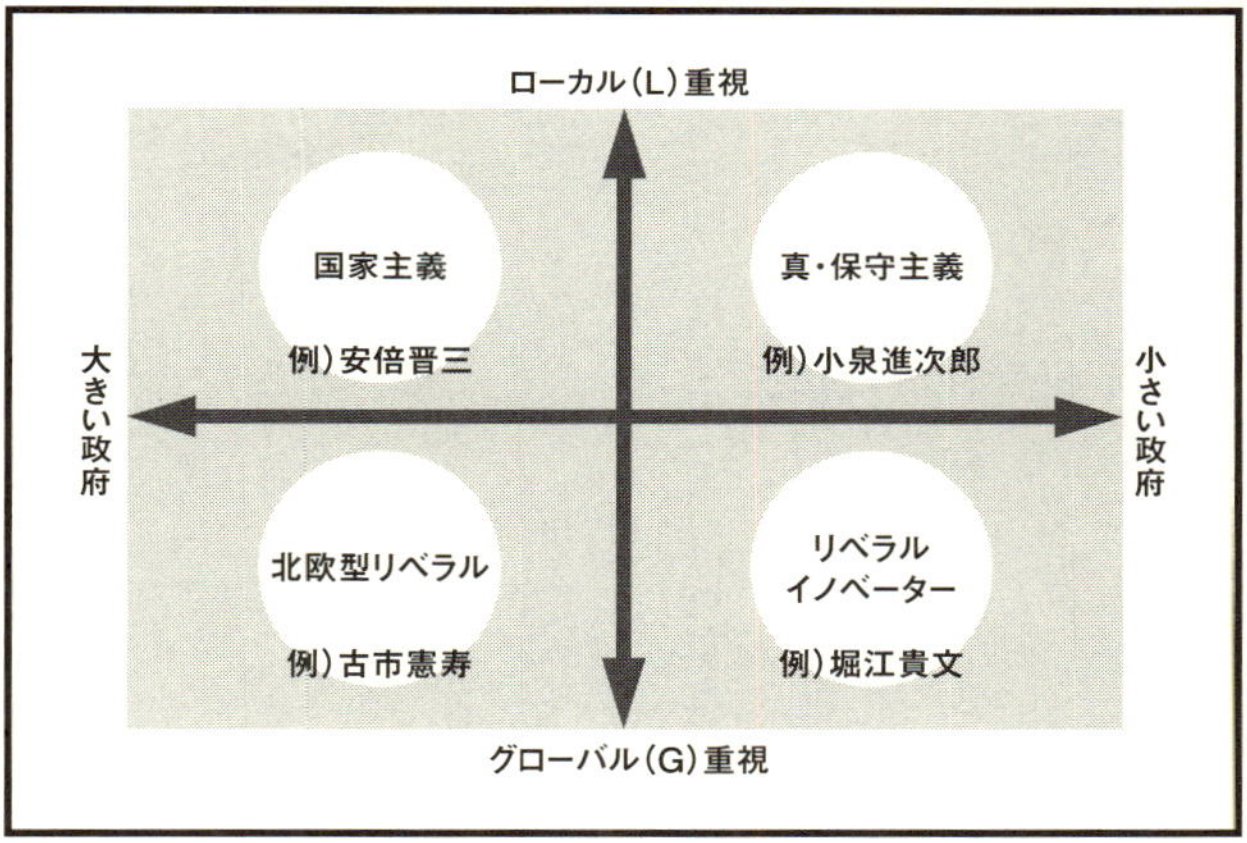

た小池氏の都知事選圧勝であり、２０１６年の参院選での投票率の低さ（過去４番目に低い54・７％）と、比例区での自民党の得票率の低さ（35・９％）です。安倍政権以外に選択肢がないという現状に対する諦念が垣間見えます。

　では、これからの日本にはどんな新勢力が求められているのでしょうか。

　その答えは、**「真・保守主義」と「リベラルイノベーター」と「北欧型リベラル」の３つです。**その３つの立場が何を意味するかを、「国家主義」と「戦後リベラル」と比較しながら説明してみましょう。上の図は、「政府の大きさ」と「Ｇ（グローバル）とＬ（ローカル）の比重」の2つの軸から、4つの立場を分類したものです。

横軸は「経済・政治」に対するスタンスを示しています。右と左を分ける最大の争点は「大きな政府か、小さな政府か」です。

経済や政治における国の関与を増やす、たとえば、財政出動を増やしたり、中央銀行が積極的に市場に介入するのは、「大きな政府」的な動きです。その意味で、アベノミクスは、どちらかというと、大きな政府派と言えます。

一方、小さな政府派は、政府は最低限の役割に徹し、財政出動も極力抑え、規制緩和などによりイノベーションが起きやすい環境を整備することに注力します。

縦軸は、「グローバリズム」に対する姿勢、すなわち、「グローバル（G）重視」か「ローカル（L）重視」かを示しています。

「G寄り」は都会派であり、国家よりも都市を、伝統よりも理想を重視します。グローバリズムにも肯定的であり、社会はテクノロジーや民主化によって、進歩していくという立場です。

それに対して、「L寄り」は日本の伝統や地方を重視します。グローバル化を否定するわけではありませんが、全面的に受け入れることには慎重です。また、現実主義の色合いが強いのも特徴です。社会が一方向に進歩するとは考えません。
この2つの指標によって分類すると、きれいに4つのポジションに分けられます。

（1）大きい政府＋L寄り＝国家主義
（2）大きい政府＋G寄り＝北欧型リベラル
（3）小さい政府＋G寄り＝リベラルイノベーター
（4）小さい政府＋L寄り＝真・保守主義

この4つのポジションのうち、**（1）の「国家主義」は、安倍政権がすでにしっかり埋めています。**しかし、その他の3つのポジションはまだがら空きです。

日本に欠けている「真・保守主義」

ひとつ目に有望なのは、（2）の「北欧型リベラル」です。

北欧は福祉が充実した「大きい政府」ではありますが、その一方で、市場メカニズムを重視した競争が活発です。その象徴が、柔軟な労働市場です。解雇規制がゆるく、たとえば、携帯電話で一時世界を席巻したノキアは、2014年にマイクロソフトに買収された後、90％以上の社員がクビになりました。それでも社会が回っているのは、国が再雇用トレーニングや育児援助などを手厚く提供しているからです。また、国民の多くが英語を話すなど、グローバリズムともうまく付き合っています。

本来、**日本でこの「北欧型リベラル」のモデルを打ち出すべきは民進党です。**しかし、民進党はいまだ「戦後リベラル」の呪縛にとらわれています。経済オンチぶりが甚だしい「戦後リベラル」は、もはや時代遅れです。弱者を助けることはもちろん大事ですが、そのためにはまず稼がないといけないというリアリズムが希薄です。これから、「戦後リベラル」は団塊世代の引退と合わせて、泡沫勢力へと衰退していくでしょう。今のうちに、民進党はこのエリアから卒業しない限り、未来はありません。

ほかに日本に欠けているのは、経済面で「右（小さい政府）」のスタンスをとる勢力です。**今の日本に必要なのは、小さい政府志向でローカル志向の「真・保守主義」と、小さい政府志向でグローバル志向の「リベラルイノベーター」です。**

「真・保守主義」というネーミングは、今こそ、真の保守主義が求められているという問題意識から付けています。日本では、「保守主義」というと、とかく古いものを保持しようとする「伝統主義」と誤解されがちですが、真の「保守主義」はもっと深いものです。

保守主義の元祖は、18世紀に活躍した英国の政治家兼政治思想家であるエドマンド・バークです。彼を一躍有名にしたのは、フランス革命に対する批判をつづった『フランス革命の省察』です。この本の中でバークは、過去を単純に否定し、平等といった麗しい理想をかかげ、進歩主義に染まった革命勢力をこう批難しました。

「身分や階層そのものをなくせるなどというのは、途方もない大ウソにすぎない。こんなウソは、社会の下層で生きねばならない者たちに、間違った考えやむなしい期待を抱かせたあげく、社会的な格差への不満をつのらせるだけである。そしてあらゆる格差や不平等をなくすことは、どんな社会にも不可能なのだ[13]」

バーク流の保守主義とは、イデオロギー的なものではありません。彼が守るべきと唱えたのは、具体的な制度であり、自由です。『保守主義とは何か』の中で、政治学者の宇野重規氏は、バーク的な保守主義の4つの条件を挙げています。

（1）保守すべきは具体的な制度や慣習。

（2）そのような制度や慣習が歴史の中で培われたものだということを忘れてはならない。

（3）大切なのは自由を維持すること。
（4）民主化を前提としつつ、秩序ある斬新的改革を目指す。

そして、バーク的でない保守主義の例をこう記しています。

（1）抽象的で恣意的な過去のイメージに基づいている。
（2）現実の歴史的連続性を無視。
（3）自由のための制度を破壊する。
（4）民主主義を全否定する。[14]

こうしたバーク的な保守主義は、日本の文脈にあてはめると、西郷隆盛の思想に通じるものを感じます。西郷隆盛を、凝り固まった伝統主義と思っている人もいるかもしれませんが、それは誤解です。彼は決して日本の伝統に拘泥したわけではありません。そうではなく、日本の国柄を踏まえることなく、無批判に西洋流を取り入れることを批判したのです。西郷隆盛の『南洲翁遺訓』にはこうつづられています。

「欧米各国の制度を採用して日本を開明の域にすすめようとするなら、それよりも先にしなければならないことがある。先ず日本がその基本（国柄）を確定して、徳をもってそれを支えるようにすることである。そのうえで、日本に見合った長所を各国の制度のうちから選びとって採用する、それも急がないことが重要である。何でもかんでも模倣すると、日本の国体は衰え、徳も廃れて、救いようがなくなってしまい、結局は欧米の支配を受けるようになってしまうのである」[15]

したがって、**真・保守主義は安易なグローバル化、「グローバルスタンダード」に合わせよといった議論には与《くみ》しません。むしろ、どう国や地域の伝統を守りながら、グローバルな流れを取り込むかを考えます。**

保守主義の特徴は、過去から続く固定観念を必ずしもマイナスとしてとらえないことです。それは理由があって残っているものだと考えます。したがって、固定観念を疑うことをレーゾンデートルとするイノベーション的思考、リベラル的な思考とは相容れません。

バークは固定観念の大切さをこう語っています。

「固定観念であるにもかかわらず大事にするのではない、固定観念だからこそ大事にするのだ。そして固定観念の中でも、長らく存続してきたものや、多くの人びとに浸透しているものは、わけても尊重されるべきだと考える」[16]

強いて言うと、日本の過去の政権では、小泉政権が「真・保守主義」のエリアに比較的近いですが、まだ本物の「真・保守主義」の勢力は生まれていません。この領域は、経済の重要性を理解し、かつ、安倍政権的な、イデオロギー、伝統主義の色が濃い「右」に違和感のある人たちに、受け入れられるのではないでしょうか。その潜在的な数はかなり多いと推測します。**大企業のサラリーマンや、日本の伝統的なエリートたちにはこのタイプが多いはずです。**

リベラルイノベーターの課題と可能性

もうひとつの新しい軸が、「リベラルイノベーター」です。この軸は、ネーミングそのままですが、経済では、イノベーションを目指し、社会面では、リベラルとして進歩主義的なスタンスをとるという立場です。このイノベーターという思想は、シリコンバレー教と言い換えてもいいでしょう。

より具体的に言えば、**経済に関しては、小さい政府とグローバリズムを支持し、規制緩和を求める一方で、社会問題に対しては、伝統にとらわれることなく、合理主義、理性で**

考えます。たとえば、同性婚やＬＧＢＴ、夫婦別姓、女性天皇には賛成。結婚制度についても懐疑的です。一方で、機会の平等を確保するために、幼児教育を強化したりすることには前向き。なんでも自由にすればいいということではなく、必要な介入には踏み切ります。経済面では、最低限の所得を保障する「ベーシックインカム」を支持します。その意味で、政府の関与をとことん嫌うリバタリアン的な思想とは異なります。

この「リベラルイノベーター」とネーミングするにあたっては、東京工業大学准教授の西田亮介氏の話からインスピレーションを得ました。西田氏は、日本の新しい対立軸として、「イノベーター」と「生活保守」を挙げ、両者の違いをこう定義しています。

「『生活保守』は激変を拒みますが、『イノベーター』は定義上、改革と破壊を志向します。『生活保守』は公共投資、既存の規制強化を志向し、また財源があれば社会保障の改善を望むでしょう。それに対して『イノベーター』は緊縮と規制緩和、既存秩序の破壊、財源があれば将来への投資を望むでしょう」

ただし、このイノベーターが、カッコつきの「イノベーター」になっている理由として、西田氏は、従来型の経済エリートと異なり、「イノベーター」には、生活者を含む社会利益の増大を志向する印象があまりないことを挙げます。

この西田氏の指摘は鋭い。私自身、日本で起業家やイノベーターがあまり尊敬されていないのは、誤解もあるとはいえ、この層が公共心あふれる行動をとってこなかったからだと思います。社会に貢献する問題意識、責任感に乏しいのです。**今後、イノベーター層が「公共性」を持たない限り、いつまでもマイナーなままで終わってしまいます。本当に社会の中心を狙おうと思っても、**ですので、必然的な進化、もしくは、マーケティング上のポジショニングとして、イノベーター層は、リベラル的な考えを強めていく可能性が高いはずです。

実際、イノベーターのメッカであるシリコンバレーの住民たちも、リベラルが主流です。シリコンバレーのイノベーター層はグローバル派で、国境を意識しないですし、より普遍主義的です。5兆円以上の私財を慈善活動に投じると発表したフェイスブックCEOのマーク・ザッカーバーグが典型例ですが、身近な人だけでなく、人類全体に貢献しようとする理想主義的な面を強く持っています。

これからの日本の浮沈のカギを握るのはイノベーションです。イノベーターに対するニーズは爆発的に高まりますし、イノベーターがうまく社会に貢献できれば、みなから感謝、尊敬される存在となれます。この層は、お金とテクノロジーという2つのパワーを持っているため、社会への影響力はますます高まっていくでしょう。

それだけに、よりいっそう徳と倫理が必要となります。**優等生でなく、破天荒でいい。ただし、その行動と思想に、私欲を超えた公共心が求められるのです。**

詳しくは「経済」や「リーダー」の章で述べますが、**日本のイノベーター層が、いい意味での大人になれるのか、社会から尊敬される何かを生み出せるのか。そこにこの「リベラルイノベーター」層の繁栄はかかっています。**もし大人に脱皮できれば、都会を中心として、リベラルイノベーター層の支持は確実に広がっていくはずです。

真・保守主義 vs. イノベーター

「日本3・0」の時代において、国民の支持を勝ち取り、変革の主役になるのは、「真・保守主義」でしょうか、「リベラルイノベーター」でしょうか。

当然ながら、両者にチャンスがあります。

経済面では、テクノロジー一辺倒で、国家を意識しない「リベラルイノベーター」のほうが競争に勝ちやすいでしょう。テクノロジーの波は不可逆なものです。早い者が勝ちます。しかし、歴史を大事にする「真・保守主義」は、テクノロジーへの懐疑心をなかなか捨てきれません。最初の一歩が、「リベラルイノベーター」より遅れるのです。

一方で、**政治や社会の面では、「真・保守主義」が有利でしょう。なぜなら、人間、組織、社会といったものは、驚くほど変わらないからです。**われわれは、テクノロジーによって〝変わったこと〟ばかりに目を向けがちですが、実は本質は変わっていないことが大半です。テクノロジーだけを追っていると、「新しいもの病」に冒され、本質を見失ってしまいます。

ベストセラー『ブラック・スワン』の著者である金融家・随筆家のナシーム・ニコラス・タレブは「未来はクールではない」というコラムの中で、いかに人類の生活は〝変わっていないか〟を強調しています。レストランでの食事ひとつとってみても、フォークを使う、ワインをグラスに注いで飲む、という習慣は古代から同じです。そして、未来小説で描かれた未来予想の多くは実現していません。[17]

そしてタレブはテクノロジー業界のナードたちとの交際は退屈だと皮肉っています。その理由は、ナードの多くがエレガンスさやチャーミングさに欠け、人間に対する興味が薄く、文学的な教養に欠けるからです。人間性に対する洞察が浅いため、ナードたちの描く未来は、どこか歪んでいると彼は述べます。

私自身も、彼の気持ちが少しわかります。シリコンバレーのメッカであるスタンフォード大学大学院に2年間留学しましたが、住環境としてはすばらしいのに、なぜか飽きてくるのです。沸き立つような幸福感やワクワク感に乏しいのです（修行僧のように集中して勉学や仕事に励むには最高の環境です）。もちろん、私がテクノロジーに強くないというのが最大の理由ですが、私と同じように感じる人のほうが全体では多い気がするのです。

だからこそ、「テクノロジーユートピア思想」とのバランスを保つためにも、歴史を血肉としなければなりません。私は、『ストーリーとしての競争戦略』で知られる楠木建・一橋大学教授の視点が大好きなのですが、それは楠木教授の言葉には、「変わらない本質」がつねに鏤《ちりば》められているからです。

結局、**重要なことは、「テクノロジー」と「歴史」を深く知り抜くことです。テクノロジー、人間性、伝統を融合させることです。**

その意味で、「リベラルイノベーター」はもっと歴史を学ぶ必要がありますし、「真・保守主義」は、テクノロジーにもっと精通しなければなりません。テクノロジーと歴史。双方を知悉し、両者の最適なバランスを見出した勢力が、きっと「日本3・0」時代の国造りの主役となるでしょう。

アイデンティティを多様化せよ

ここまで世界の国家モデルや日本の国家観などについて述べてきましたが、最後に、国家と個人の関係について触れてこの章を締めましょう。

社会は、国家と個人、そして個人の基本単位である家族の3つを土台として成り立っています。しかし、**人は、国家と個人と家族の3つの場所だけで生きていくわけではありません。**国はフィクション性が高く、日常生活とは縁遠い存在です。**普段の生活では、国と個人と家族の間にある「中間共同体」が必要になります。**その役割を担えるのは地域コミュニティでしょうか、会社でしょうか、趣味仲間でしょうか、宗教でしょうか。

ひとつの選択肢は会社でしょう。たとえば、思想家の東浩紀氏は「あきらかに戦後の日本で中間共同体として機能したのは、会社だ」と言い、「今こそ、高度経済成長期の会社モデルの成長を見直し、その教訓を現代に活かすときではないか」と問題提起します。[18]

最先端と言われるシリコンバレーでも、昔の日本のような、手厚い福利厚生を整える企業が増えています。もちろん、その背景には、苛烈な人材獲得競争の中で、少しでも忠誠心を高めようという狙いがあるのですが、注目に値する潮流です。

かつてより衰えたとはいえ、日本の会社にはまだまだ共同体が活きています。飲み屋では愚痴ばかりだとしても、日本のサラリーマンにとって、会社は居心地のいい場所です。優良企業であれば、給料も高く、仕事のスケールも大きく、人間的にも良識ある人が多く粒ぞろいです。居心地は悪くありません。そうした心地よいコミュニティで、仲間とともに生きるのもすばらしい人生です。

日本では地域コミュニティはあまり強くないですが、地方のみならず、都会でもしっかり自治会などが機能している場所もあります。学校など子どもを基軸としたコミュニティであれば、より結合力は増します。**地元を大事にする流れは、今後、よりいっそう高まるでしょう。**

また、**宗教もひとつの柱になるでしょう。**オウム真理教事件以来、日本では「宗教＝胡散臭い」というイメージがありますが、宗教は心の大きな支えとなります。中間共同体には単に喜びをわかちあうだけでなく、悲しみや不幸に遭遇したときに助け合う機能も欠かせません。宗教は救済の場として有力な選択肢になるでしょう。

つまるところ、いろんな選択肢はありますが、何かひとつの拠り所に頼ることにはならないということです。**いろんな居場所で、アイデンティティのポートフォリオを組むような形になっていくということです。**個人、家族、国を3本柱としつつ、友人、会社、学校、宗教、地域コミュニティ、私塾（師弟関係）、オンラインサロンなど、いろんな中間共同体を渡り歩くイメージです。

そもそも日本人の多くは多神教であり、ひとつのものを絶対的に信じて、それを寄る辺にするというのは似合いません。むしろ、**複数のものを、ときには軽薄なまでに行き来するところに日本人のすごみがあるのではないでしょうか。**ある意味、徹底的な個人主義者とも言えます。

宗教学者の山折哲雄氏は司馬遼太郎氏との対談で、日本人についてこう語っています。

「宗教的な背景という点から考えてみますと、日本人というのは、どうも特定のセクトとか宗派に排他的に帰属するという具合にはできていない民族ではないか、と思うのですね。

ですから、藩に所属しているとはいっても、その所属の仕方がすこし違う。たしかに、そこには、主君もいる。忠孝の倫理も教わってはいる。けれども、いざ一大事というときには、一応は藩に属しながら、その人間関係のしがらみから抜けでるというか、そこよりももう少し別な、セクトとか宗派的な枠から離れて、自由に、あるいは天下国家のために動き出すという発想が、どこからともなく出てくる。そういう心的傾向があるのではないでしょうか[19]」

普段は国だ国家だといった話はせず、家族や地域コミュニティや会社を拠り所にして個人としてほがらかに暮らす。ただ、国家の一大事となれば、自然と日本のために団結する。そうしたゆるやかな肩肘を張らない関係こそが、日本人に一番合っているのではないでしょうか。そうした**軽やかな動きを可能にするためにも、土台となる個人、家族、国家をしっかり固めなければならないのです。**

国家の未来を考えるための10冊の本

・チャールズ・カプチャン『ポスト西洋世界はどこに向かうのか』勁草書房
・宇野重規『保守主義とは何か』中公新書
・エマニュエル・トッド『問題は英国ではない、EUなのだ』文春新書
・エドマンド・バーク『新訳 フランス革命の省察』PHP研究所
・村上泰亮『反古典の政治経済学』中央公論社
・東浩紀『一般意志2・0』講談社
・秋田浩之『乱流 米中日安全保障三国志』日本経済新聞出版社
・モイセス・ナイム『権力の終焉』日経BP社
・ルソー『人間不平等起源論』光文社古典新訳文庫
・ホッブズ『リヴァイアサン』中公クラシックス

第3章

日本3・0と経済

日本の最大の強みである「経済」。しかし、アベノミクスは不発のまま終わるだろう。大企業にも、今のままでは希望はない。AI、IoTなど第4次産業革命の大波の中で、カギを握るのは融合だ。決断型リーダーの下、「日本×海外」「ハード×ソフト」「東海岸×西海岸」「大企業×スタートアップ」などの融合に挑む企業こそが繁栄する。

本章の10のポイント

- 日本経済は、2030年までにインドに抜かれて世界4位に後退。
- 人口が減少する中で規模を追うには限界がある。量より質で勝負。
- 日本は今も世界屈指のイノベーション大国として認識されている。
- AI、ロボット、IoT、ビッグデータによる第4次産業革命が起きる。
- 日本に有利なのは、ロボット、IoT分野。AIでの勝利は難しい。
- ハードウエアとソフトウエアの融合に日本のチャンスがある。
- 日本企業が成功するカギは、日本の東海岸と西海岸の融合にある。
- 世界のスタートアップブームは一服。日本のスタートアップは岐路。
- レンタル社員制度導入と、エリート育成、海外組選抜を急ぐべき。
- 老人経営者の淘汰が急務。40代以下のトップリーダー登用も急務。

人口減少下でも経済成長はできる

2010年、日本は41年にわたり守ってきた「世界第2位の経済大国」の座を中国に譲り渡しました。では現在の「世界第3位」の座は守れるのでしょうか？　残念ながら、米国農務省の予測によると（150ページ）、**2030年までには、インドにも抜かれ、世界第4位に落ちてしまう見込みです。**

ただし、そのことをことさら嘆く必要はありません。依然として日本が、世界有数の経済大国であることに変わりはありませんし、そもそも、人口に10倍以上の差がある中国、インドと〝数〟で競うのは土台無理な話です。

長い歴史の中では、むしろ中国とインドが経済小国となった過去100年のほうが例外でした。中国とインドの復権は、ノーマルへの回帰とも言えるのです。

次ページの表には、西暦1年から2008年までの、世界全体のGDP（購買力平価基準）に占める各国のシェアを示しています。

一目瞭然ですが、19世紀中頃までは、中国とインドが圧倒的なシェアを有しています。両国で世界のGDPのおよそ半分を占める時代が長らく続きました。

世界のGDPに占める各国のシェア

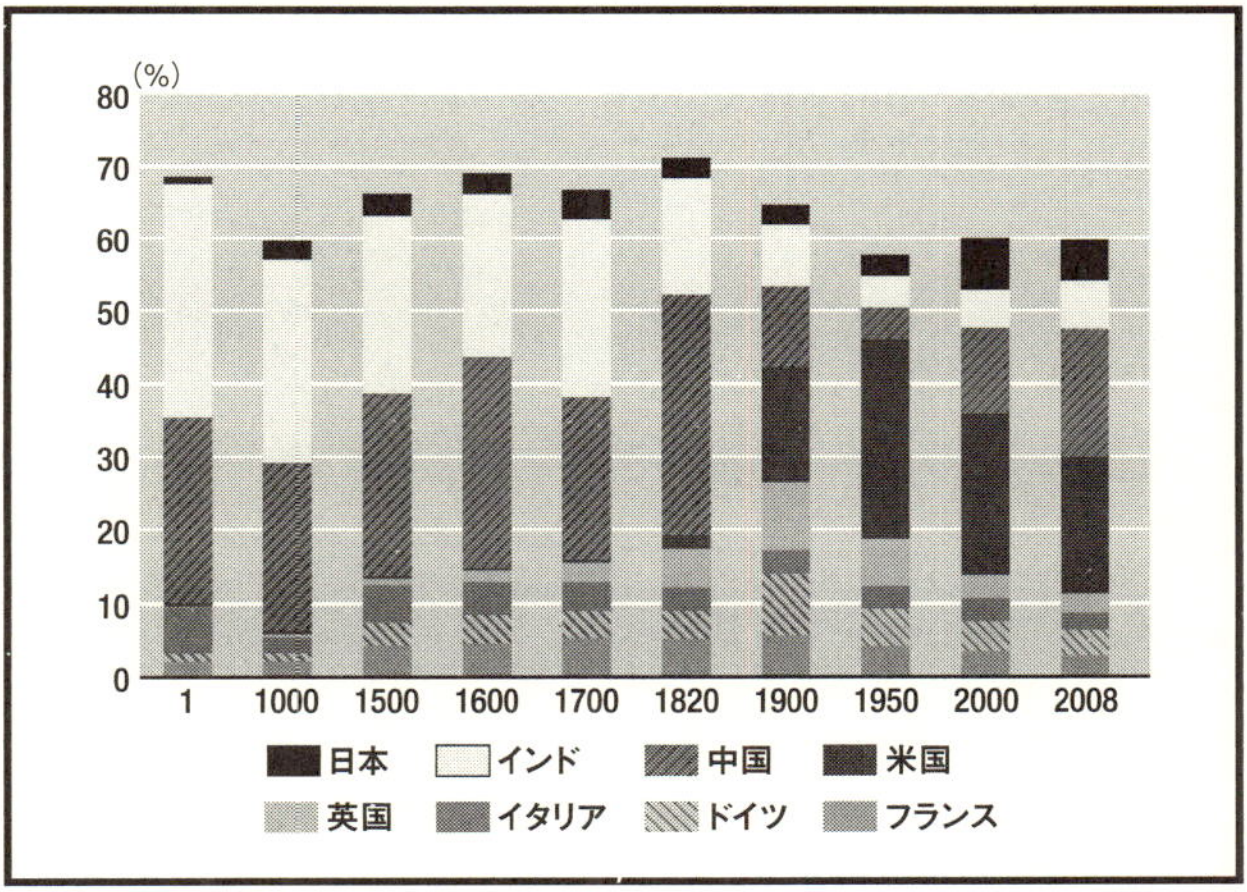

出所）Angus Maddison

そんな2強時代が大きく崩れたのが20世紀です。新星・米国が一気にトップに躍り出ました。さらに第2次世界大戦後には日本も台頭し、中国、インドは完全に主役の座を失ったのです。

しかし、**冷戦後のグローバル化の中で、中国・インドの逆襲がスタートします。**両国は右肩上がりで成長し、2008年時点では、中国が17・5％、インドが6・7％にまで世界シェアを回復しました。

この勢いは今後も当分衰えないでしょう。**これから数十年間の世界経済は、規模という点では、米国、中**

2030年までのGDP予測

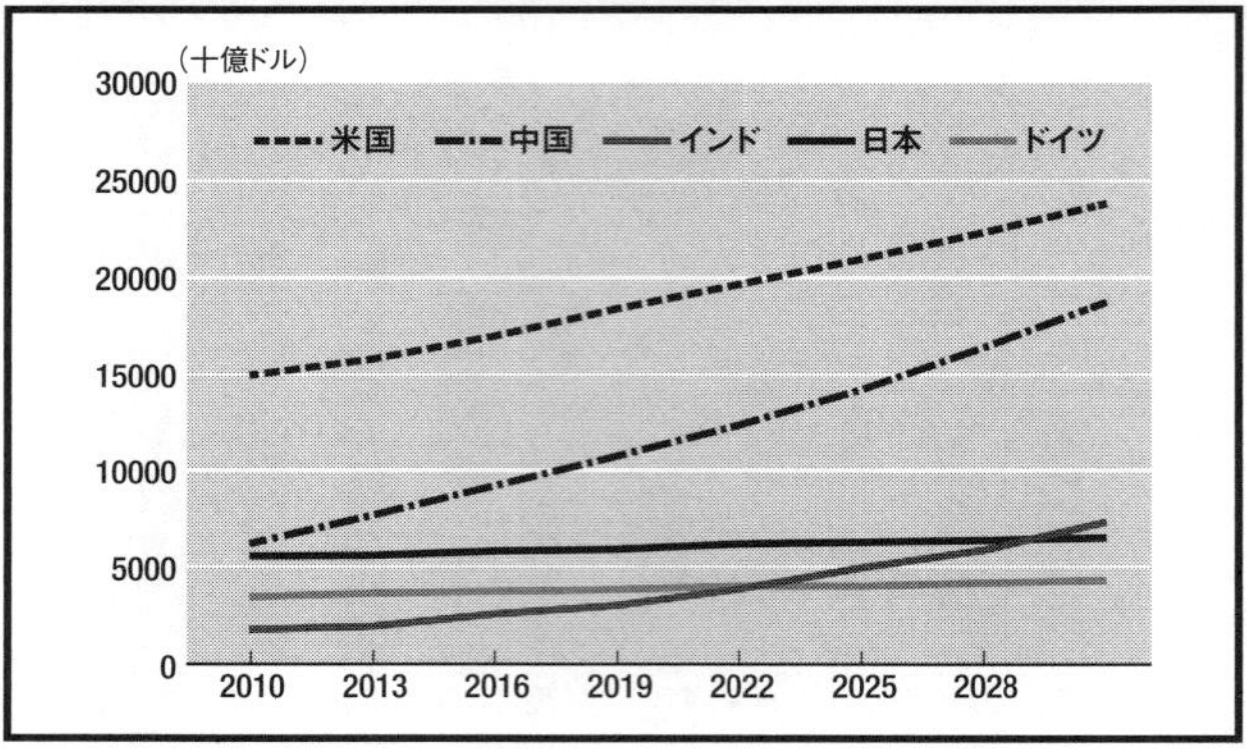

出所）米国農務省

国、インドが3強となり、その後に、日本、英仏独伊、ブラジル、ロシア、韓国などが続く構図が基本となるはずです。

ただし、これはあくまで規模の話です。一人当たりのGDPで見ると、違った光景が見えてきます。

次ページの表のとおり**中国、インドともに、歴史上ほとんどの期間で、一人当たりのGDPが世界平均を下回っています。**両国は昔から、国としては大きくても、国民一人ひとりは貧しいのです。

それに対して、16世紀以降、英仏独伊の欧州諸国や19世紀以降の米国は一貫して世界平均を上回っています。**規模は小さいけれど一人ひとりは裕福な欧米と、規模は大**

主要国の一人当たりのGDPの推移

	1700年	1820年	1900年	2000年	2008年
米国	527	1,257	4,091	28,467	31,178
英国	1,250	1,706	4,492	20,353	23,742
日本	570	669	1,180	20,738	22,816
中国	600	600	545	3,421	6,725
インド	550	533	599	1,892	2,975
世界平均	615	666	1,261	6,038	7,614

出所）Angus Maddison　（単位）百万ドル

きいけれど一人ひとりは貧しい中国・インドという構図は、昔から普通のことなのです。

ちなみに、このデータを見ると、日本が歴史的には貧しい国であったことがわかります。日本の一人当たりＧＤＰが世界平均を上回ったのは１９４０年のことです。それまでは世界平均とほぼ同じかやや下回る水準でした。**戦後は、世界と比べても豊かな生活を享受していますが、これは日本の歴史上まれなことなのです。**

今後の日本に問われるのは、「量」より「質」です。単なるＧＤＰよりも、経済の競争力、クオリティ、一人当たりのＧＤＰ、生活の豊かさ、企業のイノベーションが大切になります。

日本では「人口減少下で経済を豊かにするのは無理」といった諦めの声も聞かれますが、そう結論付けるのは短絡的です。

経済学者の吉川洋氏は『人口と日本経済』の中で、「先進国の経済成長を決めるのは、人口ではなくイノベーション」と強調しています。つまり、**新しいサービスや製品の開発（プロダクトイノベーション）により、労働生産性を上げることができれば、人口減少下でも経済成長はできるということです。**

事実、**戦後の日本経済において、人口の伸びと経済成長は必ずしも比例していません。**高度経済成長期に、日本経済は毎年平均9・6％成長していますが、同期間の労働人口の平均増加率はわずか1・3％でした。すなわち、**成長の大部分はイノベーションによる労働生産性の向上によってもたらされたのです。**[1]

日本経済の質は、世界何位か？

では、今後は「質」が大事になるとして、今の日本経済の「質」は高いのでしょうか？いくつかのデータを見ながら、検証していきましょう。

ダボス会議の運営で有名な財団、世界経済フォーラムは、毎年、世界各国の競争力ランキングを発表しています。これは、インフラ、制度、マクロ経済、教育、医療、労働市場

競争力ランキング

1	スイス
2	シンガポール
3	米国
4	オランダ
5	ドイツ
6	スウェーデン
7	英国
8	日本
9	香港
10	フィンランド

日本の採点

	順位
制度	16
インフラ	5
マクロ経済環境	104
健康と初等教育	5
高度教育と職業訓練	23
商品市場の効率性	16
労働市場の効率性	19
金融市場の発展	17
技術成熟度	19
市場規模	4
ビジネスの洗練度	2
イノベーション	8

出所）World Economic Forum

の効率性、商品市場の効率性、金融市場の発展、テクノロジー、市場規模、イノベーション、ビジネスの洗練度の12の指標に基づいて各国を採点したものです。

上の表は最新の2015～2016年のランキングですが、日本の順位は8位です。数年前まで10位でしたので底打ち反転はしていますが、1980年代後半から1990年代前半にかけて1位だったことを踏まえると、物足りない順位です。

このランキングの評価項目を詳しく見ていくと、日本の強みと弱みがよくわかります。

日本は市場規模も大きく、イノベーションを起こす力もある。インフラも充実しているし、医療、初等教育も優れている。しかしながら、先進国としては、金融市場や商品市場が未成熟で、労働市場も硬直的すぎる。そして、高等教育のレベルが低い。さらに、世界最大の財政赤字を抱えているため、マクロ経済の不安が大きい——要約するとそういう評価になります。

次にイノベーションに焦点を当てて、日本に対する評価を探ってみましょう。経営コンサルティング会社のボストン コンサルティング グループは毎年、世界1500名の経営幹部へのアンケートなどを基にイノベーション企業ランキング・トップ50を発表しています（次ページ）。

2016年の結果を見ると、日本企業は、トヨタ（6位）、ソフトバンク（14位）、ファーストリテイリング（15位）、日立製作所（38位）、NEC（41位）の5社がランクインしています。この5社という数字は、米国の29社、ドイツの7社に次ぐ世界3位です。

もうひとつ日本企業のイノベーション力を知るヒントになるのが、世界最大のコングロマリット企業、米国のGE（ゼネラル・エレクトリック）が世界23ヶ国を対象に調査して

イノベーティブな企業ランキング

1	アップル	米国	26	タタ・モーターズ	インド
2	グーグル	米国	27	GE	米国
3	テスラモーターズ	米国	28	フェイスブック	米国
4	マイクロソフト	米国	29	BASF	ドイツ
5	サムスン	韓国	30	シーメンス	ドイツ
6	トヨタ	日本	31	シスコ	米国
7	BMW	ドイツ	32	ダウ・ケミカル	米国
8	ギリアド・サイエンシズ	米国	33	ルノー	フランス
9	アマゾン	米国	34	フィデリティ	米国
10	ダイムラー	ドイツ	35	フォルクスワーゲン	ドイツ
11	バイエル	ドイツ	36	ビザ	米国
12	テンセント	中国	37	デュポン	米国
13	IBM	米国	38	日立製作所	日本
14	ソフトバンク	日本	39	ロシュ	スイス
15	ファーストリテイリング	日本	40	3M	米国
16	ヤフー	米国	41	NEC	日本
17	バイオジェン	米国	42	メドトロニック	米国
18	ウォルト・ディズニー	米国	43	JPモルガン・チェース	米国
19	マリオット・インターナショナル	米国	44	ファイザー	米国
20	ジョンソン・エンド・ジョンソン	米国	45	ファーウェイ	中国
21	ネットフリックス	米国	46	ナイキ	米国
22	アクサ	フランス	47	BT	英国
23	ヒューレット・パッカード	米国	48	マスターカード	米国
24	アムジェン	米国	49	セールスフォース	米国
25	アリアンツ	ドイツ	50	レノボ	中国

出所）ボストン コンサルティング グループ

いる「GEグローバル・イノベーション・バロメーター」です。

この調査では、日本を含む世界23ヶ国のシニア経営者層（合計2748名、そのうち、CEO、COO、CFO、CTOが1915名）を対象にして、イノベーションに対する企業の取り組みなどについて質問しています。

まず、「イノベーションのリーダーだと思う国はどこか」という問いに対する答えは、トップが米国（33％）で、それに続くのが日本（17％）、ドイツ（10％）です。**米国には敵わないものの、世界のビジネスリーダーたちから、日本が「イノベーションの国」として認識されていることがわかります。**

この結果について、一橋大学イノベーション研究センターの米倉誠一郎教授は「ある意味順当」と述べています。

「近年、中国が上位になる傾向があったが、まだ中国のイノベーションに関しては懐疑的なところがある。もちろん、将来のポテンシャルは大きいが、アメリカ、日本、ドイツという順位は納得できる[2]」

ただ、日本のイノベーションとリーダーにはいくつかの特徴があります。

まず「漸進型（インクリメンタル）のイノベーション」を好む傾向があるということで

イノベーションのリーダーだと思う国

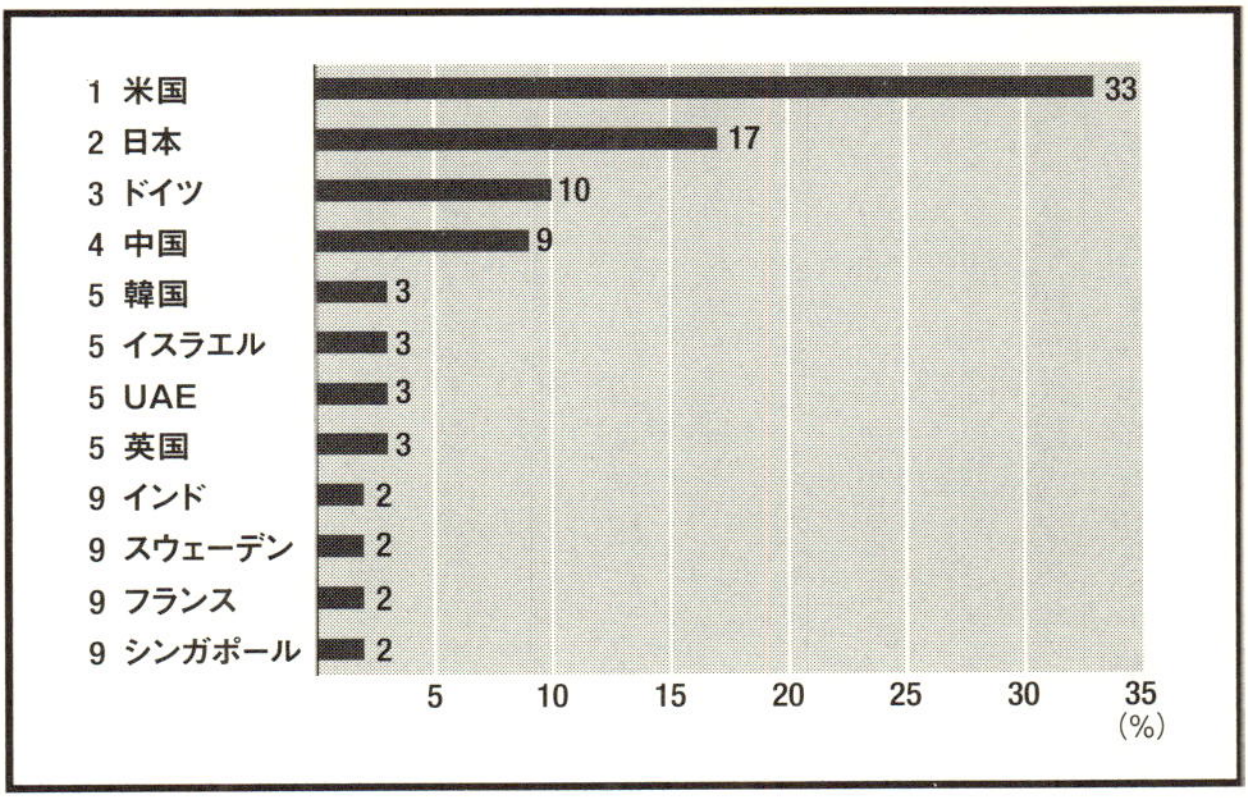

出所)GE

す。つまり、**ゼロからイチを生み出す「ブレークスルー型のイノベーション」ではなく、現在の商品やサービスを磨き上げる「改善型のイノベーション」に強いという評価です。**自動車で言えば、燃費の改善や軽量化などには強いものの、自動運転、電気自動車といった新しいプロダクトの開発には弱いということです。

さらに、**他国に比べて、スタートアップ文化を重視する姿勢が弱く、イノベーションのために他社とコラボレーションすることにもあまり積極的ではありません。**「イノベーションに関するコラボレーションは利益を生む」と答えた日本のリーダーの比率は54%となっており、対象国23ヶ国のうちで最下位です。

日本企業は、どうしても自分だけで閉じこもって仕事をしてしまいがちで、他国の企業や、ほかの日本企業とのコラボレーションがうまくない。大企業好きで内向きなのです。

もうひとつ気になるのは、日本のビジネスリーダーのデジタルに対する見方です。**デジタル革命をポジティブに捉えるリーダーの比率は、日本の場合、31％にすぎません。この数値は世界最下位です。**さらに、ビッグデータ分野の重要性に関する認識も世界で最下位です。「データ・アナリティクスは重要だと思う」という問いに対して、肯定的に回答したリーダーの比率は40％にとどまっています。

一連の調査結果を見る限り、日本は今なお世界に冠たる「イノベーション大国」と言っていいでしょう。しかし、デジタル、ＡＩ（人工知能）、バイオといった成長分野でもイノベーションのリーダーになるためには、多くの課題があります。今のままでは、「世界第2位のイノベーション大国」の座を守るのは難しいのです。

では、**どうすれば日本はイノベーションをもう一段パワーアップすることができるのでしょうか。その大きなカギを握るのが、第４次産業革命です。**

2020年に30兆円の新市場創出を目指す

試算結果 ※2015～2030年度(年率)		現状放置シナリオ		変革シナリオ
実質GDP成長率		+0.8%	➡	+2.0%
名目GDP成長率		+1.4%	➡	+3.5%
賃金上昇率		+2.2%	➡	+3.7%
名目GDP	(2020年度)	547兆円	➡	592兆円
	(2030年度)	624兆円	➡	846兆円

出所)経済産業省

第4次産業革命は日本を救うか

「第4次産業革命」——このビッグワードに対する注目度が、2016年に入ってから俄然高まっています。

安倍晋三首相は、「第4次産業革命」をアベノミクスの新たな目玉に設定。その実現により、2020年までに30兆円の市場を創出すると宣言しています。

具体的には、第4次産業革命をテコに、名目GDP成長率を、現状放置シナリオの1・4%から3・5%に引き上げることによって、名目GDPを2020年度に592兆円、2030年度に846兆円にまで増やすというプランです。

ここ最近は、政府だけでなく、財界でも、

「第4次産業革命」を成長戦略の柱に据える企業が増えていますが、「第4次産業革命」とは何を意味するのでしょうか。

端的に言えば、**IoT（モノのインターネット）、AI（人工知能）、ビッグデータ、ロボットという4つをドライバーとした、産業全体の構造変化を指します。**

その背景にあるのは、テクノロジーの進化です。パソコン、スマホ、半導体といったハードウエアのコストの劇的な低下、データ量の爆発的な増加、AIの進化、ロボット技術の発展──これらのブレークスルーによって、新たなフロンティアが広がっているのです。

第4次産業革命について、これまでの産業革命の歴史をたどりながら、より詳しく解説していきましょう。

これまで人類は、歴史上、3つの産業革命を経験してきました。

まず、**第1次産業革命は、1760年代に英国で始まりました。その主な原動力となったのは、「機械の発明」「蒸気機関の発明」「石炭の利用」です。**

1764年のハーグリーブスによるジェニー紡績機の発明を端緒に機械化が進み、繊維産業が大きく発展。そして、ワットによる蒸気機関の改良が、蒸気船や蒸気機関車の実用化につながりました。さらに、エネルギーの中心が木炭から石炭へシフト。ダービーによるコークス製鉄法の発明もあり、製鉄業が花開きました。

第1次産業革命のフロントランナーとなった英国は、世界の工場としての地位を確立。その圧倒的なパワーを武器にして、グローバル化と植民地獲得を進めていったのです。

続く第2次産業革命は、19世紀後半に始まった電力をエネルギー源とした革命です。

その立役者は、米国のトーマス・エジソンです。まさにスーパーイノベーターとして、白熱電球、蓄音機、映写機などを発明した彼は、生涯に合計2332件もの特許を取得しました。起業家としても活躍し、1892年には現在のGEの前身となる会社を設立しています。

この時代を彩る象徴的な発明が、自動車です。1885年に、ドイツのゴットリープ・ダイムラーが世界初のガソリン自動車の開発に成功。ときを同じくして、カール・ベンツもガソリンエンジンの三輪車を完成させます。

そして、当初高価だった自動車の大量生産を実現したのが、米国のヘンリー・フォードです。1908年に発売されたT型フォードは、20年間で1500万台を売り上げる歴史的な大ヒットとなりました。こうして世界は、「大量生産・大量消費」社会へとシフトしていったのです。

	第1次 産業革命	第2次 産業革命	第3次 産業革命	第4次 産業革命
時期	1760〜 1830年代	19世紀後半〜 20世紀初頭	1970年代〜	2015年〜
主役	英国	米国、ドイツ	米国	米国、中国、ドイツ、日本
原動力	機械の発明、蒸気機関の発明、石炭の利用	電力の発明、工場での大量生産、重工業の発達	コンピューターの発達、ロボットによる自動化、インターネットの普及	AIの発達、IoTの普及、ロボットの進化
キープレーヤー	ワット(蒸気機関)、ハーグリーブス(紡績業)、フルトン(蒸気船)	エジソン(電気)、ベンツ&ダイムラー(自動車)、フォード(T型フォード)	キルビー(半導体)、ゲイツ(OS)、ジョブズ(iPhone)	アマゾン、グーグル、アップル、フェイスブック
社会への影響	資本主義の始まり、人口の都市集中、労働問題と都市の貧困	大量生産・大量消費、企業の巨大化/寡占化、ホワイトカラーの増加	情報化社会の到来、急速なグローバル化、ソフトウエア産業の拡大	ビッグデータ社会の到来、カスタマイズ生産の普及、ロボット・AIが人間を代替

次に、1970年代にスタートした第3次産業革命は、**IT、エレクトロニクス、インターネットを核とした革命です。**工場の自動化が進むとともに、通信・ITの進化により情報化が一気に進展。インターネットの普及によって、世界中がつながりました。

第3次産業革命で大きな役割を果たしたのが、米国の西海岸にあるITの聖地、シリコンバレーです。1970〜1980年代には、アップル、マイクロソフトなど世界を代表するIT

IoTによりつながるデバイス数

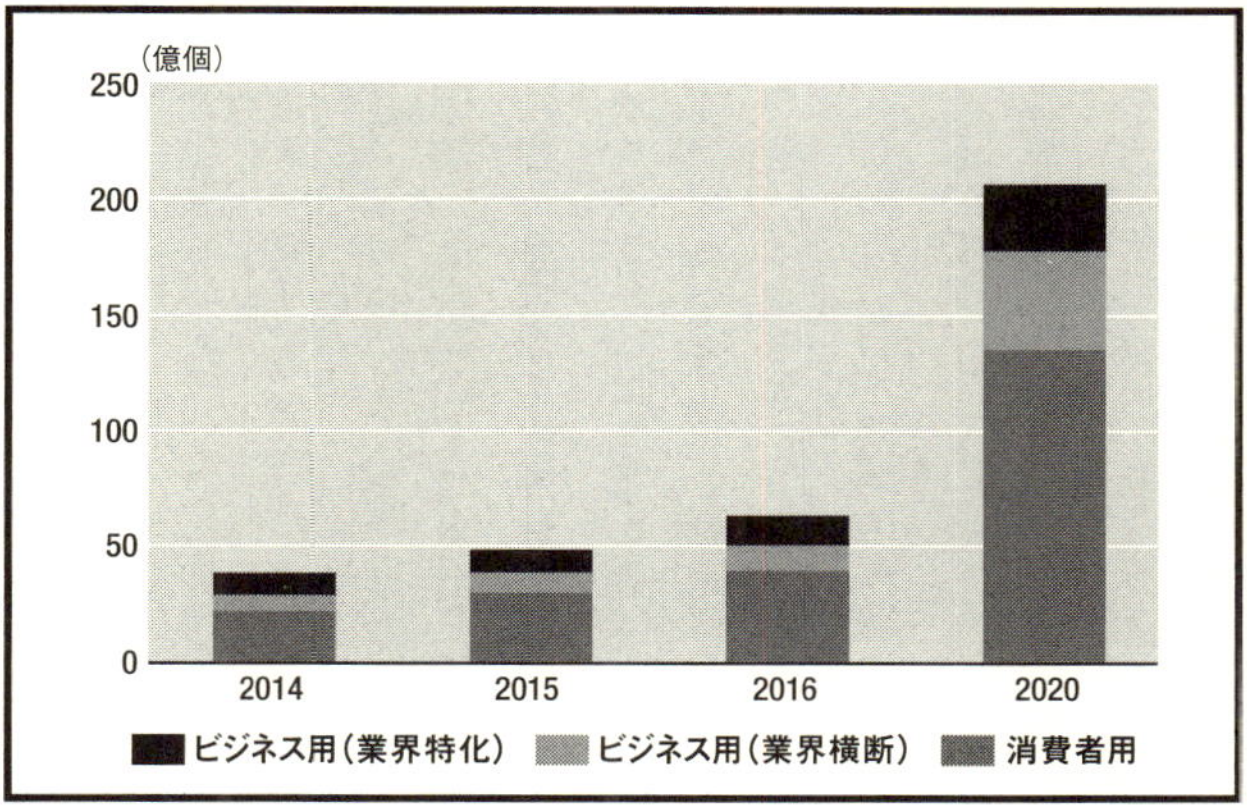

出所）ガートナー

企業が続々と誕生。インターネットが普及し始めた１９９０年代以降も、ヤフー、アマゾン、グーグルなどのネット企業が生まれました。こうして、米国を中心として、世界はソフトウエアや情報を中心とする「情報化社会」へと変貌していったのです。

これら３つの産業革命を経て、２０１５年頃から本格的に幕を開けたのが、第４次産業革命です。その４本柱は、「ＩｏＴの普及」「ＡＩの浸透」「データの爆発的な拡大」「ロボットの進化」です。

第４次産業革命の影響は、全産業にまたがる大きなものです。まず、これまでウェブ空間のみのものだったインターネットが、リアルの世界、モノの世界へと進出してきます。自動車、冷蔵庫、テレビ、電子レンジ、洗濯機といった消費者向けの「モノ」から、白熱電球、暖房・換気機器、医療機器といった業務用の「モノ」にいたるまで、**ありとあらゆる「モノ」がインターネットにつながっていくのです。**

調査会社ガートナーによると、2014年時点で、ネットにつながっているデバイスの数は約38億個。その数が、2020年には200億個を超えると予想されています。

IoTの普及を大きく後押しするのが、次世代通信規格の「5G」です。

現在、スマホで使っているのは「3G」「4G」ですが、2020年をメドに、「5G」へと進化する見込みです。これにより、通信容量は1000倍になり、動画などの重いデータもさくさく見られるようになります。スマホの体感速度は100倍となる予定です。

さらに、**5Gになると、同時に多数のモノをつなげやすくなるため、IoTを一気に実現しやすくなるのです。**

IoTの普及は、新しいビジネスチャンスも生み出します。野村総合研究所は、通信費、センサーなどのデバイス、データ処理・分析のためのソフトウエア開発などによって、2018年には1兆円以上の国内市場が生まれると予測しています。

ただし、**ＩｏＴの浸透によりデータ量が爆発的に増えたとしても、それを溜めるだけでは付加価値は生まれません。データを溜めるだけでは、宝の持ち腐れです。そこで重要になるのが、ＡＩです。**その膨大なデータをＡＩが自動的に解析します。ＡＩ、ＩｏＴ、ビッグデータの三拍子がそろってこそ新しい価値が生まれるのです。

自動翻訳の実現は幸福か

今や、その言葉を聞かない日がないくらいＡＩがブームになっていますが、過去にも、1950〜1960年代と1980年代に2回のＡＩブームがありました。

過去2回のブームは長続きしませんでしたが、現在の第3次ブームはブレークする公算大です。なぜなら、**ＡＩがディープラーニング（深層学習）の発展により、非連続的な進化を遂げた**からです。

ディープラーニングとは、単純化して言うと、人間のような学習能力をＡＩにも与える技術、手法です。コンピューターが人間のように、経験を通して気づきを得て、学び、どんどん賢くなっていくのです。

ディープラーニングの技術を使う自動運転車を例にすると、最初はぶつかった場所でも、

AIの発展と社会への影響

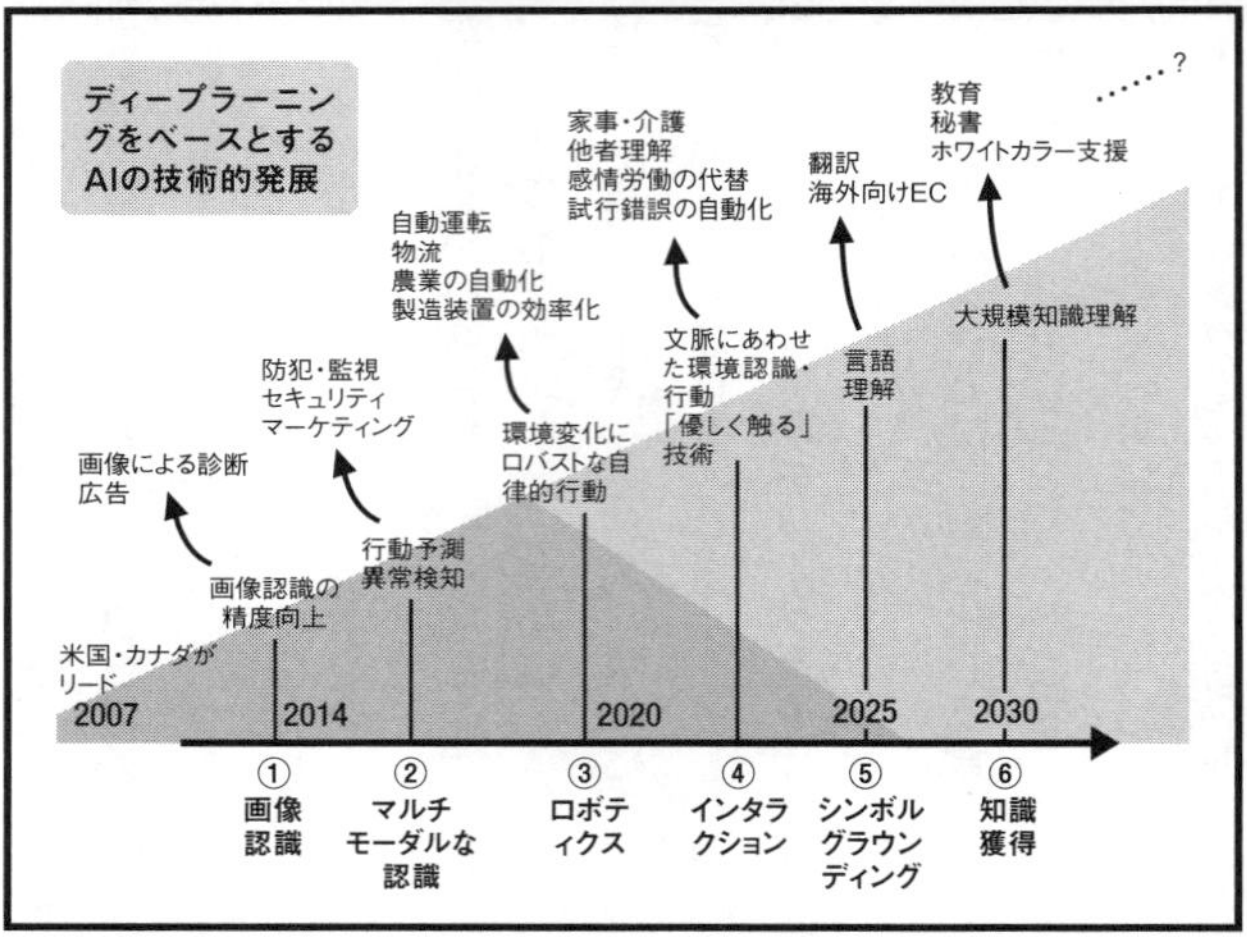

出所）松尾豊「人工知能に関する技術動向と産業分野への利用可能性」

そのミスから学び、次第にぶつからなくなっていきます。将棋の対局で一度は敗れても、そのミスから学び、同じ負けを繰り返さなくなっていきます。画像認識においても、最初は私の写真を見せても「佐々木紀彦」と認識できなくても、何度も写真を見せるうちに、「佐々木紀彦」と認識できるようになっていきます。コンピューターは疲れることなく無限に経験を積むことができますので、人間より圧倒的に速いスピードで賢くなっていくのです。

ディープラーニング研究の第一

人者である東京大学の松尾豊准教授は「ディープラーニングは50年来のブレークスルー」と話します。

松尾准教授は、前ページの図のような時間軸で、自動運転、家事・介護代行、自動翻訳、ホワイトカラー支援などが実現すると予測しています。たとえば、自動翻訳はあと10～15年で実現するというのが松尾准教授の見立てです。

「瞬時に言語をトランスレートする、ドラえもんの『翻訳こんにゃく』のようなツールだって理屈としては可能。そうして言語の壁が取り払われると、日本のメディアはもはや日本語でコンテンツを作る意味がなくなってくるので、新たな対応を迫られる」[3]

２０２０年に向けて、ＡＩが言語理解などの精度を上げていくことは必至です。ゆくゆくは自動プログラミングによる、ビッグデータ分析やマーケティングの自動化も実現する可能性が高いでしょう。まさに**ＡＩが人間の頭脳労働を代替していくのです。**

日本のものづくりの限界

第４次産業革命は、あらゆる産業に大きなインパクトをもたらします。その対象は、公共サービス、流通・小売・物流、金融、医療など多岐にわたりますが、**とくに影響が大き**

IoTが創出する世界の経済価値
（2013〜2022年の累計価値）

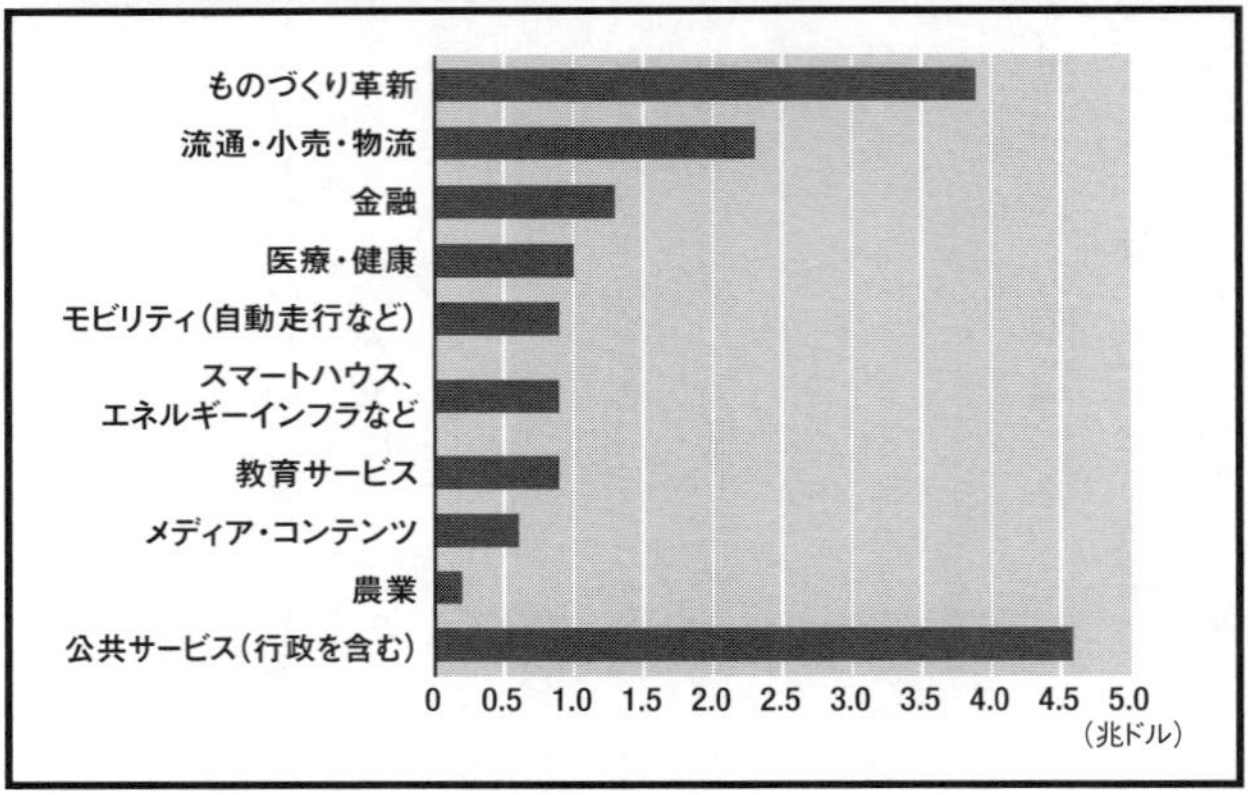

出所）Cisco, McKinseyのレポートを基に経済産業省が分類統合

い分野のひとつは、日本のお家芸である〝ものづくり〟の世界です。

上図に示したように、2013年から2022年の間に、生産の即時対応・オーダーメイド化、リードタイムゼロ化、異常の早期検知などにより、世界全体で累計3・9兆ドルの付加価値が生まれると推計されています。日本において、GDPに占める製造業の比率は2割弱に上りますので、経済へのインパクトは甚大です。

すでに日本の工場は世界トップレベルであり、とくにFA（工場の自動化）分野は高い競争力を有します。

FA分野で日本をリードする三菱電

GDPに占める製造業の比率（2013年）

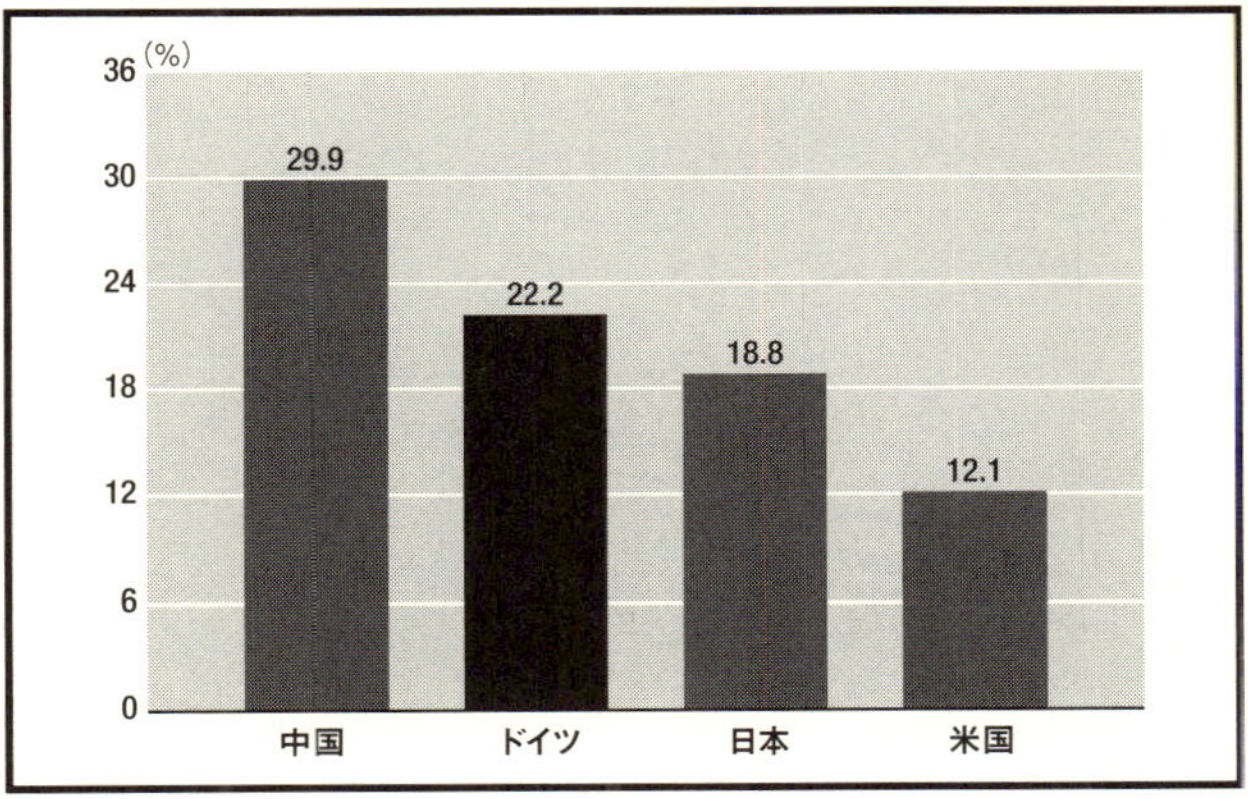

出所）国際連合

機でFAを担当する野末直道氏は「中国と日本を比べると、現場のカイゼン意識やミス防止の施策という点でレベルが全然違う」と語ります。

しかし、**日本の製造業に課題がないわけではありません。最大の弱点のひとつは、労働生産性の低さです。**日本の製造業の労働生産性を見ると、ドイツ、米国に大きく水を開けられています。

なぜ、ものづくり大国のはずの日本が製造業でドイツ・米国に負けているのでしょうか。一因は、ＩＴ活用の遅れです。

生産現場をいくらカイゼンによって進化させても、それだけでは、限界があります。さらに、生産性を上げるためには、

製造業の労働生産性の推移

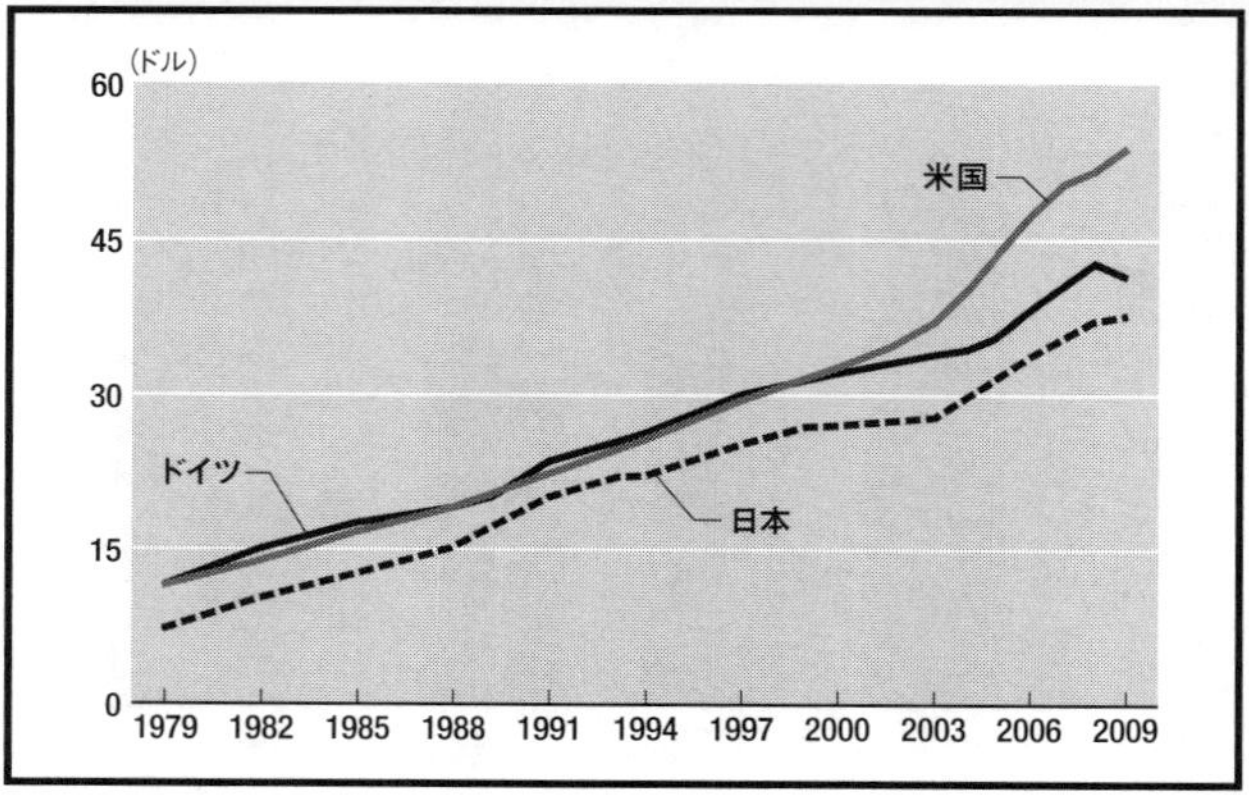

出所）通商白書2013

生産現場を超えて、部品の調達、製品の設計、マーケティング、営業なども含めた全体のプロセスを最適化しなければなりません。そのためには、ＩＴを活用して、現場から必要な情報を吸い上げて、他部門と共有していく必要がありますが、タテ割り構造の強い日本企業は、そうした会社全体の取り組みが弱いのです。

三菱電機ＦＡシステム事業本部の有馬亮司氏は「今の工場は個別最適の固まりのようになっており、ほかの工場へのコピーが難しい。今までは、〝工場をよくするぞ〟という発想だったが、今後は、〝会社をよくするぞ〟という姿勢で、トータルな戦略として考えられるかが問われる」と話します。つまり、工場だけに限られるカイゼンではなく、会社全体を巻き込んだカイゼンが求められるのです。

もうひとつの課題は、「人」依存です。

今の日本の工場は、匠の技への依存度が高すぎます。もちろん、匠の技は貴重なのですが、匠の技に頼り過ぎることの弊害もあります。個々の工場や現場では匠のすばらしいノウハウが溜めこまれていても、そのノウハウがほかの工場にしっかり共有されていないのです。

その状況を打ち破る原動力となるのが、ロボットやＡＩです。匠の技をロボットやＡＩに学ばせて、そのノウハウをほかの工場にも広げていけばいいのです。ロボットやＡＩは、匠の技の敵ではなく、むしろ、匠の技の伝道師になりうるのです。

東京はシンガポールに学べ

製造業以外に、ＩｏＴにより大幅に生産性を上げられそうなのが、公共セクターです。

１６８ページの図表でも示したように、ＩｏＴによって世界の公共サービスでは４・５兆ドルを超す付加価値が生まれると見込まれています。

とくに日本の行政のＩＴ化は遅れに遅れているだけに、大きなプラス効果が見込めます。**とりわけ政府や地方自治体のＩＴ化という点で日本がお手本にすべきなのは、シンガポールです。**

なかでも未だに紙に頼り、情報公開もずさんな東京都はシンガポールに学ぶべきです。

ちなみに、シンガポールの面積はちょうど東京23区程度。平均年齢は40歳であり、44・7歳の東京とさほど大きい差はありません。

シンガポールのＩＴ環境は世界トップレベルです。その例をいくつか並べてみます。

・スマートフォン普及率は世界一で、一人当たりの保有台数は１・５台。
・Wi-Fiの整備が進んでおり、ネットワークのダウンロードスピードは世界最速。
・国民の97％がオンラインで税金の支払いを実施。
・学校の選択、スポーツジムの予約、パスポート・ビザ申請もオンラインで可能。
・会社設立がオンラインから15分で可能。
・高速道路は、時間帯や用途に応じて課金するシステムを配備。

このほかにも、最近は、ドローンで料理を運ぶレストランがオープンしたり、自動運転タクシーを世界に先がけて運用したりと、新しいテクノロジーを貪欲に取り入れています。

こうした政策を先頭に立って進めているのが、同国のリー・シェンロン首相です。首相はケンブリッジ大学で数学を学び、飛び級で卒業したという〝理系首相〟だけあって、テクノロジーにめっぽう強い。首相自身、シンガポールは合理的なことが好きで、テクノロジーの活用に前向きで、未来志向の国であると胸を張っています。

「われわれはいつも前を向いてきた。経済をよりオープンなものとするために、努力してきたし、物理的な制約を乗り越えるためにテクノロジーを活用してきた」[4]

こうしたシンガポールの強みを土台として、2014年にリー・シェンロン首相が打ち出したのが「スマートネーション」構想です。日本でも小池東京都知事が「スマートシティ」という構想を掲げていますが、それを国家単位でさらに壮大なスケールで行うものです。

その核となるのが、2018年の完成を目指す「バーチャルシンガポール」プロジェクトです。国中に多数のセンサーとカメラを配備し、政府がデータをかき集めて、オンラインプラットフォームに蓄積していくという取り組みです。

ビルやインフラ、緑地といった、シンガポールでの生活のほぼすべての側面を仮想化し、3Dで視覚化。このシステムを使えば、リアルタイムでどこの道路が混んでいるかを確認できるという仕組みです。たとえば、人口が増えたらその地区の人の流れがどう変わるかなどをシミュレーションできます。政府はそれらのデータを一部民間にも開放して、イノベーションにつなげようとしているのです。

シンガポールは民主主義国家ではないだけに、トップダウンで政策を実施しやすい面があります。もし日本で同じことをやると、プライバシーの問題などが浮上するおそれがあるため、シンガポールをそのまま真似するのは難しいでしょう。とはいえ、シンガポールの取り組みの先進性とスケールの大きさから、日本や東京が学べることはたくさんあるはずです。

第4次産業革命は大チャンスかつ大ピンチ

第４次産業革命により幕を開ける大競争。この新しい時代を、日本の政府と企業と個人は勝ち抜けるのでしょうか。

経済産業省のＩｏＴ支援委員会の座長を務めるＩＧＰＩ（経営共創基盤）の冨山和彦Ｃ

EOは「**第4次産業革命は、日本企業にとって、大チャンスであり、大ピンチでもある**」と語ります。「これからモノが復権する。ハード技術とソフトを両方わかっていないといけないので、そこに日本のチャンスがある。しかし逆に言うと、この分野でもやられてしまうと、日本は全部やられてしまう」

IoTは、ハードウエア技術やソフトウエア技術、さらにはネットワーク技術やAIが隣接する領域です。それだけに、ものづくり、ハードに強い日本にとっては相性がいいと言えます。

なぜIoTではハードが大事かというと、ハードがないと肝心のデータがとれないからです。車にしても、家電にしても、ロボットにしても、モノのインターネットにおいて、データはモノにひもづけられます。モノについているセンサーから情報が吸い上げられていくのです（センサーの分野で、日本企業は約40％の世界シェアを有しています。村田製作所、TDK、日本電産などがその代表格です）。

モノがなければ、そもそものデータが手に入りません。グーグルの検索エンジンのように、ウェブ上だけでデータが溜まっていくインターネットビジネスとは異なるのです。

シリコンバレーで活躍するベンチャー・キャピタリストの伊佐山元氏も、日本企業にチャンスはあると言います。

「ＩｏＴは準ソフトウエアの世界であり、必ずモノが絡んでくる。ということは、ものづくりの精度がすごく大事になる。そうした高精度、マイクロ単位の正確さでは、日本はまだ強い。データを収集・解析して、それを合理化するのは、米国人やロシア人にはなかなか敵わないが、マシーンが動くときの調整やメカの動かし方といった点では、日本はまだ負けていない。ただし、今動き始めなければ他国もすぐに追いつくはず」

現実的に考えて、ソフトウエアやＡＩの領域で、日本企業が米国企業に勝つのは無理でしょう。ソフト分野は、一人の天才がいるかどうかが勝負を決める世界です。ソフトウエア分野ではすでに大きな差がついていますし、ＡＩに関しても、人材の層の厚さで米国に歯が立ちません。

しかし、**ハードウエアは蓄積、経験、チーム力が活きる領域ですので日本企業に有利です。**スマホなどの簡単なハードであれば日本の強みは活かせませんが、精密さ、安全性、耐久性が求められる自動車、ロボット、工作機械といった分野では日本はトッププレーヤーです。また、ＡＩ単体ではない分野、たとえば、ＡＩとハードウエアを掛け合わせるＩｏＴの分野でも日本企業に勝機はあります。

事実、**これまで日本は、政府も企業も米国やドイツに出遅れていましたが、ここにきて追撃態勢に入りつつあります。**

２０１６年１月、トヨタはＡＩの研究開発拠点として「トヨタ・リサーチ・インスティテュート」をシリコンバレーに設立。トップには、ＡＩの権威で元グーグルのギル・プラット氏を招き、５年間で約10億ドルを投資していく計画を発表しました。

日立製作所も、２０１６年５月に発表した中期計画において、「ＩｏＴ時代のイノベーションパートナーになる」と東原敏昭社長が宣言。ハード、ソフトの両面から社会インフラの革新を行う「社会イノベーション事業」を成長戦略の柱に据えました。

そして**ＩｏＴに誰よりも入れ込んでいるのは、ソフトバンクの孫正義社長です。２０１６年７月には、英国のアーム・ホールディングスを３・３兆円で買収すると発表し、世界中で大ニュースとなりました。**

アーム・ホールディングスは、スマホの頭脳であるチップを設計する世界トップ企業であり、スマホ向けのシェアは９割を超えます。孫社長は、ＩｏＴの普及によって、アームのチップの売り先が、スマホ、タブレット、ノートＰＣから、家電、自動車、通信インフラ（ルーター、基地局など）に拡大すると読んでいます。ＩｏＴこそ次の勝負どころだと見て、大勝負に打って出たのです。

ロボットで日本が勝てるこれだけの理由

ＩｏＴと同じく、日本企業のポテンシャルが高いのは、ロボットの領域。中でも日本企業が強いのが産業用ロボットです。２０１４年の世界シェアは20％で世界トップです。同社は、ロボット分野で日本を代表する企業が、世界シェアトップのファナックです。同社は、第４次産業革命を見据えて、ＡＩの強化に乗り出しています。

同社が、ＡＩ分野でパートナーに選んだのが、プリファードネットワークスというスタートアップ企業です。同社は、トヨタ、ＮＴＴとも連携するなど、ＡＩ領域で存在感を高めています。

プリファードネットワークスには、ＡＩ、ハードウエア、ネットワークなど、ＩｏＴに不可欠な知見を有するスーパーエンジニアたちが30名強在籍しています。日本では珍しい、技術指向型のスタートアップです。

このスター軍団を率いるのが、現在34歳の西川徹社長です。今は経営者の仕事が大部分を占めていますが、西川社長自身もスーパーエンジニアの一人。東大時代は理学部でソフ

産業用ロボットの稼働台数（国別シェア：2014年）

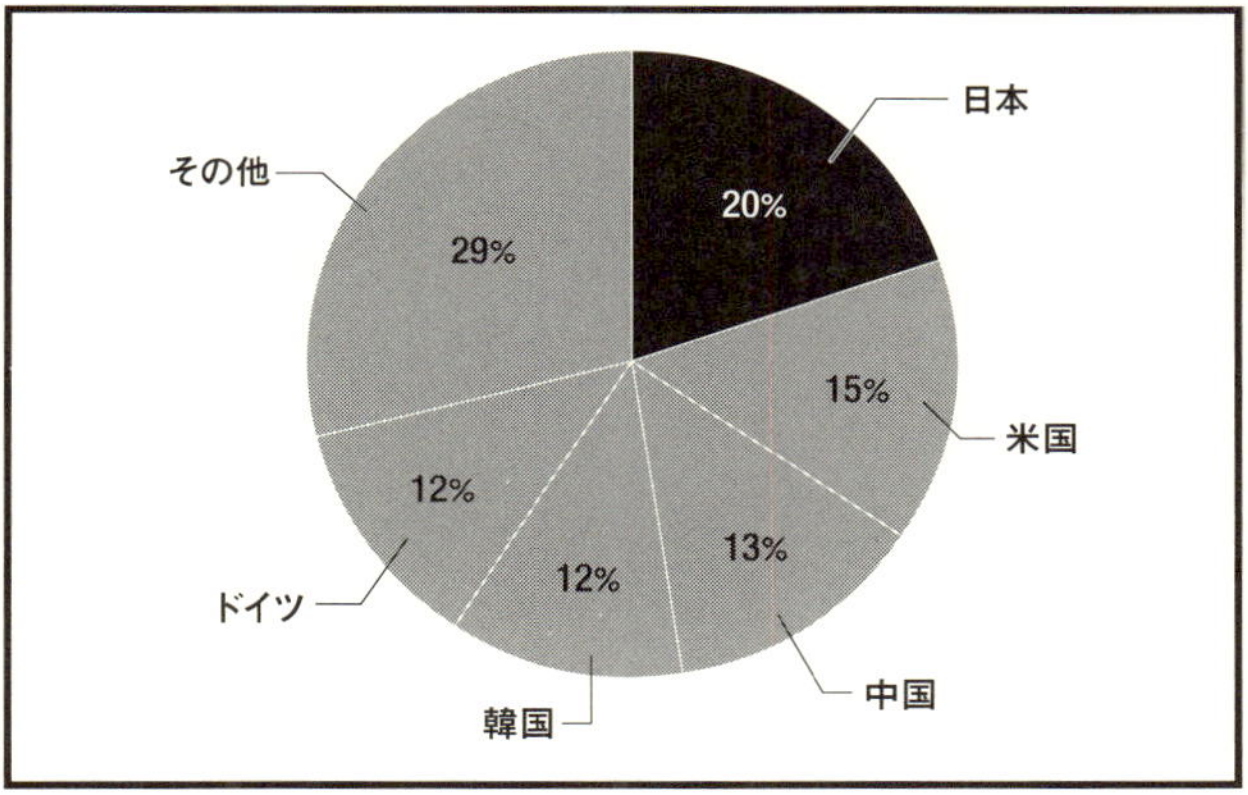

出所）国際ロボット連盟（IFR）

トとハードを学び、世界プログラミングコンテストに参加した実績も持っています。

西川社長は、ファナックと組んだ理由、そして、このタッグが世界で勝てる理由をこう語ります。

「AIが進歩しても、肉体の部分であるハードウエアが急に劇的に進化するわけではないし、ハードウエアはすぐにつくれるものではない。とくに安定したロボットをつくろうと思うと、どうしても精度や耐久性が重要になる。そのための基礎研究を、ファナックは長い間蓄積している」

西川社長が、ファナックの稲葉善治社

長と共有しているビジョンは、「ロボットを機械学習によって賢くして、それらをつなげることによって、決して止まらない工場を実現する」ことです。そうした未来像は現実に近づいていると言います。

今はまだ単体のロボットが賢くなっている段階ですが、今後5年の間に、複数のロボットがロボット同士で協調して、チームで作業をしたり、教え合うフェーズがやってくる。そして10年のタームでは、無数のロボットがボトムアップで協調し、自己完結的に生産を行う時代も視野に入ってくる。それが西川社長の見立てです。

つまり、**ロボットがロボットをつくり、ロボットがロボットと協調して工場を運営する、人間が存在しない〝ものづくり〟が生まれるということです。この領域にいち早く入り、データを蓄積していけば、ライバルを引き離すことができます。**

西川社長は早晩、ＡＩはコモディティ化する、ＡＩではさほど差がつかなくなると読んでいます。なぜなら、グーグルを筆頭に、ＡＩの技術をオープンに公開する傾向が加速すると見ているからです。となると、**ＡＩ単体では勝負することはできなくなり、「ハードウエア×ＡＩ×ネットワーク」といった融合領域こそが差別化のカギとなります。**その領域であれば、米国企業にも勝てる可能性があるということです。

そして、**西川社長が、ロボット以外の領域で、日本に有利だと考えている分野が、自動車、バイオ、工作機械の3つの領域です。**

自動車と工作機械は、それぞれトヨタとコマツというトップ企業が君臨するため、高い競争力を持つことはよくわかりますが、なぜバイオで日本に勝機があるのでしょうか。そのカギのひとつは日本の特殊性にあると言います。

「日本は、島国ということもあり、国民の遺伝的なバックグラウンドが似通っており、ある一定数のサンプルでも有意な分析をしやすい。また、iPS細胞の技術をはじめとして、非常に優れた技術を持っていて研究の層も厚い」

高齢社会を逆手にとって、病気の最新のデータを大量にとり、長寿研究に生かせれば、世界的な活用が見えてきます。プリファードネットワークスは2016年10月に、東京大学内にがんの研究所を設立。ディープラーニングなどの技術を使って、大量の遺伝子データを分析し、各患者に最適化された医療を実現しようとしています。「ヘルスケア×AI」の領域でも日本には大きな可能性があるのです。

勝つのは、スタートアップか大企業か

第４次産業革命は、日本にとって千載一遇のチャンスです。

今の日本企業は、１９７０年代から１９９０年代にかけて、米国企業と激戦を繰り広げたことが遥か昔かのように、「どうせ米国には勝てない」という諦めに浸っていますが、日本に追い風が吹き始めたのです。

日本が今の負け犬根性から脱して、第４次産業革命の波に乗れるように、政府、企業、個人は何をすべきなのでしょうか。

政府としてやるべきことは明確です。

ＩoＴ、自動走行、ドローン、シェアリング・エコノミーなどが普及しやすいように法律を改正し、５Ｇ、Wi-Fiなど通信環境をさらに整備し、同一労働同一賃金などにより雇用の流動性を高め、ＡＩ、ＩoＴ、バイオなどの研究開発を強化し、世界からトップ人材を雇えるように移民制度を整え、教育システムを抜本的に作り直す（詳細は教育の章で記します）。こうした政策を着実に実行していくことです。

これらの改革は、金融政策、財政政策のように派手ではないですが、中長期的には、もっとも成長力のアップにつながります。これらの制度改革には多数の法律が絡みますので、

その改正に時間がかかりますし、実行してから効果が出るのにもタイムラグがあります。それだけに、もたもたしていると、世界との競争に負けてしまいます。

ただし、政府にできるのは、あくまで「成長のお膳立て」にすぎません。何よりも大事なのは民間セクターの頑張りであり、個々の企業の進化です。日本では、経済というと、アベノミクスを筆頭に、金融政策や財政拡大の話ばかり出てきますが、最後にモノをいうのは個々の企業の力です。

では、民間企業の中で、どこが希望の星となるのでしょうか。これから期待できるのは大企業でしょうか、スタートアップでしょうか？

巷にあふれているのは、「スタートアップこそ経済を救う」というメッセージですが、世の中はそんなに甘くありません。むしろ今は、ある意味、スタートアップの全盛期が終わりつつある、スタートアップ単独でイノベーションを起こすのは難しくなりつつあると言えます。

なぜでしょうか。最大の理由は、ネット業界に大ボスが生まれてしまったからです。**インターネット普及から20年以上、iPhone誕生から10年近くが経ったことで、大勝負にほぼ決着が付いてしまったのです。つまり、グーグル、アップル、フェイスブック、アマゾ**

世界の時価総額ランキング

	社名	国	(億ドル)
1	アップル	米国	6054
2	アルファベット	米国	5479
3	マイクロソフト	米国	4659
4	フェイスブック	米国	3761
5	アマゾン・ドット・コム	米国	3753
6	バークシャー・ハサウェイ	米国	3552
7	エクソン・モービル	米国	3455
8	ジョンソン・エンド・ジョンソン	米国	3173
9	GE	米国	2607
10	アリババ・グループ・ホールディング	中国	2515
11	テンセント・ホールディングス	中国	2514
12	JPモルガン・チェース	米国	2478
13	チャイナ・モバイル	中国	2351
14	P&G	米国	2322
15	ウェルズ・ファーゴ	米国	2321
16	中国工商銀行	中国	2308
17	AT&T	米国	2263
18	ネスレ	スイス	2257
19	ウォルマート・ストアーズ	米国	2165
20	ロシュ・ホールディング	スイス	1982

注)2016年11月末時点

ン、マイクロソフトといったスーパースター企業による、〝世界独占化〟が進んでしまったのです。

前ページの表は、2016年11月末時点での世界の時価総額ランキングですが、米国の誇るIT業界の〝ビッグ5〟、アップル、アルファベット（グーグルの親会社）、マイクロソフト、フェイスブック、アマゾンが上位5位を独占しています。

過去30年、規制緩和、ムーアの法則（半導体の集積率が18ヶ月で2倍になるという法則）、インターネット、スマホなどの技術革新により、数々のフロンティアが生まれ、新規参入のチャンスが一気に増えました。しかし今、そうしたチャンスの窓は閉じられようとしています。

技術革新の大波は一服。しかも、ビッグ5が優秀すぎるがゆえに、付け入る隙がなくなっています。ビッグ5は、各分野で独占的な地位を築き、ベスト・アンド・ブライテストの人材を雇い、かつキャッシュをふんだんに抱えています。人、カネ、技術に強く、しかも、政府へのロビイングも巧み。もはや無敵と言っていい状況にあるのです。

現在、スタートアップの目標は、ビッグ5と戦うことよりも、ビッグ5に買収してもらうことになっています。今後、ビッグ5の傘下に入らずに、メガ・スタートアップに成長できる企業は、ライドシェアのウーバー、宿泊シェアのAirbnb、ソーシャルメディアのスナップチャットぐらいではないでしょうか。

たとえば、ソーシャルメディアの世界は、フェイスブックと新興勢力のスナップチャットの2強が牛耳る形が続くでしょう（インスタグラム、ワッツアップはフェイスブックの子会社ですし、ツイッターの命運はもはや尽きたと言うべきでしょう）。中国のウィーチャットはあくまで中国市場を中心に展開し、グローバルプレーヤーとはなれないはずです。

ほかに、ＡＲ・ＶＲ（拡張現実・仮想現実）、自動走行車、ＩｏＴといったフロンティアはありますが、どの分野も巨額の投資を要するため、スタートアップにはハードルが高いのです。

事実、ＡＲ・ＶＲの有力なプレーヤーは、オキュラス（フェイスブックの子会社）、ソニー、マイクロソフトといった大企業ですし、自動運転車で有力なのも、グーグル、アップル、トヨタ、メルセデス、フォード、ＧＭ、テスラといった企業です。スタートアップ色が強いのは、テスラぐらいです。

ＩｏＴもハードとソフトの融合領域だけに、これまでのソフトウエア・ビジネスとは桁違いの資本力が必要になります。ソフトバンクがＩｏＴ領域に乗り出すために買収したアームの価格が、３・３兆円だったのがいい例です。

優秀な人材さえいれば、ＡＩ分野はスタートアップでも戦えますが、ＩｏＴ、ロボット、ＡＲ・ＶＲは、スタートアップでは資本力の面で限界があるのです。

攻めが甘いスタートアップ、守りが上手な大企業

スタートアップ全盛期が終わりつつあるのは日本も同じです。私自身、過去2年半にわたり、スタートアップ企業で働き、スタートアップ関係者に数多く取材してきました。そうしたスタートアップ当事者の一人としての正直な意見は、**日本でスタートアップが主流になる日は、なかなか来ないだろうなというものです。**

それには大きく2つの理由があります。

ひとつ目は、**大企業の守りのうまさです。**日本の大企業は攻めは下手ですが、とくに国内戦の守りにはとことん強い。

日本を代表する情報分野の大企業の幹部に、「スタートアップは怖くないですか？」と聞いたところ、「怖くないですね。そもそも本気で相手にする規模に達しているスタートアップがない。それに、もしその規模に達したとしても、スタートアップを倒すための策

は二重三重に張り巡らせていますよ」という余裕綽々《しゃくしゃく》の答えが返ってきました。その具体的な防衛策にあまりに説得力があり、「これは敵わないな」とため息を吐《つ》いたのをよく覚えています。

最初は、スタートアップ側に、テクノロジーや商品・サービスの優位性があったとしても、遅かれ早かれマネされます。するとどんどん営業力や宣伝力といった力勝負になっていき、人が少ないスタートアップに勝ち目はなくなります。大企業が本気を出したときのパワーは凄まじいのです。

だからこそ、スタートアップに何よりも大事なのはスピードです。大手が本腰を入れるまでの期間（平均2、3年、長くて5年）が勝負のときであり、そこで突き抜けられなければ、二度と挽回のチャンスは巡ってきません。

スタートアップが苦戦する2つ目の理由は、攻めの甘さです。攻めのスピードとスケールが不十分なのです。攻めのアクセルが遅いか、弱いのです。

決済サービスを提供するペイパルを創業し、現在、ビジネス用SNSのリンクトインの代表を務めるリード・ホフマンは、スタートアップ企業に欠かせない戦略として「ブリッツスケール」という概念を提唱しています。[5] ブリッツスケールとは、ブリッツクリークという「電撃戦」を意味するドイツ語に、スケール（拡大）を組み合わせた造語です。

ブリックリークとは、第2次世界大戦時にドイツ軍が編み出した軍事戦術であり、「必要最低限のものだけを持ち、素早く動くことで、敵の不意を突き、一気に敵陣を攻略する」という手法です。これをスタートアップ経営に当てはめると、勝負どころと見極めたら、素早く組織を拡大し、一気に顧客を囲い込み、収益を拡大するということです。まさに電撃作戦です。

ブリッツスケールの代表的な成功例が、アマゾンとグーグルです。

アマゾンは、1996年から1999年のわずか4年の間に、従業員を151人から7600人に増やし、収益も510万ドルから300倍超の16・4億ドルに急成長させています。同様にグーグルも、2001年から2007年の間に、従業員を284人から1万6805人に急拡大し、収益を8600万ドルから166億ドルに増やしています。

一方、日本のスタートアップはブリッツスケールにほとんど成功していません。

まずもって、**日本ではベンチャーキャピタルがさほど発達していないため、アクセルを全開で踏むための資金を十分に得られません。かつ、人材マーケットが硬直的なため、急拡大しようにも、なかなかいい人材を大量採用できません。そのため緩やかにアクセルを**

踏んでいるうちに、覚醒した大手企業に追撃されてしまうのです。

たとえば、2006年に創業したライフネット生命は、生命保険をネットで売るという斬新なビジネスモデルで話題を呼びましたが、近年は新規契約数の伸びが鈍化し、株価も低空飛行が続いています。

同社の苦戦の理由はいくつかありますが、そのひとつとして、日本生命など大手企業がネットでの保険販売を始めたということが挙げられます。ライフネットの最大の武器は、ネット直販にありました。しかし、類似商品を大手生保からもネットで買えるとなれば、信頼度が高く、営業力も強い大手に顧客が流れるのはやむを得ません。

ライフネットの例に限らず、日本のスタートアップはスケール拡大に苦労しています。現在のスタートアップ業界で、本気で世界を狙えるポテンシャルを感じさせるのは、LINEと医療情報サイトのエムスリーとフリマアプリのメルカリぐらいです。それが今のスタートアップ界の現実なのです。

日本型スタートアップは2軍レベル

私は決して日本のスタートアップの批判ばかりをしたいわけではありません。私自身、スタートアップコミュニティの一員として、現状に対し忸怩《じくじ》たる思いがありますし、寝食を忘れて、人生をかけて事業に挑んでいる起業家たちを尊敬しています。

とはいえ、リスペクトがあることを前提とした上で、しっかり問題点を認識しないと、日本のスタートアップはいつまでもマイナーなままです。それでは、日本や世界の経済に貢献できず、社会から尊敬される日は未来永劫やってきません。そして、大企業だけでは、経済にイノベーションが起きず、日本経済は衰退していってしまいます。だからこそ、期待と自省を込めて、スタートアップにはあえて辛口なのです。

私は、日本のスタートアップや起業家に物足りなさを感じていますが、その理由は３つあります。

ひとつ目は、ビジョンや理念が弱いということです。 もちろん、スタートアップは明日をも知れぬ存在ですから、当初はビジョンどころではありません。ただ、企業として形ができてきたら、やっぱり心沸き立つビジョンが欲しい。人生をかけて打ち込みたいと思えるような理念が欲しい。

しかし、多くのスタートアップにはワクワク感というか深遠さがありません。たとえば、日本を代表するネット企業のビジョンは次のようになっています。

・21世紀を代表する会社を創る（サイバーエージェント）
・イノベーションを通じて、人々と社会をエンパワーメントする（楽天）
・UPDATE JAPAN（ヤフージャパン）

これらのビジョンのために、一生をかけたいと思う人がどれだけいるでしょうか。少なくとも私はビビッときません。

「21世紀を代表する会社を創る」というのは、理念というより目標です。会社とは器であり、その器で何を実現したいかを示すのがビジョンです。そして、「人々と社会をエンパワーメントする」というのはどうも抽象的でわかりにくい。幅が広すぎて何でもありになってしまいます。そして、ヤフージャパンは基本的に日本でしか事業をできないという制約があるにしても、「UPDATE JAPAN」は日本に閉じすぎではないでしょうか。ネットで世界がつながったにもかかわらず、日本トップのネット企業が、世界を見ていないのはなんとも寂しい。3社とも企業として優れた面を多く持っていますが、その力を何のために使いたいのかがよくわからないのです。

そして、さらに悲しいことに、これら第1世代のネット企業に続く世代は、ほとんどがソーシャルゲームに流れてしまいました。ソーシャルゲームは利益率抜群です。ビジネスとしては旨味が大きい。しかし、それが社会的に有益な事業かと問われて、胸を張れる人は決して多くないでしょう。

ソーシャルゲームに関しては、ゲーム中毒になったり、多額の課金で破産したりする人などが出たこともあり、ネット業界には一部ダーティなイメージが定着してしまいました。これが、日本のスタートアップに致命的なダメージを与えたと思います。

本当に一流の人材は、理念とビジョンがない事業に人生をかけないですし、社会に尊敬されないビジネスから使命感は生まれません。優れた人材ほど、自分や会社を超えた偉大なものを求めるものです。

そんな第2世代の凋落を印象づけたのが、DeNAのメディア事業の倫理問題です。同社は新たな成長戦略の柱として、医療、ファッション、旅など10分野のキュレーションメディアを運営していました。キュレーションメディアとは、さまざまなメディアからコンテンツを選び、一つの場所に集めた「まとめサイト」のようなものです。

メディアとは、儲け以上に、公共性が問われる事業です。しかし、医療メディアの「W

ＥＬＱ（ウェルク）」が、「肩こりは幽霊のせい？」といった信頼性の低い記事を量産し、ネット上に撒き散らしました。その上、傘下のメディアで著作権を無視したコンテンツの盗用が行われていることが発覚したのです。

同社の理念は、「Delight and Impact the World（世界に喜びと驚きを）」ですが、これまた漠として、何がしたいのかよくわかりません。結果的に同社は、ソーシャルゲームにしろ、キュレーションメディアにしろ、社会に対して〝マイナスな意味でのインパクト〟を与えてしまったのです。〝理念の薄い日本のスタートアップ〟を印象づける出来事でした。

２つ目のスタートアップの問題は、ひとつ目の理由とも絡んできますが、まだ真の一流の人材が十分に参入していないことです。

以前、オリックスの宮内義彦シニア・チェアマンに「最近の起業家をどう思いますか？」と質問した際、次のような答えが返ってきました。

「あんまり言うと若い人たちに怒られるかもしれませんが、海外の起業家と比べて日本の起業家の方は勉強が足りない気がします。海外ではベスト・アンド・ブライテストが起業に挑戦しています。たとえばスタンフォード大学に行って、アントレプレナーシップのＭ

BAを取って起業していたりする。財務から経理から、資金調達から、全部勉強している。

日本のベスト・アンド・ブライテストは、最近は違うのかもしれませんが、財務省とか財閥系の大企業とかに目が行っていて、起業しようという方は、はぐれ狼のようなタイプが多い。この差が日米スタートアップの成功率の差につながっているのではないでしょうか」

もちろん、かつてよりは、スタートアップ業界に優秀な人材が参入しています。15年前、私が就活をしていた頃、こんなメッセージをよく聞きました。

「日本企業はもう古い。大企業はもう古い。これからは外資やスタートアップの時代だ。みんな、今の会社を辞めてチャレンジしよう」

とくに2000年前後から、ライブドア・ショック、リーマン・ショックが起きるまでは、外資とスタートアップ礼賛の流れでした。「日本企業はかっこわるい。外資、スタートアップのほうがかっこいい」という価値観が充満していたのです。そして、外資金融やコンサルを辞めた人材がスタートアップに経営人材として流れ、業界の発展に寄与しました。

しかし現在、そうした流れは細っています。とりわけ2010年以降は、風向きはググッと日本の大手企業に向いています。昔は、商社や銀行が、外資のコンサルや投資銀行に優秀な学生をとられるのを恐れていましたが、いまでは立場が逆転。保険として外資の内定をとり、商社に受かればそちらに行くという学生が増えています。とくに、スタートアップは理系のトップタレントを十分に惹きつけられていません。

私が、自戒を込めて思うのは、2つの意味での日本のスタートアップ業界の狭さです。

ひとつ目は、人の狭さ。たとえば、スタートアップ関連のイベントが頻繁に開催されていますが、いつも似た顔ぶればかりです。メンバーの新陳代謝がなかなか起きません。最初は新鮮でも、同じような面子の会が多く次第に飽きてくるのです。そうした停滞が生まれているのは、スタートアップ業界もムラ社会化して、有望な新人の参入が滞っているからでしょう。

もうひとつは、国際性の乏しさです。スタートアップは一見グローバルに見えますが、実際は、事業のほとんどが国内に限られるため、大企業以上にドメスティックです。

そもそも、多くのネットビジネスは、言語依存度が高いため、ドメスティックになりがちなのです。私自身、言語依存度が高いネットメディアの仕事をしているため、過去2年間で随分ドメスティックになってしまったなと反省することがよくあります。

つまり、もっともイノベーティブであるべきスタートアップ業界が、ある意味、日本的なガラパゴス空間になってしまっているのです。

最後に、**スタートアップの3つ目の課題は、テクノロジーに精通した経営者が少ないことです。**

スタートアップは弱小勢力です。小さいものが、大きなものに勝つには、テクノロジーの力が不可欠です。テクノロジーはいわば能力増幅器です。テコの原理が働きますので、1を10、100にすることができます。しかし、日本の起業家には文系が多く、テクノロジーを知り尽くした人材があまりいません。そのため、どうしてもテクノロジーのパワーを十分に活かせず、人材の力がモノをいう「労働集約的なビジネス」になってしまうのです。そうなると、人の数と質で優れる大企業に勝てません。

次ページには、日本のネット業界における時価総額トップ10の企業を記していますが、韓国系企業のLINE、ネクソンを除く8社の日本企業の創業者はみな文系です。

文系が悪いわけではないですが、どうしてもテクノロジーの理解度に差が出ます。テクノロジーの本質まではなかなかつかめません。先ほど述べた、グローバル性に欠けるという弱点も、テクノロジーの弱さと関係しているように思います。テクノロジーは世界共通

	社名	時価総額（億円）	主な事業内容	創業年	創業者	最終学歴
1	ヤフージャパン	23,977	ポータル	1996	孫正義	UCバークレー経済学部
2	楽天	16,777	Eコマース	1997	三木谷浩史	ハーバード大学MBA
3	エムスリー	9,621	医療ポータル	2000	谷村格	国際基督教大学
4	LINE	9,493	チャットアプリ	2000	イ・ヘジン	韓国科学技術院（KAIST）
5	ネクソン	7,127	ゲーム	1994	キム・ジョンジュ	韓国科学技術院（KAIST）
6	スタートトゥデイ	5,679	Eコマース	1995	前澤友作	早稲田高校
7	DeNA	5,346	ゲーム	1999	南場智子	ハーバード大学MBA
8	カカクコム	4,007	比較サイト	1997	槙野光昭	東海大学政治経済学部
9	サイバーエージェント	3,477	広告	1998	藤田晋	青山学院大学経営学部
10	ミクシィ	3,226	ゲーム	1999	笠原健治	東京大学経済学部

注）時価総額は2016年11月25日時点

言語であるだけに、自然と国境を意識しない人材となるからです。

企業は創業者によりアイデンティティが形作られますので、文系経営者では本物のテクノロジー企業は創れません。

世界を見ると、マイクロソフトのビル・ゲイツにはじまり、フェイスブックのマーク・ザッカーバーグ、グーグルのラリー・ペイジ、セルゲイ・ブリンから、アマゾンのジェフ・ベゾスまで、みなコンピューターサイエンスに精通した人間ばかりです。

日本においても、ものづくりの世界でスターとなった、本田宗一郎、松下幸之助、井深大などはみな理系です。創業時や業界の黎明期においては、コアプロダクトを自分でつくれる創業者のほうが、製品に魂がこもります。経営と製品の担当者は分離しないほうがいいのです。

日本のスタートアップ業界が生んだ〝ぶっ飛んでいる経営者〟の例としては、堀江貴文さんとゾゾタウンを運営するスタートトゥデイの前澤友作氏が挙げられますが、2人ともプログラミングができる経営者であるのは決して偶然ではないでしょう。前澤社長自身、「プログラミングを学んだことが、経営に生きている」と言います。

「システム構築は、ロジカルに物事を考える訓練にもなりました。たとえば、開発中のシステムのバグを解消するためには、起こりうるあらゆる事象を頭の中で想定し、それをプログラムに落とし込まなければなりません。ユーザーがABCの選択肢からひとつを選んでクリックした場合、それぞれのパターンを想定して、それに対応できるようシステムを組み立てていく必要があります。これは経営にも似ています。『もしこれが売れなかったら、この次はこれを調達しよう』とか、『これを実施して、こうなったら、こんな施策をしよう』とか、すべて条件分岐で思考する。そうすれば何が起きてもすぐに対応することができるのです」

ここまでの話を総合すると、**日本のスタートアップ業界は一流のプロ集団になっていません。日本の大企業がプロ野球の1軍だとすると、まだ2軍レベルなのです。**すごい人材もいますが全体としてのレベルがまだ高くなく層が薄い。かつ、財力、営業力、組織力でも見劣りするため、大企業に対抗できないのです。

東京にも西海岸と東海岸がある

ここまでの議論を聞くと、もうスタートアップに希望はない、と思う方もいるかもしれません。しかし、私が主張したいのはそういうことではありません。むしろ、スタートアップの精神はかつてないほど渇望されています。日本のイノベーションのために、スタートアップはカギを握る存在です。

私が言いたいのは、**スタートアップが単独で生きる時代が終わり、大企業との融合時代が訪れているということです。**

スタートアップは大企業をテコにして大きくなり、逆に大企業はスタートアップを自社では手がけられない事業を行うパートナーとして活用するということです。互いの長所を活かしながら、二人三脚で大きくなるイメージです。

大企業とスタートアップの融合のために大事なことは、まず互いの文化の違いを理解することです。言い換えれば、**まず東京の東海岸と西海岸の文化を知るということです。東海岸と西海岸？　それってアメリカの話だろうと思う方が多いと思います。しかし、この分類は日本でも成り立つのです。**その意味を説明しましょう。

アメリカにおける東海岸の代表都市はニューヨーク、ボストン、ワシントンです。ウォール街が金融、ワシントンが政治を牛耳っており、エスタブリッシュメントのエリートが多く暮らします。一方、西海岸はカウンターカルチャーの新興エリートが住んでいます。代表都市は、ロサンゼルス、サンフランシスコ、シアトルです。ハリウッドが映画などコンテンツの中心、そして、サンフランシスコ近郊のシリコンバレーがテクノロジー企業の世界最大の集積地となっています。

この「エスタブリッシュメントの東海岸、新興勢力の西海岸」という構図は、東京にも当てはまります。私はここ数年、東京には2つのカルチャーがあるなと強く感じています。東京も東側と西側でカルチャーが大きく違うのです。[6]

西海岸と東海岸のカルチャーの違い

	西海岸	東海岸
中心地	渋谷・六本木	丸の内・霞が関
好きな人物	ホリエモン	新浪剛史
服装	Tシャツ	スーツ
目標	起業	出世
PC	Mac	Windows
価値観	自由礼賛	ルール重視
主義	進歩主義	保守主義

東京における東海岸とは、丸の内・大手町や霞が関など、財閥系企業や大企業、官庁が集まる、エスタブリッシュメントたちの場所です。一方の西海岸というのは、渋谷や恵比寿、六本木など、IT、スタートアップ、クリエイティブ系の企業が強いエリアです。平均年齢も東海岸と比べて低めです。

私は新卒から12年間、東洋経済新報社という日本橋に本社を置く東海岸企業で働きましたが、2014年7月からはオフィスが恵比寿にあるユーザベースというスタートアップ企業で働いています。この2つの会社で働いてみて、両海岸の文化はこれほど違うのかと痛感しました。

たとえばどんな違いがあるのかと言いますと、次のような点が挙げられます。

西海岸の住民は、ホリエモンが大好きです。みんな、夏はTシャツを着ていて、サンダルを履いている人すらいます。冬もスーツを着ることは稀で、むしろ浮いてしまうくらいです。多くの人は「起業」が好きで、PCはMacを愛用。そして自由が好きで、進歩主義的な人が多いという特徴があります。

一方、**東海岸のみなさんが好きなのは、新浪剛史サントリー社長のような存在です。**慶應→三菱商事→ハーバード・ビジネス・スクール→ローソン社長→サントリー社長（政府の重職も兼任）というキャリアを歩む新浪さんは、エスタブリッシュメントのブランドを極めています。東海岸の人々は起業よりも、大企業で着実に出世の階段を上ることを好みます。服装は主にスーツを着用し、PCはWindows。ルールをしっかり守り、保守的な考え方を大事にします。

問題は、この2つのカルチャーにあまり交流がないことです。東京は多様で膨大な数の人たちが狭い場所に集中しているという点では、世界でもまれに見るイノベーション向きの都市です。しかし、西と東がタコツボ状態であるため、両者の掛け算から生まれる化学反応がほとんど起きていません。

この両海岸が融合すれば、きっと新しいビジネスが生まれるはずです。なぜなら、2つのカルチャーは相互補完的だからです。

スタートアップには、若さとテクノロジーとアイディアと野心がありますが、資金やブランドや流通網などがありません。一方、大企業は、ヒト・モノ・カネはあるものの、小回りが利きません。新規ビジネスにも大きな売上高が求められるため、小さく生んで大きく育てることが難しいのです。そして、全体的に年齢が高いため、テクノロジーのリテラシーが高くありません。

大企業にも、攻める精神を持った人はたくさんいます。大企業の〝攻め〟の人材のクオリティと層の厚さは、スタートアップを凌駕します。しかし、コンプライアンスや組織の壁や年齢の壁などで、どうしても身動きが取りづらくなっているのです。そして、入社当初はやんちゃだった人間でも、数年経つといい子ちゃんに去勢されてしまいます。家庭を持ち、住宅ローンを抱えれば、なおさらです。

つまり、今の日本のビジネス界は、ムラ社会的なスタートアップ人と、去勢された大企業の優等生が多数派になってしまっているのです。

大企業でイノベーションを起こす方法

この両海岸をつなげるために大事なのは「場づくり」と「人の移動」です。

これまで日本には、大企業とスタートアップが融合する場がほとんどありませんでした。しかしここ数年で、インキュベーション施設や、大企業によるベンチャー支援の動きが徐々に盛り上がってきました。

「場」の創出という点で、とくに注目すべき企業が、トーマツ ベンチャーサポートです。同社は、世界的なコンサルティング・ファームであるデロイト トーマツのグループ会社。2010年に同社を立ち上げた中心人物が、現在、事業統括本部長を務める斎藤祐馬氏（1983年生まれ）です。斎藤氏はまさにエネルギーの固まりのような人物です。

斎藤氏が掲げるミッションは、「イノベーションのインフラを日本中に張り巡らせること」。大企業、ベンチャー、政策を3点セットで融合させて、日本発で世界一のイノベーション創出プラットフォームをつくろうとしています。

その核となる取り組みが、モーニングピッチです。これは毎週木曜の朝7時から開催しているイベントで、大企業、スタートアップ、メディア関係者など約150名の参加者の前で、毎回5社のスタートアップ企業がプレゼンを行います。すでに開催回数は160回を超え、そこから生まれた事業提携数は100を超えています。

その取り組みは国内に止まらず、トーマツのグローバル・ネットワークを活かして、世界にも拡大。日本のスタートアップの世界進出もサポートしています。斎藤氏は「言語依存度が低い。文化依存度が低い。ユニーク度が高い。その3条件を満たす日本企業であれば、世界でも戦える」と話します。

さらに、同社が売りにするのが、大企業でのイノベーション促進です。具体的には、社内ベンチャーの制度設計、他社とのアライアンス戦略の策定、スタートアップ投資体制の整備を手がけています。斎藤氏が大企業の社員と接していて、決定的に欠けていると感じるものがひとつあると言います。

「世の中でイノベーションを起こす人に必要なのは、マインド（ビジョン、パッション）、人のネットワーク、経営スキルの3つ。大企業の人はマインドがない人が多い」

このマインドを持つためにも、西海岸のスタートアップとの交流はいい刺激になるはずです。起業家の〝熱さ〟に触れることが、自分のパッションに気づくきっかけになるかもしれません。ビジョンと、パッションさえ持てば、大企業内でもイノベーションを起こすことは不可能ではないのです（詳しくは第4章で記します）。

レンタル社員制度を導入せよ

場作りと同じく大事なのが、人の移動です。人材が大企業とスタートアップを頻繁に行き来するようになれば自然と融合が進みます。**その切り札となるのが、レンタル移籍です。**

私は仕事柄、いろんな人に取材をしたり、自ら採用面接をしたりもしますが、日本は、世代を問わず大企業に人材が集中しています。しかも、そうした人材が必ずしも付加価値の高くない仕事をしています。

最近、ある大企業の30代後半の知人が経営企画室に移動したところ、部署で最年少になってしまったと聞いて驚きました。**脂の乗り切った30代後半が、下っ端として仕事をすることになるのです。全盛期のサッカー選手に、練習試合ばかりさせているようなものです。これこそが日本の悲劇です。**

ただし、大企業の一流人材が転職するかというと、そういうわけではありません。もちろん大企業もバカではありませんので、本当に仕事のできる人材には、いいポストや仕事を与えています。囲い込むのがうまいのです。そのため、日本の転職マーケットには、なかなか一流どころが出てきません。

では、どうすれば大企業に埋もれている人材をスタートアップが活用できるのでしょうか。そのための打開策となるのが、レンタル社員制度です。サッカーでは、活躍の機会が限られている選手や、武者修行が必要な若手選手をほかのチームにレンタル移籍させますが、それと似た発想です。

自らは日本興業銀行出身で、現在、シリコンバレーで活躍するベンチャー・キャピタリストの伊佐山元氏はこう提言します。

「大企業を辞めてスタートアップに移動するという、シリコンバレー型というか、米国型のスタートアップのシステムや労働市場のシステムは、日本にはあまり向かないのではないかと思う。日本人はたぶん『米国型』ではなくて、『出向型』を目指したほうがいい」

日本人はそもそも挑戦に慎重なことに加えて、収入の高さ、安定性、社会的ステータスという点で、大企業から離れるリスクを避けがちです。とくに所帯を持っている人にとっては、家族の反対が大きいでしょう。

しかも、イエ社会の日本では、大企業はなんだかんだ言って居心地がいい。米国のように、職場は職場、プライベートはプライベートと分かれているわけではなく、会社は、地域社会的な機能を持つ濃密なコミュニティです。そこを離れるのは、お金以外に失うものが大きすぎるのです。

「そんな中途半端な覚悟の人はスタートアップにはいらない」と突き放すこともできますが、それでは、いつまでたっても移動は起きません。日本には、少し勇気が足りないけれども、背中を押せば活躍するという「中の上」の人材が圧倒的に多いのです。

その層の人材を有効活用するには、突き放し型ではダメです。ある程度、身分を保障しながら、チャレンジさせるという仕組みが必要です。そうして補助輪を付けてあげてこそ、イノベーターへと化けるきっかけが生まれるのです。つまり**日本では、磨けば光るかもしれない〝隠れイノベーター〟が飼い殺しにされているのです。**

「出向などでは本気にならないので戦力にならない」という意見もあると思いますが、制度設計を工夫すればどうにかなるでしょう。出向先での成績次第で、出世が決まるとなれば尻に火が点くでしょうし、最初は様子見でも、仕事をしていくうちに楽しくなって、のめり込むケースも出てくるはずです。まずはスタートアップで働いてみて、そのリアルな姿を知ること自体がいい経験になるのです。

私自身も、東洋経済新報社という老舗企業から、ユーザベースというベンチャー企業に移籍しました（私はレンタル移籍ではなく、完全移籍です）。移籍前は、東洋経済新報社という看板の力を失うと、取材をするのが大変だろうなと思っていたのですが、実際にはそれほど苦労はありませんでした。一部の大企業からはつれない返事が来ることもありますが、逆に「新しいメディアだからこそぜひ取材してほしい」という企業もあります。レンタル移籍は「肩書のない自分」を体感するいい修業となるのです。

もうひとつ、**企業側にとってのレンタル移籍のメリットは、大企業とスタートアップのリソースをうまく組み合わせられる点です。**

前出の伊佐山さんが社長を務めるWiLは、スマートロックを手がけるQrioというスタートアップにソニーと共同で出資しています。スマートロックとは、自宅のドアロックをスマホから遠隔で開けることができる商品なのですが、その製造のためには、ソフトウエア技術だけでなく、高度なハードウエア技術が欠かせません。こうしたハードをきちんと設計どおりに動かすのは、簡単なように見えて、スタートアップには難易度が高い。そのため、ソニーから出向で社員に来てもらい、ハードウエア技術を提供してもらっているのです。

出向のメリットは、辞めるのと違い、既存の大企業のリソースをそのまま使えることです。ソニーの社員のままであれば、そのリソースを使えるので、受け入れるスタートアップ側にとってもありがたい。出資先や提携先のスタートアップへの出向であれば、情報漏渉などのリスクも最小化できるでしょう。

こうした実例はソニー以外でも生まれてきています。

そのひとつがパナソニックです。同社のコーポレート戦略本社・人材戦略部に所属している濱松誠氏（1982年生まれ）は、2016年3月から、コミュニティサービス事業などを営む東証マザーズ上場のパスに出向し、新規事業開発などを担っています。

ベンチャー企業というのは当たり外れが大きいですし、大企業ほどにはリソースがないため、仕事のスケールという点では劣るでしょう。ただし、人が足りない分、仕事が細分化されておらず、まるごと仕事を任せてもらえます。全体を俯瞰してマネジメントしたり、ゼロから事業を立ち上げたりする経験を積むにはいい環境です。

大企業では20代や30代前半でプロジェクトリーダーになるのは難しいですし、かりにリーダーになれたとしても調整にかかる手間が多く、とんがった企画にはなかなかチャレンジできません。その点、スタートアップは毎日が修羅場ですので若手でも即戦力です。

レンタル移籍をしてみて、その経験を古巣で活かすもよし、「私でもやれるかも」と思ったら起業するもよし、スタートアップに転職するもよし。大企業側の「人材流出」の懸念を減らすために、「出向期間終了後3年は会社に戻って貢献する」といった条件を付けるなどすれば、お互いにウィンウィンの仕組みになるのではないでしょうか。

レンタル移籍は、国全体にとっても、大企業にとっても、スタートアップにとっても、そして働く本人にとっても、選択肢を増やして人材をうまく活用するという点で、一石四鳥のアイディアとなるはずです。

早急に、海外組を育成せよ

しつこいですが、**日本繁栄のカギは移動です。**レンタル移籍は会社という場所を変えるという移動でしたが、**もうひとつ重要なのが、海外への〝移動〟です。**

日本でもいろんな試練はありますが、しょせんそのレベルは知れています。海外でこそ、最高の学びがありますし、自社の世界での強みをじっくり考えるきっかけにもなります。海外経験こそが人間のさまざまな能力を鍛えるのです。

海外経験の効果は、複数の研究でも実証されています。欧州No.1のビジネス・スクールである仏INSEADのウィリアム・マダックス准教授は、同校のインターナショナルMBAプログラムの学生を対象に調査を行い、「海外経験がより豊富で、2つ以上の国にアイデンティティを持つ人のほうが、問題解決力、創造性が高く、新しいビジネスや製品を生み出すのがうまく、出世も早い」という傾向を見出しています。**海外経験が、柔軟性、創造性、思考力を育むのです。**[7]

ほかに、コロンビア大学ビジネス・スクールのアダム・ガリンスキー教授は、２７０人の高級ファッションブランドのクリエイティブ・ディレクターを対象にして、海外経験とクリエイティビティの関連を調査しています。すると、海外経験の多いクリエイティブ・ディレクターのほうが、継続してジャーナリストやバイヤーに評価される作品を生み出していたそうです。

ただ、ここで注目すべきは、ただ単に海外に行けばいいということではありません。数は少なくてもいいので、異国の文化を深く体感することが大切です。１週間旅行するぐらいでは不十分です。もっと深く食い込まなくてはなりません。

言わずもがなですが、現地に溶け込むための最大のポイントは言語です。現地に行って一から勉強するのでは手遅れです。

私自身、２００７年から２００９年にかけて、スタンフォード大学の大学院に留学しましたが、英語力が受験英語レベルだったため惨めなほどに苦労しました。もっと英会話をトレーニングしておくべきだったと深く後悔しました。語学力が不十分だと、どうしてもコミュニケーションが億劫になりますし、友人ができても、語彙不足で深いところまで踏み込めません。

したがって、**会社のリーダー候補には、徹底した語学のスパルタ教育を課すべきです。**徹底的に現地に溶け込み、深い人脈を築けるだけの語学力を必須にすべきです。英語で言うと、TOEIC800点など問題外です。スピーキングやライティングがない通常のTOEICのスコアはほとんど参考になりません。

その意味でも、**サムスンの地域専門家制度はヒントの宝庫です。**

サムスンは1990年から地域専門家制度をスタートさせ、すでに世界中でのべ4500名の専門家を育成しています。派遣国は、欧米、アジア、アフリカ、中東までさまざまです。社員は、希望する国や地域で1年間、業務から完全に離れて滞在。自分で一から活動計画を立て、生活基盤をつくり、現地の文化やビジネスを学んでいきます。一部の日本企業のように、海外支社で日本人同士つるんで、日本語を中心に過ごせるような環境とはまったく違います。サムスンは、こうして培ったノウハウ、人脈を使って、現地に合ったビジネスを展開して、日本企業を出し抜いているのです。

韓国企業にできて、同じことが日本企業にできないわけがありません。サッカーの有力

新任CEOのグローバル経験

西欧	53%
その他先進国	47%
その他新興国	38%
世界平均	33%
米国／カナダ	24%
日本	17%
中国	0%

注）本社と異なる地域での職務経験あり
出所）プライスウォーターハウスクーパース・ストラテジー

選手が海外組としてチャレンジするように、ビジネスパーソンもどんどん海外に飛び出していくべきなのです。

サッカーの場合、海外に行くメリットが多くあります。技術を磨けますし、活躍すれば日本代表に選ばれやすくなりますし、報酬もJリーグ以上に稼げます。インセンティブがあるのです。

それと同じように日本企業でも、海外経験があったほうが出世に有利になる、社長には海外経験が必須といったルールや文化があってもいいかもしれません。

事実、これだけグローバル化の必要性を叫ばれながら、今の日本の社長は世界平均と比べてもグローバル経験に乏しいままです。

上の表は、各国の新任CEOのうち、何％に本社所属国と異なる地域での勤務経験があるかを示したものですが、日本は世界平均の33％を大きく下回る17％となっています。**経営者から若手まで、ビジネス界の〝海外組〟育成が焦眉の急なのです。**

さらば。老人経営者

ここまで何度も、とにもかくにも移動が大事だと述べてきました。ただ、レンタル移籍、海外組などでいくら社員が活性化しても、経営者がダメなら会社は伸びません。経営者の判断ひとつで、会社の命運が決まります。**決め手となるのは、経営者の移動、つまりは新陳代謝です。**

ある著名経営者が非公式の場でこう嘆いていたのがとても印象に残っています。

「日本の経営者の最大の問題は、高齢化からくる幼稚化とボケ。立派な大企業でも、自分の言ったことを忘れてしまったり、すぐにキレてしまったりする経営者が増えている。すぐに怒るのは痴呆と関係のあるケースも多い」

日本の経営者の高齢化はデータからもあきらかです。コンサルティング会社、プライスウォーターハウスクーパース・ストラテジーの調査によると、２０１４年の新任ＣＥＯの世界の平均年齢は52歳。それに対して、日本は62歳です。世界標準より10歳も老いているのです。

日本の大企業の中でも、社長の任期が決められており、老害が続かない仕組みがあるところはまだいいのですが、有名企業でも、明確な任期がないために社長、会長が居座り続けるケースがあります。たとえば、東芝の場合、一時は、社長経験者が就く相談役が5人、その他の重役経験者が就く顧問が27人もいました。[8]

同様に、シャープでも、退任した歴代の社長がオフィスに自らの部屋を持ち、影響力を行使し続けていました。先輩経営者がにらみをきかせている環境では、よっぽど度胸のある社長でないと、前任者を否定する戦略を打ち出せません。

一時はカリスマと崇められた人でも、いつ老害に陥るかわかりません。だからこそ、ガバナンスが大切なのです。任期を決めたり、報酬委員会を定めたり、老害やカリスマの堕落を防ぐための仕組みが不可欠なのです。

公益社団法人会社役員育成機構のニコラス・ベネシュ代表理事は、相談役や顧問という肩書で会社に居続ける「幽霊役員」のポストが、日本の大企業の8割以上に存在すると指摘。「幽霊役員」に支払われる報酬の開示を企業に義務付けるべきだと提言しています。

新任CEOの平均年齢(2014)

日本	62歳
その他先進国	55歳
米国/カナダ	52歳
中国	52歳
世界平均	52歳
西欧	51歳
その他新興国	50歳

出所)プライスウォーターハウスクーパース・ストラテジー

それによって、株主に対して責任を負わない「幽霊役員」に対するプレッシャーが高まるとともに、現在の経営陣の意思決定の自由度を高められるという主張です。[9]

経営者に関する取り組みの中で、とくに重要なのが経営者候補の育成です。今の日本企業は、リーダー、経営者になることを前提に育てられた人材が乏しく、そのためのシステムも存在しません。いまだに40歳程度まで年功序列を維持しているケースが大半です。しかし、こうした横並び型の育成はもう完全に時代遅れです。

前出の冨山和彦氏は**「いい課長がいい部長になり、いい部長がいい役員になり、いい役員が常務になり専務になり、そして社長になるという出世モデルは絶対に捨てないといけない。トップリーダーを選ぶ**

新任CEOの内部昇格の割合(2014)

日本	92%
中国	92%
米国／カナダ	87%
世界平均	78%
その他新興国	77%
西欧	73%
その他先進国	59%

出所)プライスウォーターハウスクーパース・ストラテジー

ラインは別に考える必要がある」と語ります。

「今の時代は、トップのアサインメントがタフだから、若くないと過労死してしまう。仮に50歳ぐらいで社長にするとすれば、その10年前は40歳。40歳ぐらいで社長候補となる人材のプールを20人、30人持っていないといけない。40歳である程度顔が見えているということは、**30歳ぐらいから予備選抜が始まっていないとダメ**」

日本企業の中でも、トップリーダー育成のための制度を取り入れる企業も出てきています。たとえば、日立製作所などは若いときからトップリーダー候補を選抜して、タフなアサインメントで鍛えながら選抜していく方向に切り替えています。こうした改革を今後10年でやり遂げないかぎり日本企業に未来はないでしょう。

一時的には、ショック療法として、プロ経営者を外から呼んでくるという手もあります。今の日本企業では、新任CEOの内部昇格の割合が92％に達しており外の血が入ることは稀です。

ただし、外部からの招聘は、あくまで飛び道具として使ったほうがいいでしょう。イエ社会の文化が強く、労働者の流動性が低い日本企業では、プロ経営者はどうしても外様になってしまいます。とくに鬼門となるのが人事です。

複数の企業を渡り歩いた経験のある社長はこう本音をもらします。

「トップダウンで人事をいじりすぎると、あとで問題が起きてくる。やっぱり日本は田植えの文化であって、狩猟社会の欧米企業のように、トップダウンで人事を決めるのはなじまない。大胆な刷新は、一時的には機能しても、報われなかった人間の恨みが滞留するので、どこかで恨みが吹き出してしまう。そして、日本は職人文化なので、ハラオチするまで納得しないと仕事に取り組んでくれない。その意味でも、上から押し付けるだけでは、うまくいかない」

最近ではプロ経営者のイメージが強い米国においてすら、CEOの社内昇格が増えています。

ニグゼクティブ人材紹介会社スペンサー・スチュアートがS&P500を対象に行った調査によると、2012～2015年の間に就任した新CEOのうち77%が社内昇格です。これは、2004～2007年の67%に比べて10%もアップしています。[10]

日本企業は世界に通用するリーダーを育てられないかぎり、これから衰退し続けます。安定期であれば、リーダーが二流以下でも組織は持ちますが、変革期には、リーダー次第で組織は一変します。

日本の現場力は今も世界トップレベルです。そして、良きリーダーの下には、良きメンバーが自然と集います。

公共性とワクワク感のあるビジョンを語れるリーダー。時代を的確に読んで、大胆な投資を決断できるリーダー。明るさとチャーミングさを備え、みなを鼓舞できるリーダー。そんなリーダーの下に、強力なメンバーが揃えば、日本企業はまたたくまに復活し、イノベーションが次々と生まれるでしょう。

経済のすべては人材で決まりますが、これから日本にはどんな人材やリーダーが必要なのでしょうか、そのためにはどんな教育システムが必要なのでしょうか。次章からは、仕事と教育とリーダーという視点から、「日本3・0」の姿と課題を考えていきます。

経済の未来を考えるための10冊の本

・ピーター・ティール『ゼロ・トゥ・ワン』NHK出版
・タイラー・コーエン『大格差』NTT出版
・ジム・コリンズ『ビジョナリーカンパニー2』日経BP社
・大前研一『クオリティ国家という戦略』小学館
・リード・ホフマン、ベン・カスノーカ『スタートアップ!』日経BP社
・エリック・シュミット、ジャレッド・コーエン『第五の権力』ダイヤモンド社
・冨山和彦『なぜローカル経済から日本は甦るのか』PHP新書
・吉川洋『人口と日本経済』中公新書
・松尾豊『人工知能は人間を超えるか』角川EPUB選書
・入山章栄『世界の経営学者はいま何を考えているのか』英治出版

第4章
日本3・0と仕事

人口減少の日本では、ＡＩ、ロボット革命はむしろ追い風。ただし、大企業ではムダなホワイトカラーが淘汰されていく。グローバル、ナショナル、ローカルを問わず、大企業やスタートアップでリーダーを目指す人には、主に10通りのキャリアの選択肢がある。大事なのは、両利きであること、多動であること。それがプラスになる。

本章の10のポイント

・AIの浸透により仕事を失うのは「事務職」と「なんちゃって管理職」。
・大企業はもっと小さくなり、7つの機能に集約されていく。
・グローバルリーダー、ナショナルリーダー、ローカルリーダーという3つの生き方。
・これから日本社会でリーダーになる人には、10通りの生き方がある。
・大企業でもイノベーションは起こせる。ただ、出世との両立は難しい。
・大企業での新たな出世コースは「海外」「M&A」「新規事業」。
・スタートアップで働くなら、創業者の「能力」「ビジョン」「欲望」を見よ。
・ローカル企業でも豊かなキャリアは可能。企業選びには2つのポイントがある。
・グローバルリーダーを目指すのであれば、グローバル企業で働くのが近道。
・両利きのキャリアの時代。ひとつの分野を研ぎ澄ますとともに、多動であれ。

日本の雇用の49％がＡＩに奪われる？

２０２０年以降の仕事を考えるときに、もっとも大きなインパクトがある変化は何だと思いますか？　そう質問されたら、大半の人は「ＡＩとロボット」と答えるでしょう。

「ＡＩやロボットによって、米国の雇用の47％が消える可能性がある」

２０１３年９月、オックスフォード大学でＡＩを研究するマイケル・オズボーン准教授がそんな予測を発表して以来[1]、世界中に「ＡＩ・ロボット脅威論」が溢れています。

「雇用の未来」と題した論文で発表されたこの予測。そのエッセンスを一言で説明すれば、「他者との協調やコミュニケーション」や「抽象的な思考やアイディアの創出」が必要な仕事はこれからも残るが、「人間性」も「アイディアの創出」もいらず、ルール化、定型化できる仕事はＡＩ・ロボットに置き換えられる可能性が高いということです。

オズボーン准教授の論文は米国を対象にしたものでしたが、その後、日本に関しても野村総合研究所と組んで６０１の職業について同様の分析を行っています。[2]

その調査によると、**日本の雇用のうち49％がＡＩ・ロボットに代替される可能性が高いとの結果が出ています。この数字は、米国の47％、英国の35％をも上回る比率です。**日本の半分の仕事が失われるかもしれない、ということです。

では、具体的にどんな仕事が置き換えられるリスクが高いのでしょうか。「リスクの高い100の仕事」と「リスクの低い100の仕事」をまとめたのが次ページの表です。

まず、**「消滅リスクの低い仕事」は、医者、先生、編集者、アートディレクター、コンサルタント、バーテンダー、保育士といった、人とのコミュニケーションが必要であり、経験・アイディア・機転が求められる仕事です。**

一方、**「消滅リスクの高い仕事」としてわかりやすいのは、受付係、タクシー運転手、レジ係、データ入力係、自動車組立工といった仕事です。これらの定型化しやすい仕事は、駅の切符切りの人たちが自動改札になってお役御免となったように、徐々に減っていくでしょう。**タクシー運転手も、当分需要は高いはずですが、自動運転が導入されるにつれ、地方から次第に無人化・ロボットタクシー化が進んでいくはずです。

ただし、日本はすでに人口減少に突入しており、とくに地方では人手不足が深刻です。これらの仕事がＡＩ・ロボットに置き換えられていくことが、雇用問題になるリスクはあまり大きくありません。むしろ、ロボットやＡＩは労働力不足を補うものとして歓迎される可能性すらあります。

AIやロボットで代替される可能性が高い100の仕事

IC生産オペレーター	金属熱処理工	製粉工	バイク便配達員
一般事務員	金属プレス工	製本作業員	発電員
鋳物工	クリーニング取次店員	清涼飲料ルートセールス員	非破壊検査員
医療事務員	計器組立工	石油精製オペレーター	ビル施設管理技術者
受付係	警備員	セメント生産オペレーター	ビル清掃員
AV・通信機器組立・修理工	経理事務員	繊維製品検査工	物品購買事務員
駅務員	検収・検品係員	倉庫作業員	プラスチック製品成形工
NC研削盤工	検針員	惣菜製造工	プロセス製版オペレーター
NC旋盤工	建設作業員	測量士	ボイラーオペレーター
会計監査係員	ゴム製品成形工(タイヤ成形を除く)	宝くじ販売人	貿易事務員
加工紙製造工	こん包工	タクシー運転手	包装作業員
貸付係事務員	サッシ工	宅配便配達員	保管・管理係員
学校事務員	産業廃棄物収集運搬作業員	鍛造工	保険事務員
カメラ組立工	紙器製造工	駐車場管理人	ホテル客室係
機械木工	自動車組立工	通関士	マシニングセンター・オペレーター
寄宿舎・寮・マンション管理人	自動車塗装工	通信販売受付事務員	ミシン縫製工
CADオペレーター	出荷・発送係員	積卸作業員	めっき工
給食調理人	じんかい収集作業員	データ入力係	めん類製造工
教育・研修事務員	人事係事務員	電気通信技術者	郵便外務員
行政事務員(国)	新聞配達員	電算写植オペレーター	郵便事務員
行政事務員(県市町村)	診療情報管理士	電子計算機保守員(IT保守員)	有料道路料金収受員
銀行窓口係	水産ねり製品製造工	電子部品製造工	レジ係
金属加工・金属製品検査工	スーパー店員	電車運転士	列車清掃員
金属研磨工	生産現場事務員	道路パトロール隊員	レンタカー営業所員
金属材料製造検査工	製パン工	日用品修理ショップ店員	路線バス運転者

出所)野村総合研究所

AIやロボットで代替される可能性が低い100の仕事

アートディレクター	広告ディレクター	人類学者	ファッションデザイナー
アウトドアインストラクター	国際協力専門家	スタイリスト	フードコーディネーター
アナウンサー	コピーライター	スポーツインストラクター	舞台演出家
アロマセラピスト	作業療法士	スポーツライター	舞台美術家
犬訓練士	作詞家	声楽家	フラワーデザイナー
医療ソーシャルワーカー	作曲家	精神科医	フリーライター
インテリアコーディネーター	雑誌編集者	ソムリエ	プロデューサー
インテリアデザイナー	産業カウンセラー	大学・短期大学教員	ペンション経営者
映画カメラマン	産婦人科医	中学校教員	保育士
映画監督	歯科医師	中小企業診断士	放送記者
エコノミスト	児童厚生員	ツアーコンダクター	放送ディレクター
音楽教室講師	シナリオライター	ディスクジョッキー	報道カメラマン
学芸員	社会学研究者	ディスプレイデザイナー	法務教官
学校カウンセラー	社会教育主事	デスク	マーケティング・リサーチャー
観光バスガイド	社会福祉施設介護職員	テレビカメラマン	マンガ家
教育カウンセラー	社会福祉施設指導員	テレビタレント	ミュージシャン
クラシック演奏家	獣医師	図書編集者	メイクアップアーティスト
グラフィックデザイナー	柔道整復師	内科医	盲・ろう・養護学校教員
ケアマネージャー	ジュエリーデザイナー	日本語教師	幼稚園教員
経営コンサルタント	小学校教員	ネイル・アーティスト	理学療法士
芸能マネージャー	商業カメラマン	バーテンダー	料理研究家
ゲームクリエーター	小児科医	俳優	旅行会社カウンター係
外科医	商品開発部員	はり師・きゅう師	レコードプロデューサー
言語聴覚士	助産師	美容師	レストラン支配人
工業デザイナー	心理学研究者	評論家	録音エンジニア

出所）野村総合研究所

しかも、たとえばコンビニで自動レジが導入されて、レジ係のニーズが減ったとしても、棚の商品を入れ替えたり、レジでお弁当を温めたり、店を掃除したりする仕事は人間がやる必要があります。減る仕事がある一方、増える仕事もありますので、一気に仕事が減るとはまず思えません。

AI・ロボットで仕事が激減するといったシナリオは誇張されすぎています。

なんちゃって管理職はいらない

ただし、「AI・ロボットはおそるるに足らず」かと言えばそんなことはありません。

もっとも危機感を持つべきは、オフィスで働くホワイトカラーです。とくにインパクトが大きいのは、役所や企業で働く事務職と、肩書はあっても大した仕事はしていない〝なんちゃって管理職〟です。

事務の仕事は、定型化しやすいため、AIのもっとも得意とするところです。

銀行の窓口業務、役所の証明書の発行、税金の支払い、企業の領収書の精算、スケジュール管理、勤怠管理など、自動化しやすい作業はどんどんAIが担うようになるでしょう。

経済の章で記したように、将来のイメージは、国民の97%がオンラインで税金の支払いを行うシンガポールです。ＡＩが浸透するにつれ、銀行や役所の窓口業務、企業のバックオフィス（総務・経理・人事など）は、人員が大幅に削減されていくでしょう。

もうひとつ危機にさらされるのが〝なんちゃって管理職〟です。

今、大企業には、出世コースから外れた40～50代を「担当部長」などの肩書で管理職につけていますが、こうした中間管理職はＡＩ時代にはますます不要になります。

そもそも、ＡＩがもっとも苦手とするのは〝判断〟です。将棋やチェスといった限られたフィールドであれば人間を超える判断ができますが、仕事における判断は、先見性、論理、直感、社内政治、運などあらゆる要素が凝縮されたものです。そうしたマネジメントの判断は、当面の間、ＡＩでは難しいでしょう。

しかしながら、「なんちゃって管理職」は〝判断〟をしていません。〝調整〟を主な業務としています。こうしたＡＩとの差別化ができない管理職をスリム化できるかどうかが、今後の日本企業のコスト競争力のみならず、イノベーション創出能力を決定づけます。なぜなら、「なんちゃって管理職」は、企業にプラスがないどころか、むしろマイナスになるおそれがあるからです。

元ソニーＣＥＯの出井伸之氏は「ソニーは今の半分の人数でいい」と言います。

「日本の企業は人が多くて余っているから、若い人の邪魔をするおじいちゃんがたくさんいるんです。人が足りなくて、全員が忙しいような会社だったころは筋肉質だったけど、日本はクビを切っちゃいけないから、ぶくぶく太って血糖値が高くなる。

人が多くて余っているから、新しいこともやらなくなるし、働かない人のために余計な仕事をつくって、無駄にレイヤーが増えてしまう。人が余っているから外に頼まなくて縦社会になってしまうんです。僕はソニーは今の半分の人数でできると思う。僕はソニーで20万人の従業員を15万人に減らしただけで、さんざん叩かれましたけど[3]」

企業が社会福祉的な機能を持つ日本においては、人員削減はタブー視されますし、単純にリストラすればいいという話ではありません。中間管理職の中核をなす40代、50代は、住宅ローンを抱え、子どもの教育費もかかる人たちが多いはずです。

ただし、情に流されてこの世代を今のまま温存すれば、日本企業、さらには日本全体が沈みます。**リストラはしないまでも、せめて〝なんちゃって管理職〟が、若手のチャレンジを邪魔しない構造をつくらなくてはなりません。**

会社に残れるのは7つのプロだけ

究極的に、**今後の企業はどんどん人数が少なくなって、主要機能は次の7つに絞られていくでしょう。何をやっているかよくわからない〝中途半端なホワイトカラー〟はどんどん居場所を失っていくはずです。**

（1）少人数のトップマネジメント

社長と取締役など経営メンバー。**仕事内容は「決めること」と「ビジョンを示すこと」と「リーダーを発掘・育成すること」と「結果を出すこと」です。**これまでのような、過去の実績に対する名誉ポストとしてのポジションはなくなっていきます。

（2）スリム化されたバックオフィス

筋肉質なサポート集団。バックオフィスの事務処理はAIにより効率化され、最低限の人数で行う体制になります。メンバーは、資金調達などのファイナンス、人間的要素が強い広報・IR、人材採用、リーダー教育といった戦略業務が中心になります。

（3）チーム作りに長けた中間管理職

組織、チームをうまく作る上で今後も中間管理職は不可欠です。ただし、組織はよりフラット化し、レイヤーは1、2層にとどまるでしょう。**主たる仕事は、多様な人材を束ねて、モチベーションとポテンシャルを引き出して「結果を出す」ことです。**

(4)人間力あふれる営業

もっとも人間臭い領域である「営業」は、AIによって代替されにくい仕事のひとつです。対面とデジタルのコミュニケーションを組み合わせて信頼関係を築く能力、うまく製品・サービスの魅力をプレゼンする能力がよりいっそう大切になります。

(5)ストーリーを創れるマーケティング・ブランディング

商品・サービスのコモディティ化が進む中で、**競争力のカギを握るのはマーケティングです。**直感とデータによって時代のトレンドを読み、「モノ」と「コト」をうまく組み合わせてストーリーを創り、優れたブランドイメージを生み出せるかが問われます。

(6)センスと粘りのある商品・サービス開発(+製造)

創るプロ。いくら、営業力、マーケティング力があっても、肝心の製品・サービスの力が乏しければ成功は望めません。斬新な製品やサービスを生み出していくとともに、日々、製品やサービスを改善していくPDCAの能力が求められます。

(7)成長を生む「海外事業」「M&A」「新規事業」のプロ

もはやひとつの会社の中で生み出すイノベーションには限界があります。海外市場を開拓し、ローカル人材をマネジメントするプロ。いい企業を見つけ、買収し、成長させるプロ。**社内外のリソースを組み合わせて新規事業を創るプロが新たな主役になります。**

端的に言えば、**「決めるプロ」と「サポートのプロ」と「チーム作りのプロ」と「売るプロ」と「伝えるプロ」と「創るプロ」と「買うプロ」。**この7つのプロが会社の主役となり、企業をリードしていきます。この7つの領域のリーダーの力と、その戦略を実現する「現場の力」が企業の競争力を決定づけることになります。

かつての日本企業は、みなが出世を目指し、みなが一定年齢までは平等に出世するシステムでした。しかし今後の日本企業では、分野や企業にもよりますが、リーダーを担ったり、目指したりする層は社員全体の1割以下となるはずです。

そのほかの社員は、各領域のリーダーのフォロワーとして働く形です。その中には、若手の修業中の社員もいれば、自分の専門分野で職人のように働く社員もいれば、出世は目指さずワークライフバランス重視で働く社員もいるという形です。**〝キャリア横並びの時代〟は完全に終わるのです。**

「エリート」を目指すか、「普通の人」に落ち着くか

昨今、日本で働き方の議論が盛り上がっていますが、どうも空回りしているというか、噛み合っていない印象があります。その最大の理由は「誰を対象にして、何を目的にして語っているか」がわからないからです。

たとえば、ワークライフバランスの推進は、「過労死を防ぐためにあるのか」「女性を働きやすくするためにあるのか」「プライベートで家族と充実した時間を送るためにあるのか」「ライフの時間を増やすことで刺激を得て、ワークの質を上げることにあるのか」よくわかりません。答えは複合的なのでしょうが、議論があいまいです。

たとえば、日本一、世界一を目指す人には、ワークライフバランスや家族との時間を犠

牲にしてでも、仕事に打ち込む時期が必要でしょう。そもそも今の仕事が天職で働くのが大好きな人にとって、残業禁止はある意味で拷問かもしれません。

一方、出世を目指しておらず、仕事も嫌いな人に、長時間労働を強いるのは、お互いにとって不幸です。こうしたミスマッチは、ひとえに人生のコースに多様性がないから生まれています。もうみなが同じ道を選ぶ時代は終わっています。その人生のビジョンに応じて、働き方のコースを変えなくてはいけません。

では、**「日本3・0」の時代に、どんな働き方のコースがあるのでしょうか。私は大まかに4つあると思います。**それは、グローバルリーダー型、ナショナルリーダー型、ローカルリーダー型、普通の人の4つです。それをイメージで示したのが次ページの図です。

（1）グローバルリーダー型（世界トップを狙う層）

グローバルリーダーは、本気で世界一とは言わずとも、世界トップクラスを目指すコースです。オリンピックで言うと、メダルを狙う選手や監督たち、研究者で言うと、京大の山中伸弥教授のようなノーベル賞クラスやその予備軍です。野球に当てはめると、イチローなどのメジャーリーガー、サッカーでは、欧州チャンピオンズリーグ、国の代表として

働き方4つのコース

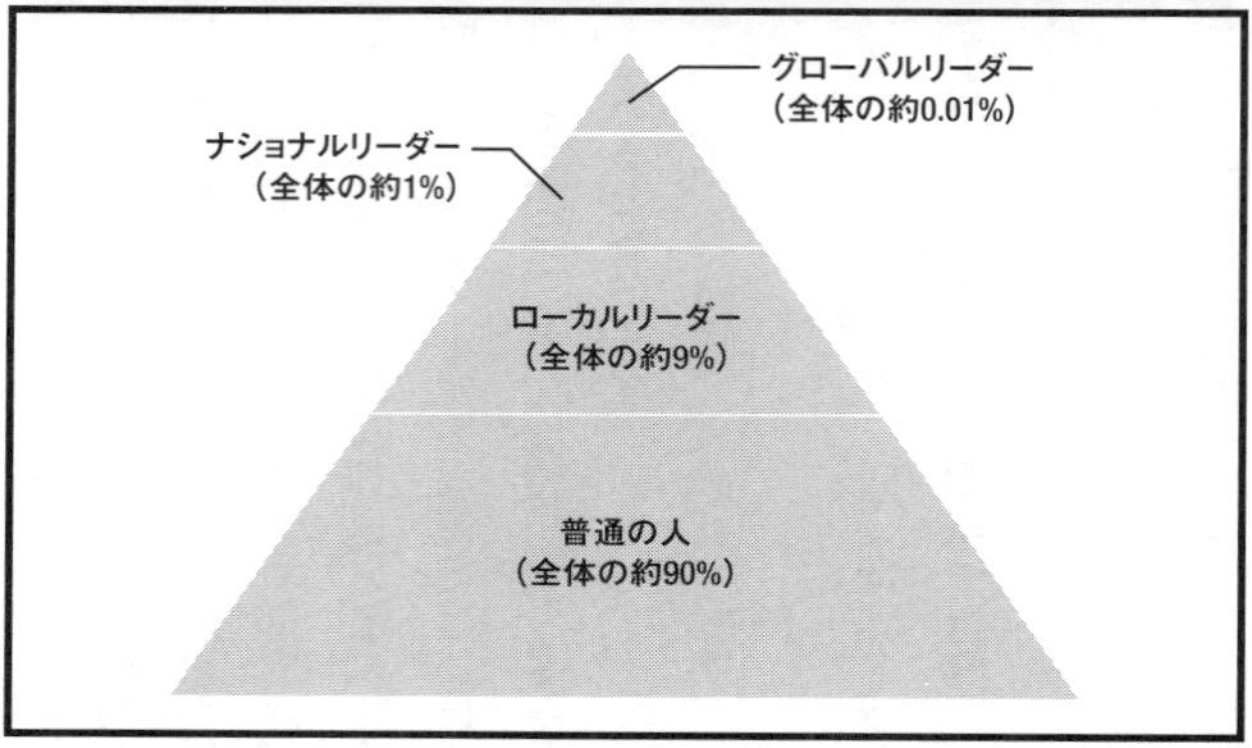

ワールドカップを目指す、本田圭佑、岡崎慎司、香川真司の領域です。

ビジネスの世界では、日本人のグローバルリーダーはほとんどいません。経営者で言えば、世界の舞台で名が知られているのは、トヨタの豊田章男社長、ソフトバンクの孫正義社長ぐらいです。故人ではソニー創業者の盛田昭夫、本田宗一郎は殿堂入りしています。

このカテゴリーを目指す日本人はこれから増えていくでしょうが、対象は人口全体のせいぜい0・01%ぐらいでしょう。日本の約6000万人の労働者のうち、せいぜい6000人という狭き門です。

言語依存度が高いフィールドの場合、専門分野でのグローバルレベルの実力だけでなく、英語もネイティブに近いレベルが求められます。グローバルリーダーには、ワークライフバランスなど無関係です。知力、体力、精神力、時の運、そして、人脈まで世界レベルが必要です。

（2）ナショナルリーダー型（日本トップを狙う層）

ナショナルリーダーは、世界の最前線で戦う力はないものの、日本ではトップレベルとして活躍する層です。スポーツで言えば、国内のプロリーグレベル。Jリーグで活躍しながら、ときに海外に遠征し、アジアチャンピオンズリーグを戦う立場です。

イメージは、日本を代表する大企業の経営者や一部の社員、スタートアップの経営者や一部の社員、グローバル企業の日本法人で働く一部の社員、その他、官僚、医者、弁護士、研究者などのプロフェッショナルたち。対象は、全人口の1％程度です。

日本のビジネス界の特徴は、ナショナルリーダーの層はかなり分厚いものの、グローバルリーダーとのギャップが大きいことです。世界第3位の経済大国であり、なまじっか国内市場が大きいため、ナショナルリーダーの立場でも満足してしまう人が少なくありません。リーダーの考え方、生き方、育て方自体がガラパゴス化しており、グローバルリーダーを目指す衝動に乏しいのです。

ただし今後は、ナショナルリーダーとして出世するためにも、グローバルレベルでの能力が必須になってくるでしょう。日本の将来は、ナショナルリーダー層の中から、どれだけの人数がグローバルリーダーにステップアップできるかにかかっています。

(3) ローカルリーダー型（地域トップを狙う層）

ローカルリーダーは、日本各地で、各分野のリーダーとして活躍する人たちです。地元の名門企業に勤める人たち、地元の商店街をリーダーとしてまとめる人たち、公務員や政治家として働く人たち、地元でNPOを立ち上げて活動する人たちなど、その裾野は広い。サッカーにたとえれば、J2、J3といったイメージです。

ナショナルリーダーをJ1、ローカルリーダーをJ2以下のカテゴリーにたとえると、ナショナルリーダーのほうがローカルリーダーよりも偉い、能力が断然上という印象を与えるかもしれませんが、そういう意図ではありません。両者の最大の違いは志向です。何のために貢献したいか。何に対して愛着を持つかです。

今後は、あえてグローバルリーダーやナショナルリーダーとしての競争を降りて、ロー

カルリーダーを目指す人も増えてくるでしょう。ローカルは地元と密着しているため、やりがいを感じやすいことに加え、人材の層が薄いため、若くとも重責を担いやすいというメリットもあります。

(4) 普通の人

国民の全員がリーダーやエリートを目指す必要はまったくありません。国の競争力、魅力、安定度合いを決めるのは、「普通の人」の力です。Jリーグにあてはめれば、「普通の人」とはチームのサポーターに当たります。サポーターがいなければ、入場料収入が集まらず、そもそもリーグが成り立ちませんし、選手は応援によって元気づけられません。

普通の人がいてこそのリーダーであり、リーダーは、普通の人の幸せのためにこそ頑張るという心意気がなくてはなりません。

世の中の9割を占めるのは、「普通の人」です。普通に真面目に働けば、家族を養って人並みの生活ができる。ワークライフバランスを充実させることができて、幸せを感じることができる。それが良い社会の条件です。

大企業での2つの生き方

ここまでいろんな定義を語ってきましたが、「漠然としていて具体的なイメージがわかない」「もっと自分のキャリアに直接役立つように嚙み砕いてほしい」という読者の方々からの声が聞こえてきそうです。

ここからは、**グローバル、ナショナル、ローカルを問わず、リーダーとして生きたい、何らかのイノベーションを起こしたいと思っている人たちの10パターンの生き方を、具体例とともに説明してみましょう。**

（1）大企業出世型
（2）大企業イノベーター
（3）スタートアップ出世型
（4）ローカル企業イノベーター
（5）プロフェッショナル
（6）ソートリーダー
（7）グローバルリーダー

(8) 起業家

(9) パブリックイノベーター

(10) 政治家

まずは、**大企業で生きる道です。**

大まかに言うと、大企業には、組織内で出世を遂げていく「**(1) 大企業出世型**」と、出世を捨ててでも、リーダー経験やイノベーションを優先する「**(2) 大企業イノベーター**」の生き方があります。

基本的に、大企業において「出世」と「イノベーション」を一致させるのは至難の業です。イノベーションを起こした結果、それが評価されて出世するケースもあるでしょうが、それは幸運な例です。むしろ、イノベーションが、売り上げインパクトが小さいなどの理由で正当に評価されなかったり、メディアに露出して周りから嫉妬されてしまったりすることもあります。そのため、イノベーティブな人ほど、大企業から脱出してしまう傾向があります。

しかし、最近はわずかながら潮目が変わってきています。日本の一部の大企業は、新たな成長事業を創るために、新規事業開発、M&A、CVC（コーポレートベンチャーキャピタル）、スタートアップとの協業などに力を入れるようになってきています。

そのひとつの証左が、大企業とスタートアップの共同プロジェクトの増加です。大企業とスタートアップの連携を仲介するクルーの伊地知天社長（1983年生まれ）は「2015年くらいから潮目が変わり、2016年にブレークした。メーカーや金融といった保守的な業界も動き始めた」と手応えを語ります。

同社が仲介するプロジェクト数は、2015年の17件から2016年には11月時点で38件と倍以上に増加。顧客には、東京メトロ、東京ガス、オリックス、あいおいニッセイ同和損保、JTB、パナソニック、富士通、セブン銀行、損保ジャパンといった有名企業がズラリと並びます。トップマネジメントが直轄する案件も増えているそうです。まだ大きな成功例は生まれていませんが、**大企業の中にも「イノベーションなくして、成長なし」という気運が確実に芽生え始めているのです。**

JTのプリンス、異例の出世

では、「大企業出世型」としてどんな事例があるのでしょうか。カギを握るのは「海外」「M&A」「新規事業」です。

一人目は、JT（日本たばこ産業）で執行役員・企画副責任者を務める筒井岳彦さん（1975年生まれ）です。37歳にして経営企画部長に就任するなど、出世街道をひた走っています。

JTと言うと、かつて国有企業だったこともあり、「古臭い日本企業」という印象を持つ人も多いかもしれません。しかし、過去20年の間に、JTは大きく変貌を遂げました。1999年のRJRナビスコ社・米国外たばこ事業買収、2007年の英国ギャラハー買収などにより、今では世界3位のグローバルなたばこ企業へと脱皮しています。

そんなJTのグローバル化と筒井さんのキャリアは連動しています。

入社直後の小田原工場勤務、本社でのたばこ製造担当を経て、2005年にジュネーブのJTインターナショナルに赴任。約60ヶ国の人間が働く環境で、ギャラハー買収のエグゼキューションや統合のマネジメントなどを担当しています。2008年からはコーポレートストラテジー担当部長として、JTインターナショナルのCEOのサポートを行う仕事を経験しました。いわば、Jリーグの若手のトップ選手が、欧州のプロリーグに移籍するようなものです。そこは日本とは異なる激烈な競争社会。筒井さんは「海外で勤務している間、年齢を意識することはなかった」と言います。

「JTインターナショナルという組織は、簡単に言えば外資系カルチャーですので、第一優先事項は成果が出せるかどうか。結果さえ出せれば、若くてもいいというカルチャーの中で7年間生きてきました。

ポイントになるのは、『変化をどうとらえるか』です。私は海外で7年間過ごす中で、変化し続けることが会社や個人の価値につながることを強く実感しました。

たとえば日本では、自分の年間目標を定めるときに、昨年の焼き直しみたいなことを書いていましたが、海外では、そんなことは許されません。似たような目標を掲げていたら、『昨年から全然成長してないじゃないか。昨年と同じことをやるんだったら、君の価値は下がってしまうぞ』と言われます。つまり、変化に対する考え方が、日本企業と外資では大きく異なるわけです[4]」

JTのような1万人を超える大企業でも、海外企業の買収を行い、その後のマネジメントまで担える日本人社員はほんのわずかです。〝海外組〟として実績を残し、会社にとってかけがえのない人材になることで、筒井さんは異例の出世を勝ち取りました。グローバル化、デジタル化などの大変化は、若手にとって大チャンスなのです。

リクルートの若手エースの快進撃

もう一人の「大企業出世型」の代表例は、リクルートで常務執行役員兼Indeed Inc. CEOを務める出木場久征さん（1975年生まれ）です。36歳の若さで執行役員に抜擢された、リクルートの若手エースです。

彼の最大の功績は、自ら探し、自ら口説き、自ら買収を担当し、自らCEOとして経営するIndeedを爆発的に成長させていることです。

米国のテキサス州に本社を置くIndeedは世界最大の求人検索サイトです。いわば、求人広告のグーグルのような存在で、現在、世界60ヶ国以上、28言語でサービスを展開しています。この会社をリクルートは2012年1月に約1000億円で買収。その後、毎年60％以上成長する快進撃を続けて、2016年3月期には売上高843億円、ユニークビジター数約2億人にまで成長しています。将来は、リクルート本体を上回る時価総額になるのではないかともささやかれているほどです。

出木場さんのすごさは、圧倒的な行動力、数字へのこだわり、そして、インターネットへの愛と人たらしの能力です。

「Indeedの創業者に初めて会った時、とにかくたどたどしい英語のうえ、僕は自分の会社の説明もできない（笑）。ただ、今まで自分がやってきたことや、インターネットに対する思いだけは、なんとか英語で話せるようになっていたんです。それで、会社の説明もすっとばして、いきなり自分の思いを話しはじめた（笑）。あとで彼らに聞いたら、これが良かった、と。

彼らには、いわゆる日本の会社というと、会社の説明をいっぱいするイメージがあった。けれど僕は、『インターネットのこういうところが好きなんだ』といったことをひたすら話したのが、印象的だったようです[5]」

もちろん、出木場さんの強さは人間力だけではありません。イノベーションを起こすために、本質に徹底的にこだわり抜きます。

「本当に大事なことは、お金を追っかけないということだと思うんです。売り上げを追っかけると、経営を間違えてしまう。向き合わなくてはいけないのは、世の中にどんな新しいイノベーションを出し続けられるかということだと思います。世の中を便利にし続けるということは、ものすごく難しい。一度、その便利にしたものが、いろんな人にどんどん広まり売れてしまうと、それで終わりになってしまいがちですから。

イノベーションを起こし続けるには、スリー・ホライズンといって、今から3年か5年後、ひいては10年後のイノベーションを考える必要がありますよね」

ベネッセの教育イノベーターの大改革

もう一人の「大企業出世型」の例が、ベネッセコーポレーションの学校カンパニーで英語・グローバル事業開発部長を務める藤井雅徳さん（1975年生まれ）です。

私の知る限り、彼ほどイントレプレナー（社内起業家）という名前にふさわしい人はいません。1999年にベネッセに入社して以来、ときに7つの新規事業を担当するなど、続けざまに新しい事業を生み出してきました。

たとえば、〝堀川の奇跡〟と呼ばれた、京都市立堀川高校の改革。2001年には6人しかいなかった国公立大学の合格者が、翌年には106人に急増、その後も100人以上（うち京大は30人以上）の合格者をコンスタントに輩出しています。飛躍の大きな後押しになったのは、生徒自身が研究テーマを設定して自主的に学ぶ「探求学習」の導入などですが、こうした改革をサポートしたのが藤井さんです。

海外トップ大学の進学を目指す「ルートH」。この専門塾を2008年に立ち上げたのも藤井さんです。中学1年生から高校3年生まで合計15名という少人数の塾ですが、次々とトップ大学合格者を輩出。２０１６年までの50名の卒業生のうち、11名がハーバード大学、９名がイェール大学に進学しています。

そんなイノベーション請負人の藤井さんが、現在取り組んでいるのが大学教育の改革です。国内外の教育の現場を知る藤井さんから見て、日本の中学校、高校のレベルは世界トップレベル。しかし、こと大学に関しては、世界から大きく後れをとっています。前出の「ルートＨ」でも、これまで海外トップ大と東大に受かった生徒12人のうち、東大を選んだ生徒はゼロ。その大きな理由のひとつが、教養教育の差です。

「海外トップ大の学生に人気があるのは、経済と哲学とコンピューターサイエンスです。この科目が三種の神器になっています。しかし、これらを東大では同時に学べるのか、そのためにどの学部にいけばいいかわからないのです」

こうした大学の現状を変えるべく、ベネッセが２０１７年3月からスタートするのが、新しい大学ランキングです。世界標準である英国のタイムズ・ハイアー・エデュケーション（ＴＨＥ）と組んで、「教育力」の評価を重視した日本版ＴＨＥランキングをスタートします。

中学校から大学まで、あらゆる教育領域でイノベーションを仕掛ける藤井さん。**彼が成功している理由のひとつは、大胆さと繊細さの絶妙のバランスです。**

教育界はとにかく保守的な世界です。信頼関係を築くには、地道に先生たちや教育関係者と会い、説明し、気持ちよく動いてもらわなければなりません。とくに、学校の事実上のトップである教頭先生の信頼を勝ち取れるかが肝心です。そんな保守的な世界で、粘り強く周りを巻き込みながら、尖ったアイディアや事業を実現しているところが藤井さんのイノベーティブなところです。

パナソニックの女性出世頭の巻き込む力

「大企業＋出世＋イノベーション」という切り口で、今後ますます存在感を高めるのが、女性です。女性を活かせない企業にイノベーションは起こせません。

女性イノベーターの筆頭格と言えるのが、パナソニックで美容家電を担当する、マーケティングのプロ、清藤美里さん（1977年生まれ）です。

清藤さんは、2000年に松下電器産業（当時）入社後、携帯電話用デバイスの営業を経て、社内公募により2004年から松下電工（当時）に転籍しています。

それ以来、ナノケアドライヤー、頭皮エステなどビューティ商品企画を担当し、ヒットを連発。異例のスピードで36歳のときに課長に昇進し、現在は、国内、海外をまたぎ、50プロジェクト以上をカバーしています。米国を除く、すべての海外市場を担当するなど、グローバルに活躍しており、2013年にはAPEC若手女性イノベーター賞を受賞しています。

清藤さんのすごいところは、**単にヒット商品を生んだだけでなく、メーカーにおけるマーケティング自体を革新したことです。**

日本のメーカーはどうしても〝技術〟ばかりを重視しがちです。たとえば、ドライヤーを開発するときも、「コードの長さ」「ワット数」など技術的な項目ばかり見てしまいます。顧客満足の視点が入ることはほとんどありません。そこで清藤さんは、従来のフォーマットを取り払って、「指触り」「手触り」といった感覚的な指標を導入しました。

さらに、顧客ターゲットの選定でも工夫を凝らしました。メーカーの宿命として、目標販売台数を達成するために、どうしても漠然としたマスをターゲットにしてしまいます。そこを清藤さんはガラッと変えました。

「30代女性といったターゲティングによって物が売れる時代ではありません。美容は価値観なので、年齢で語ることはナンセンス。ある一定のお客さんに突き刺さる商品でないと、インパクトある商品として口コミにつながりません」[6]

ナノドライヤーで設定したターゲットは、「美容オタク」。困ったときに美容法について相談したくなるような、美にこだわりのある人たち。そうしたインフルエンサーたちの心を捉える商品を創ることで、その評判が口コミで広がっていきました。ナノドライヤーの単価は、従来の商品が3000円程度であるのに対し、2万円。それでも売れに売れ、2005年の発売以来、累計の販売台数は700万台を超えています。

清藤さんはこうした尖った施策を、うまく〝社内調整〟することで巧みに実現しています。清藤さん曰く**「縦横ラインのマッチングストーリー」を創ることで、うまく周りを巻き込んでいるのです。**

「私のやりたいことはこれだと決めたときに、それを達成するために、誰に協力を仰ぐべきかを、縦（上下）と横（部署間）のラインでひもづけていく。そして、それぞれの人の立場に立って、協力してくれるとこういうメリットがありますよ、というストーリーをつくっていくのです。そこを丁寧にやれば、社内調整はそんなに大変ではありません」

そんな清藤さんが次に見据えるのは、グローバルで活躍する人材になることです。思春期をフランスで過ごした清藤さんは海外でも物怖じすることはありません。

「語学の問題もあると思いますが、日本人はまだ欧米人に対して遠慮してしまうところがあります。しかし、私にとってそんなことは『知ったこっちゃない』という感じです。自分の意見を正しく言わないと、ビジネスで同等レベルの会話もできなくなります。相手の立場を理解しながらも、自分のスタンスを表現する。それが重要です」

東宝と三越伊勢丹のイノベーター、ヒットの理由

「大企業出世型」とダブるところもありますが、組織のリーダーというよりも、個として輝くのが「大企業イノベーター」です。大企業のブランド、予算規模、人材、ネットワークなどを活かしながら、斬新なアイディアや事業を生んでいる人たちです。

このカテゴリーの筆頭格が、東宝でプロデューサーを務める川村元気さん（1979年生まれ）です。川村さんの最大のヒットは200億円を超える興行収入を記録している『君の名は。』ですが、**驚嘆すべきは川村さんの「打率の高さ」と「幅の広さ」です。**

これまで手掛けた作品は、『電車男』『デトロイト・メタル・シティ』『告白』『悪人』『モテキ』『宇宙兄弟』『おおかみこどもの雨と雪』『寄生獣』『バケモノの子』『バクマン。』

『怒り』『何者』など、そのどれもがヒット作となっています。外れがないのです。

しかも川村さんは、映画プロデューサーだけでなく、小説家としても名を馳せています。デビュー作の『世界から猫が消えたなら』は130万部のミリオンセラーになり、2作目の『億男』の発行部数も17万部を記録し、中国での映画化が決定。2016年11月に発売した恋愛小説『四月になれば彼女は』も好スタートを切っています。

そのうえ、NHK Eテレでアニメ化された『ふうせんいぬティニー』、昨年の米アカデミー賞にノミネートされた『ムーム』を手がけ、『パティシエのモンスター』という絵本まで出版しています。まさに「クリエイティブの怪物」です。

そんな川村さんを「大企業イノベーター」にカテゴライズしたのは、これほどのヒットメーカーにもかかわらず、東宝という大企業のサラリーマンであるからです。大組織のリソースを存分に活かしつつ、個としての才能を存分に発揮しているのです。

川村さんは東宝に在籍し続ける理由をこう語ります。

「よくいろいろな人から、『川村さんは映画プロデューサーなんですか、それとも小説家なんですか』と質問されるんですが、僕は『映画が実家の人間です』と答えています。なにをやっていても実家は変えられない。そこが僕の生まれ故郷であり、アイデンティティであることは間違いないんです。
映画という実家にいると、そのときに一番旬な監督や俳優、一番旬な小説家や漫画家、一番旬なミュージシャンやアートディレクター、ファッションデザイナーがどんどんやってくるんです。だから、こんなにいい場所はないと思う。時代の最先端にいるクリエイターたちと日々つばぜり合いをするなかで自分も成長できるし、いろいろなことに気付くことが多いのです」

川村さんは特別すぎて参考にならないと思う人もいるかもしれませんが、彼の生き方から「大組織と個人が幸せな関係を保つ」何らかのヒントが得られるはずです。

もう一人、大企業イノベーターとして紹介したいのが、三越伊勢丹の新規事業マネージャーとして活躍する額田純嗣さん（1979年生まれ）です。

今、百貨店は大きなターニングポイントを迎えています。長らく、婦人服のバイヤー、セールスマネージャーを務めてきた額田さんは、そうした時代の変化を現場でひしひしと感じてきました。

「今、百貨店をかっこいいと思う人が減っていて、すごく地味、人が少ないという印象を持つ人が多くなっています。そんなイメージを変え、百貨店を再定義するために今、強くアクセルを踏んでいます」[8]

もはや「モノ」だけでは売れません。今の百貨店に問われているのは、「モノ」と「コト」をつなげてストーリーを作り出すプロデュース能力です。

最先端の「モノ」と「コト」を呼び込むべく、額田さんが心がけたのは「リアルな場を持つメディア」としての百貨店の強みを活かすこと。伊勢丹新宿店という世界最大のデパート、トレンド発信の拠点をオープン化していったのです。

額田さんは、社外を巻き込んだ研究会を次々と立ち上げるとともに、日本中をとにかく歩きまくって、これはいいと思った「モノ」「コト」「ヒト」を見つけたら、自腹で通い詰めてでも口説きにいきます。そのとき大事にするのは「これは儲かる」という視点よりむしろ、「これは社会に価値を生む」という視点です。

たとえば、錦織という存続危機にある伝統工芸を紹介したり、ファクトリエというベンチャー企業がプロデュースする女性服を販売したり、イラストレーターの内藤ルネさんと組んで全フロアを巻き込んで、コラボ商品などをプロデュースしたり、各フロアにパークと呼ばれるスペースを設け、そこで多種多様な企画を仕掛けています。「伊勢丹に来れば一番面白いものが集約しているというふうにしていきたい」と額田さんは語ります。

2016年4月からは、新規事業に全身全霊取り組むため中小型店・新規担当マネージャーとして、新しい時代の店舗づくりに挑んでいます。

額田さんに見習うべきは、自らの行動力をしっかり組織やチームの利益につなげていることです。面白い情報や人脈があれば、すぐに周りにシェア。自分で囲い込むことはしません。自分の頭の中をオープン化することで、額田さんが切り開いたアイディアや人脈がみんなの共有財産になっていきます。だから、仲間がついてくるのです。

そして、上司にも丁寧に接する。セールスマネージャーを務めてきた額田さんは接客のプロです。上司をいわば顧客と思ってコミュニケーションすることで、無駄な争いを避け、個人と会社と社会の利益をうまく重ね合わせることができます。

前章で紹介したトーマツ ベンチャーサポートで事業統括本部長を務める斎藤祐馬さん(1983年生まれ)は、数々の大企業に新規事業についてコンサルしてきた経験から、**大企業でのイノベーションを成功させるコツは3つあると言います。**

「ひとつ目が、自分のビジョン、パッションを示して周りの共感を広げること。次に、その事業の可能性をロジック、数字で説明することです。そのうえで、しっかり社内政治を行い、根回しすれば、新規事業を起こすことができます」

これらの流儀を徹底すれば、大企業でもイノベーションを起こすことは可能なのです。

いいスタートアップの見分け方

ここまで大企業でのキャリアについて説明してきましたが、「若くして重責を担いたい」「根回しが苦手で、とにかく素早く動きたい」「ビジョンを持って働きたい」「一攫千金を狙いたい」という人におすすめなのが「**(3) スタートアップ出世型**」です。

もちろん、自らスタートアップを起業するのも一案です。しかし、そこまでの意志はない人も多いでしょうし、起業は向き不向きが分かれます。

たとえば、**雑務が苦手な人には起業はあまり向きません。**起業とは究極の雑務だからです。会社を立ち上げ、経営するには、人を雇い、オフィスを借りて、経理もやり、営業もやり、商品開発も行い、何でも自分で引き受けないといけません。仕事がきれいに分業されている大企業とは大違いです。究極のスーパージェネラリストになる必要があるのです。

もし**「自分はこの分野を極めたい」という方向性が決まっていて、すぐにでもインパクトがあることをやりたいという人は、ゼロから事業を立ち上げるより、有望なスタートアップに参画し、会社とともに飛躍するシナリオのほうがいいでしょう。**

日本のスタートアップにはまだまだ優秀な人材が足りません。大企業のポテンシャルのある人材は、まだ大企業流のやり方に〝去勢〟されていなければ、スタートアップでも引く手あまたです。

そんな**「スタートアップ出世型」にとって、もっとも重要な判断は「どのスタートアップに入るか」です。**

その判断のポイントはいたってシンプルです。創業者。これに尽きます。一にも二にも三にも創業者です。中でも、私がとくに重視すべきだと思うのは、**創業者の「能力」と「ビジョン」と「欲望」です。**

「能力」については言うまでもないでしょう。これは最低条件です。ただし、「能力」だけでは勝利の女神は微笑みません。実際、頭がいいことはビンビン伝わってきても、なんだか魂がこもっていない、事業に対する愛がない、この事業は儲かりそうだからやっているだけでどうしてもやりたいことではないのではないかと感じる経営者が結構います。とくに偏差値が高いエリートに多いパターンです。

「ビジョン」だけでは飯は食えませんが、やっぱり「ビジョン」は大事です。何のために起業しているのか、どう世の中を変えたいのか、どんな社会を理想としているのか。それがビジョンです。日本には、そそるビジョンを持つスタートアップはほとんどありません。だからこそ、とくに慎重に創業者のビジョンを精査すべきなのです。

最後の「欲望」ですが、これはあらゆる意味での欲望を含みます。自己承認欲求、金銭欲、名誉欲、モテたい欲などです。なぜあえて「欲望」を強調するかと言うと、多くの起業家は、案外、プチ成功で欲望が尽きてしまうからです。

上場して数億円、数十億円が懐に入り、フェラーリを買ったり、祇園や銀座で遊んだり、メディアに出て多少有名人になったぐらいで満足してしまい、事業への情熱を失ってしまう。そんな「第1のリトマス試験紙」で多くの人が脱落します。

さらに、欲望が尽きない人も、その欲の質が低ければどこかで歪みが生じ始めます。たとえば、自己承認欲求、自己愛で動くナルシスト型。コンプレックスをバネにするハングリー型。起業家は多かれ少なかれナルシストの部分があってもいいと思いますが、それだけだと、どこかでつまずきます。ナルシシズムは意思決定を微妙に歪めますし、自己愛は体からにじみ出るので、一流の人材を遠ざけてしまうのです。

自分を超えた欲望、社会のために何かを成し遂げたいという公共心があるかどうかが「第2のリトマス試験紙」となります。

この2つの試験紙をパスできる起業家は、天然記念物並みに稀有です。だからこそ、もし人生をかけてスタートアップに転職するとすれば、しっかり創業者の人となりを見極めなければならないのです。

起業家とはある意味、夢を語る天才です。投資家などに何百回もストーリーを語ってきているだけに、夢を語らせたら、右に出るものはいません。だからこそ、1回のプレゼンや印象だけで判断するのは危険なのです。

失敗するリスクを下げるためにも、過去のメディアの記事を読み、言葉と行動にずれがないか、自己愛が強くないかを調べてみるのもいいでしょう。人間は生まれからは自由になれませんので、経歴もしっかり調べるべきです。そして、面接などで直接会えたときには、少し批判的な意見も加えてみる。そこで、快く耳を傾けて誠実な答えが返ってきたならば合格です。もし、機嫌が悪くなったり、むきになり始めたりしたら、社内でも暴君となっている可能性が高いので手を引いたほうがいいでしょう。

一連のテストをパスすれば、ぜひとも思い切ってスタートアップに飛び込んでください。あとは、そこで成功できるかどうかは、あなたの実力と運次第です。

この「スタートアップ出世型」はロールモデルが一定数います。例として多いのは、日本の大企業や外資系の投資銀行やコンサルティング会社を経て、スタートアップに入社するパターンです。元起業家という人もちらほらいます。

いくつか例を挙げると、NTTデータ、リクルート、ライブドアを経て、LINEで法人ビジネス担当の上級執行役員を務める田端信太郎さん（1975年生まれ）。自ら起業した後、ヤフーに会社を売却し、現在、同社で最年少の執行役員を務める、メディアカンパニー長の宮澤弦さん（1982年生まれ）。大和証券SMBC出身で、ミクシィCFOを経て、現在、メルカリの取締役を務める小泉文明さん（1980年生まれ）。ドイツ証券を経て、グリーのCFOとなり、米国法人社長などとして活躍した青柳直樹さん（1979年生まれ）。住友商事、博報堂を経てDeNAに転職し、社長として横浜DeNAベイスターズをAクラスに導いた池田純さん（1976年生まれ）などです。

20代、30代にして要職を狙うならば、「スタートアップ出世型」は最適のコースです。とくに、大企業は性に合わないけれども、自ら起業するほど思い入れのある事業もない、という人にはおすすめです。

日本でも転職市場が成熟してくると、スタートアップの幹部から大企業の幹部へと転職するという逆流パターンも出てくるはずです。フェイスブックの日本法人副代表を経て、

ＫＤＤＩの新規ビジネス推進本部担当部長へと転身した森岡康一さん（１９７６年生まれ。現在は、ＫＤＤＩ傘下のスーパーシップ社長）のようなケースも増えてくるでしょう。

地方で1000万円を稼ぐ道

スタートアップとも似ていますが、若くして重責を担うチャンスがあるのが、「**(4)ローカル企業イノベーター**」のコースです。

日本では、人材が大企業と都市圏に集中しています。地方にも優良な企業はたくさん存在していますが、ローカル企業には人材が十分揃っていません。それだけに**ローカル企業では、若くても能力があれば出世できるチャンスがあるのです。**

ローカル経済のプロであるＩＧＰＩの冨山和彦さんはローカル企業の魅力をこう語ります。

「日本はずっと会社幕藩体制で走ってきたため、東京は実は、人材のデッドストックの塊のようになっています。なにしろ大企業が成長しなくなっていてポストが減っていますから、おそらく総合職で１００人のエリート候補を採っても、実際に役員になれるのはせいぜい1～2人です。その結果、たいていの人材が30～40代で微妙な存在になっていく。

でも、彼らはもともと、高いポテンシャルを持っているのです。**中央では市大会優勝くらいの人材ではなかなかスポットがあたりませんが、地方では十分にいい仕事ができる。東京で微妙な感じで仕事をしているより、よほど有意義なのではないでしょうか**」

報酬面でも、幹部クラスで登用されれば年収1000万円クラスも狙えます。地方は、家賃などの物価が東京より断然安いため、生活レベルは東京時代より向上するはずです。ただ、「ローカル企業イノベーター」のコースも、「スタートアップ出世型」と同様、どの企業を選ぶかが運命を分けます。

冨山さんは2つのポイントを挙げます。ひとつ目は、社長（たとえば創業者の子女）が若くて、改革意欲があること。もうひとつは、伝統ある企業の再生案件です。再生案件の場合、経営陣が大きく入れ替わりますので、リーダーとなるチャンスがあるのです。有名どころとしては、星野リゾートや日本交通などがありますが、ほかにも探せば優良なローカル企業がきっと見つかるはずです。

日本から消えたソートリーダー

「（5）プロフェッショナル」は伝統的な専門職エリートです。エンジニア、医師、弁護士、会計士、研究者、コンサルタント、記者、建築家、投資家などがこのエリアに含まれます。

この領域のプロフェッショナルは、企業や組織に所属するものの、どちらかと言うと、個人の名前で勝負するタイプの仕事です。ほとんどのプロフェッショナルは、国内を中心に活動するナショナルリーダーですが、エンジニア、科学分野の研究者、建築家、一部の投資家などは国境を越えやすく、グローバルな競争に挑んでいます。

たとえば、生命科学の分野では、京都大学の山中伸弥教授（1962年生まれ）以外にも、慶應義塾大学の岡野栄之教授（1959年生まれ）、横浜市立大学の武部貴則准教授（1986年生まれ）などの研究者がグローバルレベルで活躍しています。

建築分野でも日本人の評価は高く、「建築界のノーベル賞」とも言われるプリツカー賞の受賞者も多くいます。2010年以降に限っても、妹島和世さん（1956年生まれ）、西沢立衛さん（1966年生まれ）、伊東豊雄さん（1941年生まれ）、坂茂さん（1957年生まれ）の4人が受賞しています。

「**（6）ソートリーダー**」は、オピニオンリーダーと似た意味合いです。あえて、Thought（ソート）という枕詞にしたのは、単なる物事の解説やコメントだけではなく、新しい思想をつくり、言論により世の中を牽引し、時代精神をつくるというニュアンスを出したかったからです。

ここ最近、日本では、いわゆる論壇が衰微してしまい、ソートリーダーの層がすっかり薄くなってしまいました。専門家による重箱の隅を突いた論考や、受け狙いの極端なオピニオンはメディアに溢れていますが、大局的な潮流や日本のグランドストラテジーを語る知識人がほぼ絶滅してしまいました。

日本の論壇が、ビッグ・ピクチャーを描けていたのは、高坂正堯《こうさかまさたか》、村上泰亮、佐藤誠三郎、岡崎久彦などが活躍していた1970年代から1990年代前半まででしょう。1993年に村上が、1996年に高坂が、1999年に佐藤が他界したことにより、世界でも通用する一級の知性が日本から消えてしまいました。

現在の論壇では、佐藤優さんが圧倒的な人気を誇っていますが、それだけ佐藤さんに続く「知の怪物」がいないということでしょう。ほかに、ソートリーダーたりうるのは、思想家の東浩紀さん（1971年生まれ）、そして、賛否両論はありますが、堀江貴文さん（1972年生まれ）でしょう。堀江さんと話していると、ビジネスマンというより、思想家だと感じることがよくあります。30代以下の若手からは、まだ大きなストーリーを描けるソートリーダーはほとんど生まれていません。

新しい時代には、各領域をプレーヤーとして切り拓く「行動者」だけでなく、その時代像をソートリーダーとして描く「知識人」が不可欠です。今後は、海外経験が豊富な人材から、新たなソートリーダーが登場してくるように思います。今の日本の細分化された教育からは、なかなかソートリーダーは生まれてこないのではないでしょうか。

激烈なグローバルリーダーの競争

「**(7) グローバルリーダー**」とは、世界を舞台に、最高レベルで切磋琢磨している人材を指します。とくに経営組織のリーダーとして活躍する人が中心です。

たとえば、有名人としては伊藤穰一さん（1966年生まれ）が挙げられます。MIT（マサチューセッツ工科大学）メディア・ラボの所長であり、MITの教授であり、かつ、世界最強メディアのひとつ、ニューヨーク・タイムズの社外取締役でもあります。

もうひとり、世界を舞台に活躍しているのが、ビジネスデザイナーの濱口秀司さんです。**今世界中で引っ張りだこの「イノベーションの伝道師」**です。

松下電工時代は、日本初のイントラネットや世界初のUSBフラッシュメモリのコンセプトをつくったり、イオンドライヤーを最初につくったり、数々のイノベーションを先導。2009年には米国のデザインファームzibaに参画し、フェデックスのブランド回復プロジェクトなどを担当しました。現在は、自身の実験会社「monogoto」を米国のポートランドに立ち上げ、zibaの仕事と兼任しています。

世界中の名だたる企業に対して、イノベーション・シンキング（変革的思考法）を伝授するなど、世界のビジネス界でもっとも有名な日本人の一人と言えます。

そのほかには、グローバル企業において、日本法人の枠を超えて出世している人材もこのエリアに入ります。その一例が、GE（ゼネラル・エレクトリック）のパワーサービス事業部（中東&アフリカ）のCFOを務める、村上義人さん（1977年生まれ）です。

村上さんは、2000年に日本GEに入社。フィナンシャル・マネジメント・プログラム（FMP）と呼ばれるCFO養成コースを経験した後、早期リーダープログラムを経て、29歳で当時のGE横河メディカルシステム（現GEヘルスケア・ジャパン）のCFOに就任しています。その後、GEヘルスケア・アジアパシフィックCFOなどを経て、2016年1月より現職を務めています。このポジションにアジア人、とくに日本人が就くのは極めて異例のことです。

ＧＥにおけるＣＦＯは、ただの経理屋でも財務屋でもなく、ＣＥＯと一緒に戦略を作り推進する役割です。ファイナンスの知識だけでなく、経営センスや決断力が問われる、経営リーダーとしての仕事です。

日本では、真のグローバル化を遂げている企業はまだありません。それだけに、日本人がグローバルリーダーを目指すとしたら、幼少期から海外で教育を受け、ネイティブレベルの英語をしゃべり、グローバル企業に就職したり、海外で起業したりするのが、いちばんの近道となるでしょう。

古賀健太さん（１９９１年生まれ）はそんなイメージに近い人物です。灘高卒業後にイェール大学に進学し、コンピューターサイエンスを専攻。卒業後は、ＩＴスタートアップのパランティア・テクノロジーズなどを経て、現在は自ら立ち上げたＧＡＫＫＯのＣＥＯを務めています。同社は世界中から生徒を集めて、高校生向けのサマーキャンプＧＡＫＫＯプロジェクトを運営しています。

当然ながら、これからの時代において世界の軸のひとつは中国です。中国をベースに活躍するグローバルリーダーも増えてくるでしょう。

金田修さん（１９７４年生まれ）は、財務省を経て、マッキンゼーに入社し、当時日本支社で最年少のパートナーとなった後、２０１１年に中国でデジタルマーケティングを手がけるYo-ren Limited（游仁堂）を起業。２０１６年には、ローソンの出資を受け、同社と会員プログラムの共同開発などを進めています。

日本人としてのアイデンティティを持ちながらも、世界を股にかける「和僑」的な人材。そうしたグローバルリーダーがビジネス界でも増えてくるはずです。

これからの主役は「理系起業家」

「（8）起業家」は、日本でも次第に市民権を得つつあります。日本ではまだまだ大企業信仰が強いですが、学生の間でも優秀層を中心に起業が活発になってきました。

これまでは、ゲーム、スマホアプリなど、ネット系の〝軽いスタートアップ〟が主流でしたが、今後はより本格派のテックスタートアップが主役になっていくでしょう。たとえば経済の章で紹介した、ＡＩスタートアップのプリファードネットワークスが代表例です。テックスタートアップの梁山泊となるのは東大です。グーグルに買収されたロボット開発のシャフト、ミドリムシのユーグレナ、医薬品のペプチドリームなど、東大発ベンチャーの合計時価総額はすでに１・３兆円を超えています。

とりわけ、東大の学生数の3分の1を占める工学部から、どれだけ競争力のあるスタートアップを生めるかがポイントになります。IoT時代の到来により、ハードウエアが復権するだけに、日本のエンジニアに追い風は吹いています。

もうひとつの注目は、高齢化に関するビジネスです。みずほコーポレート銀行によると、2025年における高齢者消費市場（医療・医薬産業、介護産業、日常生活に関わる生活産業）の規模は100兆円に達する見込みです。これらの近代化が遅れている分野においてイノベーションを起こせば、1兆円規模のメガスタートアップを生むことも夢物語ではありません。

起業は起業でも、より公的な色の強い領域では、社会起業家などの「**（9）パブリックイノベーター**」からも目が離せません。**営利追求とは違った形で社会に新たな価値を生む起業家が、とくに30代以下の世代で続々と生まれています。**

一例を挙げると、ビジネスパーソンが新興国のNPOで社会課題解決にあたる「留職」プログラムを展開するクロスフィールズの小沼大地さん（1982年生まれ）、貧困層向けの「マイクロファイナンスファンド」などを手がける、Living in Peaceの慎泰俊さん（1981年生まれ）、ニートや引きこもりの自立を支援する、育て上げネット代表の工藤啓さん（1977年生まれ）、インターナショナルスクール・オブ・アジア軽井沢の代表理事を務める小林りんさん（1974年生まれ）などがいます。

パブリックセクターでは、「**(10) 政治家**」もリーダーの王道です。

「もはや政治家が国を動かす時代ではない」「政治家は何もできない」との声も強いですが、やはり国を動かすのは、政治家であり、官僚です。世界中のニュースで政治が中心になるのも、まだ政治家の影響力が健在だからです。

政治分野でもナナロク世代以降から、ニューリーダーが頭角を現してくるでしょう。自民党には小泉進次郎さん（1981年生まれ）以外にも、元財務官僚の村井英樹さん（1980年生まれ）、元NTTドコモの小林史明さん（1983年生まれ）、元リクルートの辻清人さん（1979年生まれ）など、これまでと違うタイプの政治家が生まれてきています。

地方政治の分野でも変化の芽が見えます。新風を吹き込んでいるのは、小池百合子さん（1952年生まれ）や橋下徹さん（1969年生まれ）だけではありません。三重県知事の鈴木英敬さん（1974年生まれ）、千葉市長の熊谷俊人さん（1978年生まれ）、横須賀市長の吉田雄人さん（1975年生まれ）、夕張市長の鈴木直道さん（1981年生まれ）など、若い世代も台頭しています。

政治は、2世3世が圧倒的に有利なフィールドですが、今後はとくにビジネス界から政治に参入する人材が増えてくるとより面白くなってくるでしょう。

両利きのキャリアが最強

ここまで10パターンのキャリアを紹介してきましたが、どれかひとつの道を選ぶ必要はありません。今後はむしろ「融合型」こそがもっとも有望です。

あるときは「大企業出世型」、あるときは「スタートアップ出世型」、あるときは「パブリックイノベーター」というふうに、人生のステージに応じてコースを変えるのもいいですし、「ソートリーダー兼起業家」といった形で同時に2つのコースを追うのもありです。

今後のキャリアを考える上でのキーワードは「両利きのキャリア」です。専門、価値観、人脈などをひとつの領域に限定せず、2つ以上持つことが強みになります。その2つが相互補完的であれば、なおさらプラスです。

企業がイノベーションを起こすために大事な概念として、「両利きの経営」という考え方があります。詳細はぜひ早稲田大学ビジネススクールの入山章栄准教授の『世界の経営学者はいま何を考えているのか』を読んでほしいのですが、簡単に言うと、**イノベーションを起こすために、「知の探索」と「知の深化」の両方が必要だということです。**

「知の探索」とは、今の自分がいる場所から離れて、新しい知を探しにいくことです。異分野を学んだり、異分野の人と会ったりすることで、新たな化学反応を生み出すことです。

もうひとつの「知の深化」は、自分の専門、得意分野をさらに研ぎ澄ますことです。

日本はとかく職人文化が強いですので、企業も個人も「知の深化」は得意ですが、どうも「知の探索」が苦手のように感じます。

ですので、キャリアという点でも、「知の探索」を心がけて、利き腕以外の腕を鍛えることが大切になるのです。

私自身、「両利き」のメリットを日々痛感しています。ここ数年、私は「編集者」「記者」「ビジネス開拓」という3つの仕事を同時にやってきました。編集者とは、とにかく多くの人と会い、多くの情報を集め、多くのアイディアを考える仕事です。まさに「知の探索」そのものです。そして、「ビジネス開拓」というのは物書きしかやったことのない私にとって初体験であり、これもまた「知の探索」です。

一方、記者の仕事、とくに長い特集記事をつくったり、本を書いたりする仕事は、テーマを徹底的に深掘りする「知の深化」です。

ときには「3足のわらじはつらいなあ」「どれかひとつに特化すべきかな」と悩むこともありましたが、結果として、両利きならぬ三利きを試したことで、新しい発見、アイディア、学びがたくさんありました（そのせいで迷惑をかけてしまった人も多くいると思いますが……）。

「日本3・0」時代のキャリアにおいては、「多動であること」がプラスになります。 パンクするほど多くの領域に手を出すのは考えものですが、多少のキャパシティオーバーは気にせずに、とにかくフィールドを広げてみてください。「多動であること」と「ある分野に集中すること」。これを両立することこそが、「日本3・0」時代を満喫する「最高の働き方」なのです。

仕事の未来を考えるための10冊の本

- エリック・シュミット、ジョナサン・ローゼンバーグ『How Google Works』日本経済新聞出版社
- ラズロ・ボック『ワーク・ルールズ！』東洋経済新報社
- リード・ホフマン、ベン・カスノーカ、クリス・イェ『ALLIANCE』ダイヤモンド社
- エド・キャットムル、エイミー・ワラス『ピクサー流 創造するちから』ダイヤモンド社
- ダニエル・ピンク『ハイ・コンセプト』三笠書房
- 冨山和彦『有名企業からの脱出』幻冬舎
- 藤原和博『藤原和博の必ず食える1％の人になる方法』東洋経済新報社
- 岡島悦子『抜擢される人の人脈力』東洋経済新報社
- 福田和也『価値ある人生のために』飛鳥新社
- 斎藤祐馬『一生を賭ける仕事の見つけ方』ダイヤモンド社

第5章

日本3・0と教育

日本の教育は「日本2・0」時代から脱皮できていない。初等・中等教育は復活してきているが、大学は世界から完全に置いていかれている。大学教育、とくに教養教育の復活なくして、「日本3・0」時代に合った人づくりはできない。今の日本に必要なのは、ハーバード、スタンフォードなど世界最先端の教育と日本古来の教育の融合だ。

本章の10のポイント

・日本の高校までの教育は世界トップレベル。2020年の改革でさらに進化する。
・日本の教育の最大のガンは大学である。東大もついにアジアトップの座を失った。
・「日本3・0」時代の大学教育のカギは、教養教育。日米エリートの差も教養にある。
・まず学ぶべきモデルは、ハーバード、スタンフォードなどの一流大学の教育。
・教養を高めるには「知の千本ノック」が不可欠。徹底的に読み、書き、話す。
・ハーバードの最新の教養教育。3本柱は「外国語」「説明文」「8つの一般教養」。
・スタンフォードが目指すのは「T字型人間」。哲学、文学から生物学、ITまでを網羅。
・明治の志士は、西洋と東洋の智恵を兼ね備えた、ワールドクラスの教養人だった。
・西郷隆盛、大久保利通、東郷平八郎を生んだ薩摩の郷中教育にヒントがある。
・「日本3・0」の教育が目指すべきは、世界最先端の教育と、日本古来の教育の融合。

2020年の教育大改革

日本はすでに成熟国です。高度成長期の「日本2・0」の時代のように、「何でも米国に学べばいい」という時代ではありません。

食事のおいしさ、サービス業の質、安全性、公共交通の充実ぶり、ファッション、高校までの教育など、米国を凌駕している領域もたくさんあります。日本はすでに多くの分野で、米国をマネるのではなく、世界トップを狙うべきステージに達しています。

その好例が、小学校や中学校といった初等・中等教育です。テレビやメディアでは、教育界への批判がかまびすしいですが、**日本の初等・中等教育は一時期の低迷を脱し、世界トップへと返り咲いています。**それはデータからも明らかです。

PISAと呼ばれるOECD加盟国の15歳時の学力を比較した国際調査があります。主な科目は、数学的リテラシー、読解力、科学的リテラシーなどです。

日本の成績は、2003～2006年にかけて大きく落ち、「ゆとり教育」に対する批判が高まりました。しかし、その後、ゆとり教育を見直し、宿題を増やし、授業時間もアップ。その努力が実り、最新の2015年の調査では、科学的リテラシーと数学的リテラ

日本のPISAスコアの推移

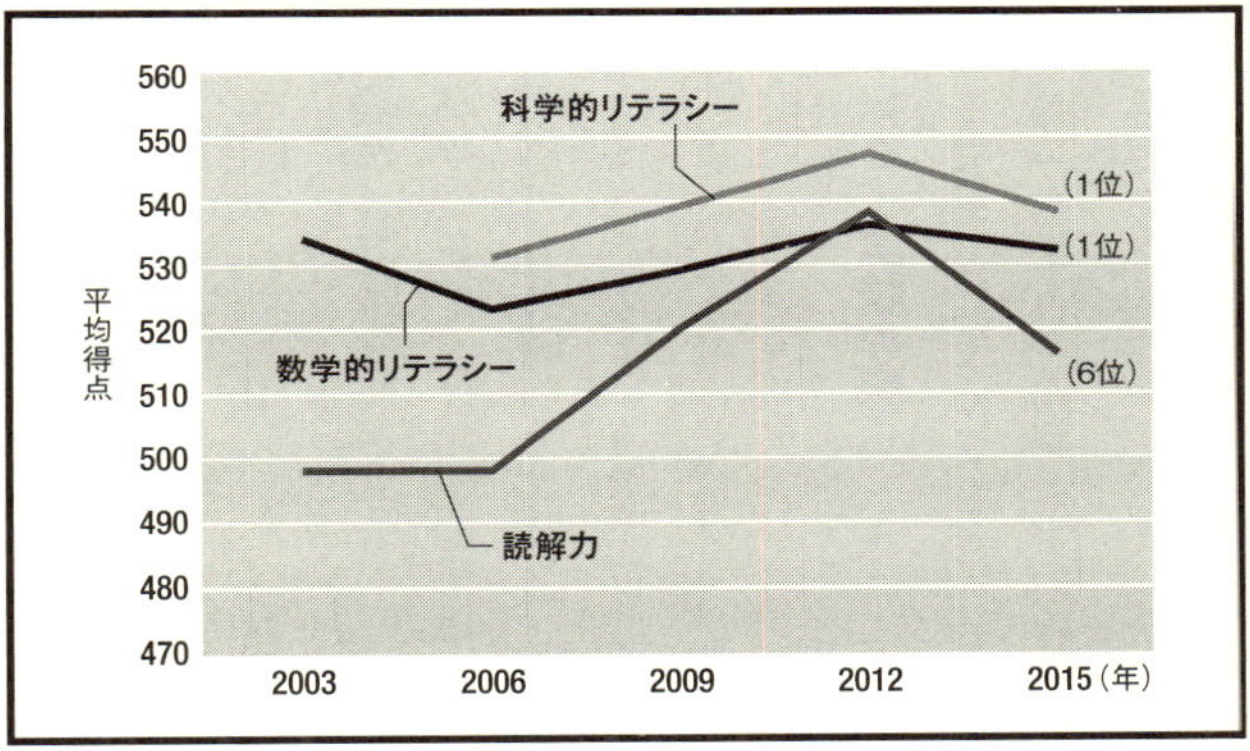

出所）文部科学省

シーは1位となっています。読解力は6位ですが、前回の2012年は1位となるなど、一時の落ち込みからは脱しています。

もちろん、このPISAのデータだけで「教育力」は測れません。ただ、そもそも授業が成り立たない、お金持ちしか高レベルの教育を受けられない、という国も多い中で、日本の現状は胸を張れます。日本は世界のフロントランナーなのです。

ベネッセコーポレーションの学校カンパニーで英語・グローバル事業開発部長を務める藤井雅徳氏は「今や日本の学力は世界一。一時期、世界の成功例として、フィンランドの教育が注目されていたが、今では、日本が世界のロールモデルになっている」

と語ります。

さらに、現状に甘んずることなく、2020年からは教育の大改革が始まります。その主なポイントは次の3つです。

(1) 英語の4技能を教科化

2020年度から、英語の授業が小学3年生から必修化され、小学5年生からは教科化。さらに、中高でも「読む」「聞く」という受け身型だった英語の授業を、「話す」「書く」も含めたコミュニケーション重視型に変える。大学入試では、TOEFL、英検、GTEC、IELTS、TEAP、ケンブリッジ英検など外部試験の活用が一段と進む。

(2) センター試験の廃止

センター試験が、2020年1月をもって終了。代わって「高等学校基礎学力テスト(仮称)」と「大学入学希望者学力評価テスト(仮称)」が始まる。前者は、高校2、3年生が対象で年に2回受験できるコンピューター受験方式のテスト。主に知識を問う。後者は、センター試験の後継テスト。思考力・判断力・表現力を重視する。記述式の問題も含まれ、英語は4技能が対象となる。こちらも複数回、受験できる。

(3) 総合型の科目

これまでの科目は「国語」「数学」「英語」など各教科にタテ割りで分かれていたが、今後は、「合教科」「科目型」「総合型」と呼ばれる、各科目を横断する総合的な試験が増える。たとえば、英語の問題の中にサイエンスの知識が必要な問いが出題されたり、社会の問題の中に数式を解く問いが出題されたりする。

これらの改革は、どれも「日本3・0」の時代に合った的確なものです。現場でうまく実施できるかはまた別問題ですが、日本の教育は正しい方向へと進化しています。すでに世界トップの初等・中等教育がさらにパワーアップしようとしているのです。

大学こそ日本のガンである

しかしその一方で、**日米の差が埋まるどころか、むしろ広がっている分野もあります。**

それが高等教育です。

世界では、米国衰退論が盛んですが、こと高等教育に限れば米国一人勝ちの様相が強まっています。

世界基準となっている英タイムズ・ハイアー・エデュケーションの最新の世界大学ランキング（次ページ）を見ると、上位50校のうち半数、上位15校のうち10校が米国の大学となっています。米国の一人勝ちと言ってもいい状況です。

世界1位こそオックスフォード大学に譲りましたが、2位にはカリフォルニア工科大学（通称カルテック）がランクイン。同校は、日本であまり有名ではありませんが、多くのノーベル賞受賞者を輩出している少人数制の理系エリート大学です。3位以降を見ても、スタンフォード、マサチューセッツ工科大学（MIT）、ハーバード、プリンストンなどの米国の名門大学が上位を席巻しています。

ひるがえって、世界50位以内にランクインする日本の大学は東大しかありません。しかも今年**東大は、長らく守ってきた「アジアNo.1」の座から落ちました。**アジアトップをシンガポール国立大学に奪われただけでなく、一気にアジア7位にまで落ちてしまったのです。

それでも東大は、世界の舞台で戦えているだけマシなほうです。**日本で私学の雄と言わ**

世界大学　トップ50（2016～2017年）

順位	大学名	国
1	オックスフォード大学	英国
2	カリフォルニア工科大学	米国
2	スタンフォード大学	米国
4	ケンブリッジ大学	英国
5	マサチューセッツ工科大学	米国
6	ハーバード大学	米国
7	プリンストン大学	米国
8	インペリアル・カレッジ・ロンドン	英国
9	スイス連邦工科大学　チューリッヒ校	スイス
10	カリフォルニア大学　バークレー校	米国
10	シカゴ大学	米国
12	イェール大学	米国
13	ペンシルベニア大学	米国
14	カリフォルニア大学　ロサンゼルス校	米国
15	ユニバーシティ・カレッジ・ロンドン	英国
16	コロンビア大学	米国
17	ジョンズ・ホプキンス大学	米国
18	デューク大学	米国
19	コーネル大学	米国
20	ノースウェスタン大学	米国
21	ミシガン大学	米国
22	トロント大学	カナダ
23	カーネギー・メロン大学	米国
24	シンガポール国立大学	シンガポール
25	ロンドン・スクール・オブ・エコノミクス	英国
25	ワシントン大学	米国
27	エディンバラ大学	英国
28	カロリンスカ研究所	スウェーデン
29	北京大学	中国
30	スイス連邦工科大学　ローザンヌ校	スイス
30	ルートヴィヒ・マクシミリアン大学　ミュンヘン	ドイツ
32	ニューヨーク大学	米国
33	ジョージア工科大学	米国
33	メルボルン大学	オーストラリア
35	清華大学	中国
36	ブリティッシュ・コロンビア大学	カナダ
36	イリノイ大学　アーバナ・シャンペーン校	米国
36	キングス・カレッジ・ロンドン	英国
39	東京大学	日本
40	ルーヴェン・カトリック大学	ベルギー
41	カリフォルニア大学　サンディエゴ校	米国
42	マギル大学	カナダ
43	ハイデルベルグ大学	ドイツ
43	香港大学	中国
45	ウィスコンシン大学　マディソン校	米国
46	ミュンヘン工科大学	ドイツ
47	オーストラリア国立大学	オーストラリア
48	カリフォルニア大学　サンタバーバラ校	米国
49	香港科技大学	中国
50	テキサス大学　オースティン校	米国

出所）TIMES HIGHER EDUCATION

アジア大学　トップ50（2015〜2016年）

順位	大学名	国
1	シンガポール国立大学（NUS）	シンガポール
2	南洋理工大学	シンガポール
2	北京大学	中国
4	香港大学	香港
5	清華大学	中国
6	香港科技大学	香港
7	東京大学	日本
8	浦項工科大学校（POSTECH）	韓国
9	ソウル大学	韓国
10	韓国科学技術院（KAIST）	韓国
11	京都大学	日本
12	成均館大学校（SKKU）	韓国
13	香港中文大学	香港
14	中国科学技術大学	中国
15	国立台湾大学	台湾
16	香港城市大学	香港
17	ヘブライ大学	イスラエル
17	高麗大学校	韓国
19	復旦大学	中国
20	テルアビブ大学	イスラエル
21	コチ大学	トルコ
22	香港理工大学	香港
23	東北大学	日本
24	東京工業大学	日本
25	浙江大学	中国

順位	大学名	国
26	キング・アブドゥルアズィーズ大学	サウジアラビア
27	インド理科大学院	インド
28	国立台湾科技大学	台湾
29	南京大学	中国
30	大阪大学	日本
31	国立交通大学	台湾
32	光州科学技術院	韓国
32	上海交通大学	中国
34	名古屋大学	日本
35	国立清華大学	台湾
36	イスラエル工科大学	イスラエル
37	延世大学校	韓国
38	Sabanci大学	トルコ
39	漢陽大学校	韓国
40	中山大学	中国
41	国立成功大学	台湾
42	慶熙大学校	韓国
43	IIT Bombay	インド
44	香港浸会大学	香港
45	ビルケント大学	トルコ
46	中国医薬大学	台湾
46	筑波大学	日本
48	九州大学	日本
49	北海道大学	日本
50	マカオ大学	マカオ

出所）TIMES HIGHER EDUCATION

れる慶應、早稲田に至っては世界の300位以内にすら入っていません。

ちなみに、かつて私がスタンフォード大学大学院に留学していた際に、「私の出身校は慶應だ」と自己紹介したとき、その存在を知っていたのは、韓国からの留学生だけでした。そのほかの国からの留学生で、慶應を知っている人にはほとんど会ったことはありません。残念ながら、「慶應はローカルブランド」というのが世界の現実なのです。

私自身、日本には改革が必要なガラパゴス産業が3つあると思っていますが、大学はその筆頭です（ほかの2つは、メディアと医療です）。

日本の大学の問題点を挙げればキリがありません。

「質の低い授業」「教授陣の教える力の低さ」「教授の雑務の多さ」「学生の意欲のなさ」「教授と学生の国際性の乏しさ」「理系・文系に分断されたカリキュラム」「デジタル化の遅れ」「補助金頼みの経営」「寄付の少なさ」「産業界との連携の乏しさ」「教授間の競争の乏しさ（シニア世代の終身雇用）」「若い世代のポストの少なさと不安定な雇用」「大学職員の保守性」などなど、枚挙に遑《いとま》がありません。

初等・中等・高等教育の改革をすべて経験してきた、前出のベネッセの藤井氏もこう語ります。

「いちばん変えないといけないのは大学教育。大学が質の高い教育をできていないので、結果として大学を出たタイミングで人材が劣化してしまっている。それを企業が研修して、現場で鍛えて、どうにか戦力にしているのが今の構造。大学を変えない限りは何も変わらない」

高等教育においては、日本は世界を目指すどころか、まずは米国、欧州、アジアのライバルから謙虚に学ぶ立場にあります。日本の大学はまだキャッチアップの段階なのです。言うなれば、今の大学は日本サッカーが置かれた状況と似ています。日本はアジアに先んじてプロリーグを発足し、W杯でも実績を多少は出し始めたものの、近頃はチームの成長率が低下し、アジアのライバルにも抜かれつつある。そんな状態です。

では、世界から、とくにトップの米国から何を学ぶべきなのでしょうか？

いちばん学ぶべきは、経営です。**大学の力は、最終的には「歴史」と「財力（お金）」で決まります。**このうち、日本の大学には「歴史」はありますが、「お金」がありません。東大の第28代総長（2005～2009年）であり、現在、三菱総合研究所理事長を務める小宮山宏氏は、お金の重要性についてこう語ります。

「個々人の研究は、お金があれば良い研究ができるとは限りません。ですが全体としてみるとお金の投入量が大学の成果を決めるという側面は間違いなくある。やっぱり、最後はお金なのですよ」

お金があれば、世界中からいい教授や学生を引っ張ることができますし、設備を充実させることもできます。すると、大学の名声が高まり、さらに良質な教授や学生が集まり、寄付も増えるといういいサイクルが回ります。

この好循環を生み出すのが経営の役割ですが、**日本の大学（とくに国立大学）は、長らく国からの補助金に頼ってきたため、経営のプロがいません。**そのため、東大など日本のトップ大学は、20年前まで同じ土俵で戦えていた米国のトップ大学に大きな差をつけられてしまったのです。

とりわけ、差が大きいのが、寄付の金額、寄付を運用するスキル、産業界との連携です。ハーバード大学の2015年度の収入45・2億ドルのうち、半分が寄付や投資収益によるものです。それに対し、東大の2016年度の収入2607億円のうち、半分が補助金です。寄付金は100億円にも達しません。寄付金と寄付基金の運用で2000億円以上を捻出するハーバードとは20倍以上の差があります。これでは勝負になりません。だからこそ、経営改革が何より重要なのです。

そして**教育面で米国に学ぶべきは、教養教育です。この分野の強化なくして、高等教育を「日本3・0」へとアップデートすることはできません。**

日米エリートの差は教養にあり

私がかくも教養に拘るのには理由があります。それは、2007年から2年間、スタンフォード大学大学院に留学した際に、自らの教養の欠如を痛感させられたからです。

留学生活は、「なんと私は馬鹿なのか」ということを嫌というほど思い知らされる日々でした。ここまで劣等生としてのコンプレックスを植え付けられたのは、宿題をやっていなくて、しょっちゅう正座させられていた、暗黒の高校時代以来です。

留学経験のある日本人の多くは、「なぜ米国人学生のペースについていけないのか」について一度は考えたことがあるはずです。そして、大抵の人は「英語ができないからだ」という結論に至ります。私もそうでした。英語に慣れさえすれば、知識でも議論でも彼らに負けないはずだと思っていました。ところが、どうも事情が違う。英語に多少慣れた後でも、なかなか追いつけませんでした。

そこで次に、「専門知識がないからではないか」と考え、専門書を読みあさり、専門知識を詰め込みました。すると、授業を理解できるようになり、それらしいレポートも書けるようになって、良い成績をとれるようになりました。

でも、何かが違う。何かが足りない。これほど必死に勉強してもなぜこの程度なのか。その疑問を、留学から帰ってきてからもずっと考え続けて私がたどり着いた答え――それは、若い頃、とくに大学時代に積み上げてきた「教養の量と質」の差です。英語や専門知識うんぬんの前に、教養において雲泥の差があったのです。

私は、日本の大学生としては比較的勉強したほうだと思います。授業をよくサボっていたので大学の成績はボロボロでしたが、暇があれば本を読みあさっていましたし、会計、経済学、英語といったスキルアップに余念のない学生でした。いわゆる意識高い系です。

しかし、**米国で、同年代の学生と机を並べているうちに、自分の積み重ねてきたものが急に陳腐に見え始めました。自分の教養のなさが猛烈に恥ずかしくなったのです。**

というのも、米国製エリートなら誰もが知っていることを知らないばかりか、基本中の基本である教養書すら読んだことがなかったからです。プラトン、アリストテレスなどの哲学書やルソー、ロックなどの政治思想書を読んだこともなければ、シェークスピア、ドストエフスキーなどの文学も読んだことがない。

かといって、日本人らしい教養、たとえば、『古今和歌集』や『枕草子』や『源氏物語』に通暁しているわけでも、谷崎潤一郎、三島由紀夫を愛読しているわけでも、茶道、書道、歌舞伎といった伝統文化に造詣が深いわけでもない。自分が教養の欠片《かけら》もない人間だという現実を見せつけられました。和の教養も西洋の教養もない私とは何者なのかという、アイデンティティクライシスに陥ったのです。

私は受験エリートにはほど遠い人間ですが、日本の教育制度が生んだ製品のひとつです。その意味で、私の経験した挫折は、私だけに特有のものではないはずです。

日本の受験勉強を中心にしたシステムは、物知りな「クイズ王」を生むことはできます。ただし、古典や芸術に親しんだ「教養人」を生むことはできません。日本には頭がいい人はたくさんいますが、教養人はほぼ皆無です。

教養とは、単に知識が豊富なことでも、IQが高いことでも、論理的思考能力が高いことでもありません。それは、思考法、倫理、芸術的センス、学ぶことへの姿勢、好奇心などを包括した「知の総体」とでも言うべきものです。知の基礎体力とも言えます。

一方、米国には、勉強秀才を超え、本物の知を体得した「知の怪物」がいます。**米国製エリートは、若い頃から古典を山ほど読み、山ほど文章を書き、山ほど議論を重ねること**

で、**知力を鍛え抜いています。それこそが日本製エリートとの違いです。**

第3章で私は「日本の起業家にはビジョンがない、もしくは、ビジョンが弱い」と指摘しましたが、その根本にあるのも教養の差です。**世界や人間がどう成り立っているのかを、古典や歴史や最新科学を通じて学ばないかぎり、世界を変えるイノベーションを起こすことなどできません。**教養がないと、目の前の小さいカイゼンで事業が終わってしまうのです。自己承認欲求を満たすことや、コンプレックスを克服することばかりにとらわれてしまうのです。

米国こそ教養教育のメッカ

教養教育というと、おそらく、英国やドイツといった欧州の国を思い浮かべる方が多いのではないかと思います。

西洋流の教養教育であるリベラル・アーツとは、ギリシア・ローマ時代からルネサンスにかけて一般教養を育むことを目的にした7学科のことです。具体的には、文法学、修辞学、論理学（弁証法）の3学と、算術、幾何学、天文学、音楽の4科を指します。

その伝統は欧州に脈々と受け継がれ、教養教育は近代において、「植民地運営のための官吏を育てる」という使命を担いました。[1] 英国は、教養教育によって、植民地をうまく統治できるエリートの育成を目指したのです。

経済学で有名なケインズは英国製エリートの代表格ですが、彼はケンブリッジ大学を卒業した後、文官試験に合格しインドに赴任しています。19世紀に古典主義が花開いたドイツにおいても、文学、哲学といった古典的教養はエリートに必須のものでした。

チャーチルは大学教育の目的について、「大学の最初の義務は、職業ではなく智恵を、専門技術ではなく品性を教え込むことである」と述べています。[2] 英国においては、エリートは、仕事に役立つノウハウではなく、人の上に立つための知恵、人間性を育むべきだという伝統が長く残っています。今でも、オックスフォード、ケンブリッジなどの名門大学では、歴史、文学などの古典的な教養を重視していますし、1対1で指導するチュートリアルを通じて、学生の考える力を鍛え上げています。

たとえば、ブレグジットで世界を騒がせた英国のデビッド・キャメロン前首相は、エリート養成校のイートン校を卒業後、オックスフォード大学でPPE（政治学、哲学、経済学）を修めています。ブレグジット賛成派として有名になったボリス・ジョンソン外務大臣（前ロンドン市長）も、イートン校を経て、オックスフォードで古典を専攻しています。

古典や哲学はエリートの必須科目なのです。

しかしながら、オックスフォード、ケンブリッジのような教育が、現代における欧州のスタンダードではありません。それはほんの一部のエリートに限られた教育です。一般的に、欧州では教養教育は高校までにやるというシステムを取っており、大学では、今の日本と同じように専門教育に軸足を置いています。

事実、今日の欧州において、リベラル・アーツを体系的に教えている大学はほとんど存在しません。最近になって、米国からリベラル・アーツ教育を逆輸入しているぐらいです。つまり、**リベラル・アーツ教育を、もっとも大規模かつ忠実に引き継いでいるのは、米国の大学なのです。**

ハーバード、プリンストン、イェールなどのアイビーリーグや、後で説明するリベラル・アーツ・カレッジでは、教養が学部教育の中核をなしています。**日本の大学では、教養課程の教授より専門課程の教授のほうが尊敬されますが、米国のエリート大学では教養課程のほうがむしろステータスが高いのです。**

一般に、米国の大学というと、実学重視の印象があります。すぐに役立つ専門的なスキルを教えてくれるというイメージです。それは、ロー・スクール、ビジネス・スクールといったプロフェッショナル・スクールにはある程度当てはまりますが、学部レベルでは、徹底的に教養を叩き込んでいます。その教養への情熱は、世界屈指です。

米国はアイビーリーグだけではない

教養教育というとき、ハーバード、イェール、プリンストンといったアイビーリーグと並び、その本場となっているのがリベラル・アーツ・カレッジです。

日本人にはあまり馴染みはないですが、全米に約280校存在し、これまでに多くのリーダーを輩出しています。USニューズによるトップ10のランキングは次ページの表のようになっています。

オバマ大統領は、ロサンゼルスのリベラル・アーツ・カレッジであるオクシデンタル・カレッジで学んでいますし（2年生の修了時にコロンビア大学に編入）、ヒラリー・クリントンも名門女子大のウェルズリー・カレッジの出身です。

リベラル・アーツ・カレッジの卒業生の多くは、大学院に進学します。そのため、名門大学の大学院には、リベラル・アーツ・カレッジの出身者がゴロゴロいます。

リベラル・アーツ・カレッジの多くは、一学年数百人の規模で、郊外にキャンパスを構

リベラル・アーツ・カレッジ全米ランキング

	大学名	州	著名な卒業生
1	ウィリアムズ	マサチューセッツ	ジョージ・スタインブレナー（元NYヤンキースのオーナー）
2	アマースト	マサチューセッツ	内村鑑三
3	ウェルズリー	マサチューセッツ	ヒラリー・クリントン（政治家）
4	ミドルベリー	バーモント	ロン・ブラウン（米国商務長官）
4	スワスモア	ペンシルベニア	ロバート・ゼーリック（前世界銀行総裁）
6	ボウディン	メイン	アルフレッド・キンゼー（性科学者）
7	カールトン	ミネソタ	マイケル・アマコスト（元駐日米国大使）
7	ポモナ	カリフォルニア	ロバート・ショウ（指揮者）
9	クレアモントマッケナ	カリフォルニア	ロビン・ウィリアムズ（俳優）
9	デビッドソン	ノースカロライナ	ウッドロー・ウィルソン（第28代米国大統領）

出所）U.S.News

えています。授業は10～30人の少人数のものが大半です。たとえば、ウェルズリー・カレッジでは、教師一人当たりの学生数は８人で、９割以上の授業が30人以下となっています。

しかも、**リベラル・アーツ・カレッジの教師は、基本的に研究活動を行わず、教えることに特化しています。教育にかけるエネルギーは、一般の大学より断然上です。**教育環境が恵まれているだけに、学費はどこも年間４万～５万ドル程度かかりますが、奨学金が充実しているため、お金持ちの家庭でなくても入学することができます。

リベラル・アーツを学んだ学生の評価は高く、ロー・スクールでは、学部時代に、数学、古典、文学といった教養系の学問を修めた学生のほうが、経済学やビジネスといった実践的な学問を専攻した学生よりも成績が良いという結果も出ています。

「専門か、教養か」「スペシャリストか、ジェネラリストか」――こうした二者択一の議論が、日本の大学、企業、社会のいたるところでなされてきましたが、これは不毛な議論です。どちらかが重要なのではなく、どちらも重要なのです。

ただ、どちらを先に育むべきかといえば、教養のほうです。**教養という肥沃な土壌があるからこそ、専門という木が育つのです。**教養という土壌がやせているのに、無理に木を育てようとしても、痩せこけた木しか育たず、ぺんぺん草ばかりになってしまいます。今の日本は、太い専門の木も肥沃な教養の土壌もどちらも育っていません。

一方、米国製エリートは20歳前後に土壌をしっかり耕しているため、専門の木がぐんぐん育っていきます。しかも、1本ではなく何本も育っています。**米国には、科学にも文学にもビジネスにも精通した、文理融合のエリートがたくさんいます。**

たとえば、ビル・ゲイツはＩＴ、経営の専門家ですが、今では、ビル＆メリンダ・ゲイツ団体を運営するフィランソロピー（慈善事業）のプロとしても知られています。同財団を通じて、教育分野、最近は原子力分野などに投資を進めています。

グーグルの会長、ＣＥＯを歴任したエリック・シュミットも文理融合の「知の怪物」です。コンピューター・サイエンスの博士であり、世界トップクラスの経営者でもあります。著書『第五の権力』では、国際政治についての深い洞察を披瀝しています。

こうした教養と専門を高レベルで融合させた〝知の怪物〟たちが、米国のイノベーションを根底から支えているのです。

読書・レポート・プレゼン、知の千本ノック

私は2011年の7月、スタンフォードの留学生活を記した『米国製エリートは本当にすごいのか？』という本を出版しました。

この本を出して、もっとも多く受けた質問は、「結局、タイトルに対するあなたの答えは何なのか？　米国製エリートはすごいのかどうか、結論を教えてほしい」というものでした。その問いに対する私の答えは、見掛け倒しのところもありますが、「80％はやっぱ

知の千本ノック

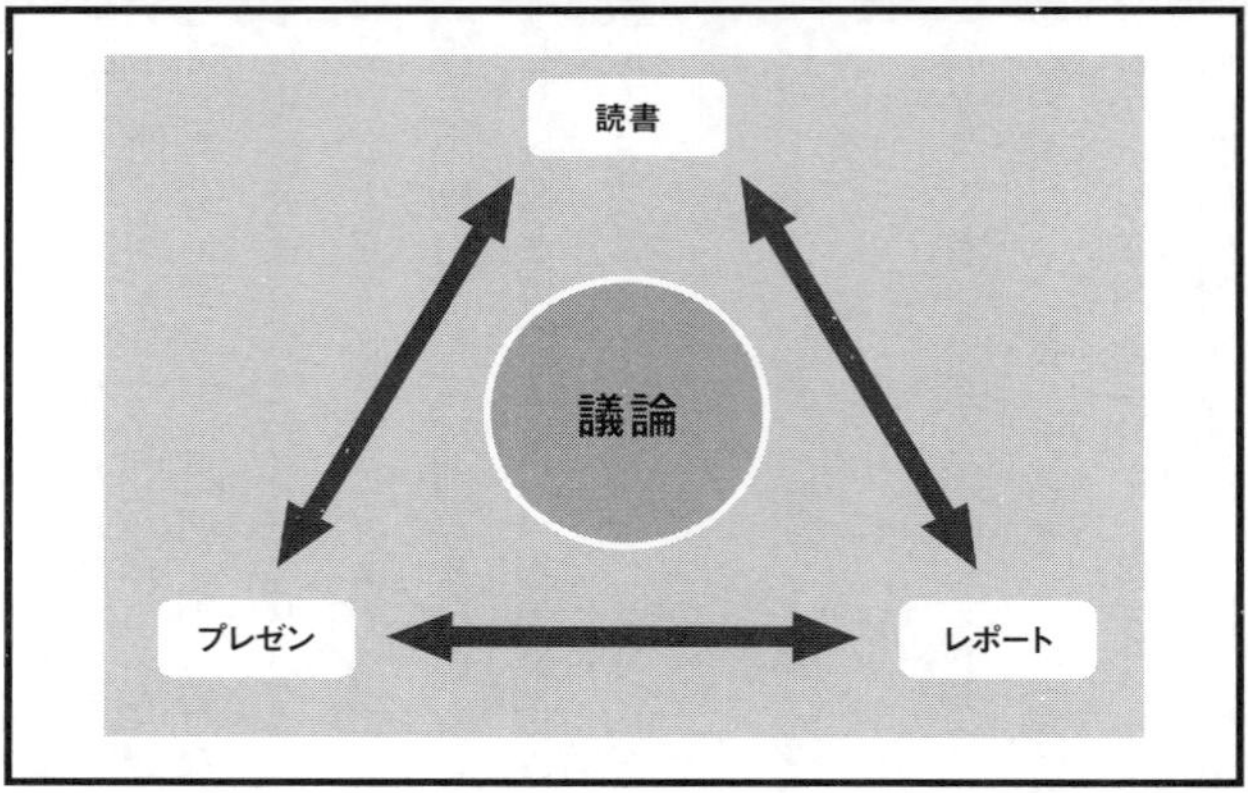

りすごい」ということです。

上位の学生だけを見れば、日米にさほど差は感じません。ただし、**学生の平均レベルという点では、米国の一流大学のほうが断然高いと思います。その差を生む最大の要因は、教養教育を通じて培われた、「知的筋力」と「自分で考える力」にあります。**

なぜ米国の学生は、日本の学生よりも「知的筋力」が発達しているのでしょうか？その秘密は〝知の千本ノック〟にあります。具体的には、圧倒的な読書量とレポート量、プレゼンテーション量のことを意味します。

私の推計によると、1冊200ページの本で換算した場合、米国の一流大学の学生は、1年間に最低120冊の本を読まされています。それに学部の4年間をかけると、480冊になります。あわせて、課題のレポート量も膨大です。授業によってもまちまちですが、すべての授業を合計すると、1年間で180ページになります。4年間で合計720ページです。同様に、プレゼンも1年間に24回、4年間で96回はやらされます。

これだけ、「読む、書く、話す」の訓練をして、先生や学生と徹底的に議論をすれば、いやでも知的筋力が発達します。この**インプット、議論、アウトプットを繰り返す知の千本ノックが、米国製エリートの知的土台となっているのです。**

さらに、米国の一流大学では、「自分の頭で考える」ことも徹底して教え込んでいます。好例が、サンデル教授の白熱教室です。彼の授業には、知識を伝えるための講義はありません。「必要な知識は、前もって渡した読書リストの本を読んで、自分で身につけてください」というスタンスです。そして、共通の知識を前提とした上で、授業ではみなで議論し、考えをぶつけ合うことに集中します。**「知識を得る」という〝守りの学び〟は自習に委ね、授業では「疑う」「考える」という〝攻めの学び〟を実践するのです。**

ひるがえって日本の場合、「知識を得る」ためのノウハウは受験で鍛えられるのですが、次の「疑う」「考える」ステップを訓練するチャンスがありません。大学教育の役割は、

〝守りの勉強〟から〝攻めの勉強〟への橋渡しを行うことなのですが、大半の日本の大学は、それを実践できていないのです。そのため、日本人の大人は学びがいつまでたっても能動的にならないのです。

大学時代に日米エリートの価値が逆転する

そもそも私は、**「知的筋力」と「自分で考える力」を育むには、3つのクセが必要だと思っています。それは、勉強グセ、読書グセ、対話グセの3つです。**

「勉強グセ」は基礎として極めて大事ですが、それだけではオリジナリティのあるものを生み出せません。知的な発想のためには、読書によって、国と時間を超え、さまざまな著者とバーチャルに語り合うプロセスが大切です。

「読書グセ」に加えて、不可欠なのが「対話グセ」です。他者と対話をしながら、新しいアイディアを生む、自分が当たり前と思っていた考えを疑う、そうした手法を体得している日本人はまだ多くはありません。この3つのクセを育むために、米国の教育は非常に効果的です。体系化された形で、「疑う力」を育むことができます。

しかし日本では、それら3つのクセを身につけるためのチャンスがありません。それゆ

日本製エリートの年齢と知力の推移

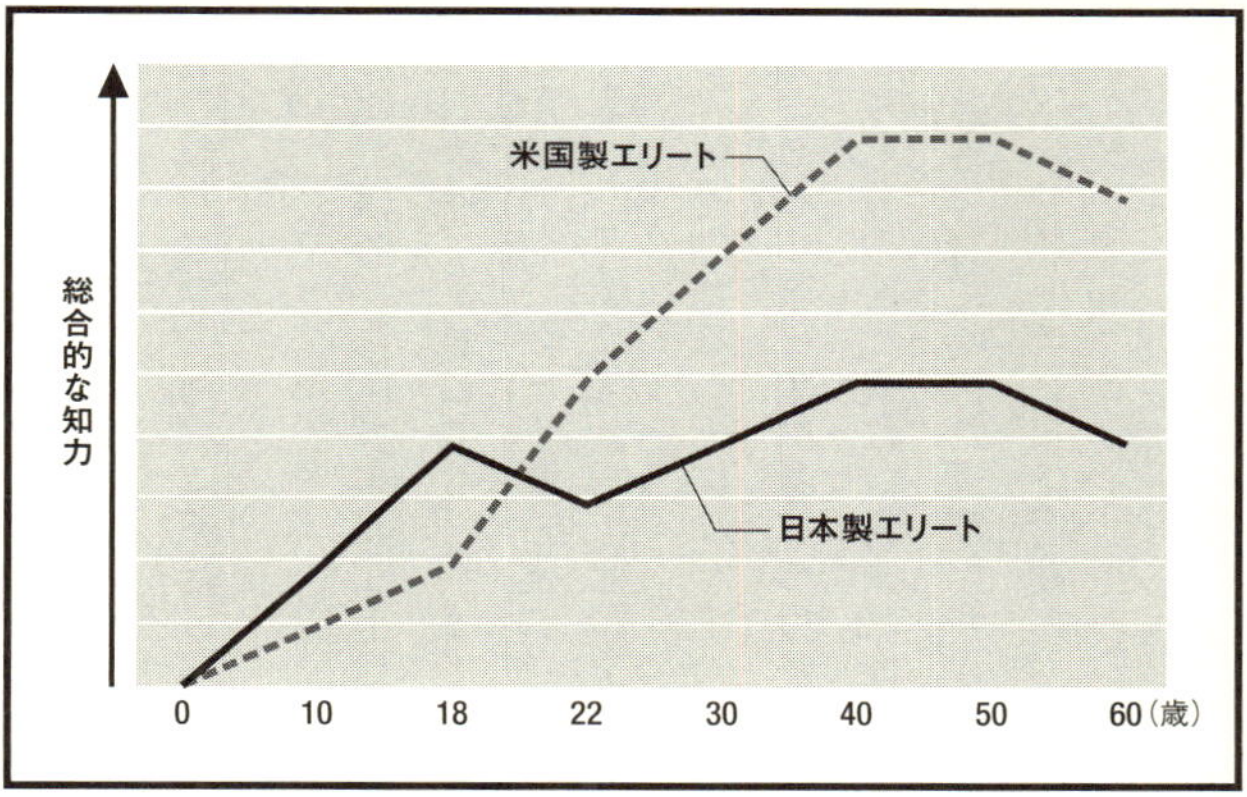

えに、**今の日本は、大人が本を読まないし、勉強もしないし、知的な対話もしない、という国になってしまっているのです。**

上のグラフは、横軸に年齢、縦軸に総合的な知力をとり、年を重ねるにつれて、日米エリートの総合的な知力がどう変化するかを示したものです（あくまで私の主観に基づくイメージです）。太線で示したのが日本製エリート、破線で示したのが米国製エリートの知力です。

日本はいわば早熟のうさぎです。18歳のときに知力の前半期のピークを迎えます。18歳時点では、日本製エリートのほうが平均値で上回っています。冒頭にも説明したように、高校までの日本の教育は、とくに理数系教育に関してはいまだに世界トップレベルです。

ところが、**日米の大学教育のクオリティに大きな差（とくに文系）があるゆえに、日米エリートの知力は学生時代に逆転します。大学の４年間で米国製エリートに追い抜かれてしまうのです。**

社会に出た後も、米国製エリートは幹部候補生として採用されれば、若いときから重責を担わされます。それに対し、日本では、大学時代の知的ブランクを取り戻すのに数年かかり、さらに昇進のスピードも遅いため、20代、30代の成長スピードがゆるやかになります。大学時代についた差は一生縮まることなく、脂の乗り切った40代、50代には、日米エリートの差は歴然たるものになってしまうのです。

つまるところ、**若い頃に身につけた習慣の差によって、日米エリートの差が生まれているのです。**もちろん、人には生まれながらの差はありますが、能力をどこまで伸ばせるかは、若いときに身につけた習慣にかかっています。

たとえばアリストテレスは習慣の力についてこう語っています。

「つとに年少のときから或る仕方に習慣づけられるか、あるいは他の仕方に習慣づけられるかということの差異は、僅少ではなくして絶大であり、むしろそれがすべてである」

二流の才能しかない人でも、一流の習慣を身につければ、一流の才能を持ちながら二流の習慣しかない人を追い越すことも可能なのです。

これは愚痴になりますが、私自身、学生時代にもっとよい習慣を身につけておけば、今になって「教養コンプレックス」に悩まされることもなかったなあ、と後悔することがよくあります。

きっと「大学は自分で学ぶところだ。何かを教えてもらおうとする姿勢自体が間違い」という反論もあるでしょう。それは正論なのですが、あまり現実的ではありません。大学院生ならともかく、これまで知識のインプットばかりしてきた18歳の学生が、自分でこれだという本や師匠を見つけ、立派に成長するというケースは稀でしょう。大学の初期には、知の世界への水先案内人が必要です。今のような、単なる自由放任は、責任放棄とほぼ同じなのです。

その点、米国の教養教育では、しっかりとしたカリキュラムが組み立てられています。「自由放任で好きに勉強しろ」ではなく、何をどう勉強すべきかの枠組みが示されたうえ、教師、TA（ティーチング・アシスタント）、先輩などのサポートも受けられます。しっかりしたシステムの中で「自分で考える」力を伸ばせるのです。

人間は何歳になっても学ぶことはできます。ただし、若いうちに学ぶに越したことはありません。10代、20代の、頭が柔らかく、吸収力のある時期にどう学ぶかによって、知へのアプローチが変わります。大学時代の初期はとくに大切です。**若いときに基礎を固め、よいクセを身につけておけば、それは一生の財産になるのです。**

それなのに、そうしたチャンスを若者に与えていない日本の大学教育の罪はあまりにも大きい。その社会的な損失たるや甚大です。

ハーバードの最先端教養教育

では、日本が当面のお手本とすべきハーバード、スタンフォードといった米国の一流大学はどのような教養教育を行っているのでしょうか。

ハーバード大、スタンフォード大ともに、伝統的に教養教育を重視してきましたが、近年、教育プログラムの大改革に踏み切っています。世の中が大きく変わる中で、時代に合った新しい教養教育を模索しているのです。こうした両校の動きに焦点を当てながら、現代において求められる教養について考えてみましょう。

まずは、ハーバード大学からです。

ハーバードは1636年に設立された米国最古の大学であり、エリート教育、教養教育の殿堂です。多くの大学にとってロールモデルとなっていますので、ハーバードがどんな教育を行うかは、全米のみならず世界中に影響を与えます。ちなみに、日本でパンキョーと呼ばれる「一般教養（ジェネラル・エデュケーション）」プログラムのひな形を作ったのは、ハーバード大学です。[3]

第2次世界大戦中に、当時のジェームズ・コナント学長は「自由社会における一般教養」というレポートを発表しました。その中でコナント学長は、人文科学・社会科学・自然科学の3分野を学ぶこと、古典を重視することなどを訴え、自由な民主社会を支えるための市民を育てることを目的とした一般教養の導入を提案しました。簡単に言うと、**一般教養とは、伝統的なリベラル・アーツ教育をより現代化し、ごく一部のエリートだけでなく、幅広く市民に教養を提供するために作られたプログラムです。**

この構想は、戦後日本の教育改革にも取り入れられました。それまで欧州型の教育を行っていた日本の大学は、戦後のGHQによる改革に伴い米国型に大きくシフトしました。大学の1、2年は一般教養課程に充てられ、いろんな科目を幅広く学ぶというスタイルが始まったのはここからです。**「パンキョー」は、米国からの輸入品なのです。**

その後もハーバードは、先頭に立って教養教育を修正してきました。1978年には学士課程のプログラムを刷新。1990年代半ばから再びカリキュラムの見直しを始め、10年程度をかけ改革案を練り上げました。そして、最新のカリキュラムが2009年から始まっています。[4]

その主たるメッセージは「**クリティカルに考えることを学び、倫理的に行動することを学び、エンゲージすることを学ぶ**」です。カタカナが多くてわかりにくいと思いますが、改革を担当したタスクフォース・チームは一般教養の目的として次の4つを挙げています。

①市民として社会に参画する準備をさせる。

現代の市民は、地域に生きる人であるとともに、コスモポリタンであり、ナショナルであるとともに、インターナショナルでもある。**地域、国、世界どの舞台においても、積極的に活動する市民になるためには、それらに変化をもたらす原動力について理解しなければならない。**そのためには、共同体やアイデンティティを形作る多様なカルチャー、政治・経済・社会の制度、そして、科学技術の進歩についての理解が欠かせない。

②伝統的な芸術、思想、価値と、現代を生きる自分とのつながりを理解させる。

異文化交流には大きな困難が伴う。学生たちは、文化的な対立において、何が問題になるのかを理解しなければならない。たとえば、自国や他国の芸術、宗教、思想の歴史を学ぶことによって、どのように各文化のアイデンティティが形成されたかを知り、自らの伝統を他の伝統との関連の中で捉えることができるようになる。**過去と現在のカルチャーの力学について知ることは、今日の世界をうまく生きるために不可欠である。**

③変化に対して批判的かつ建設的に対応できる準備をさせる。

われわれの生きる世界は不安定だ。学生は現代社会に変化をもたらす力を知る必要がある。その最たるものが科学技術であり、一般教養は、科学技術の重要なコンセプト、問題点について精通するためのひとつの手段を提供する。同様に、政治、経済、文化でも急速な変化が生じている。**今日の世界を理解するだけでは、将来の世界に対処することはできない。学生は、世界のスピードに対応できるだけのスキルを身につけなければならない。**

④自らの言動を倫理的な側面から理解するための力を育む。

リベラル・アーツとは、単に情報、スキル、技術の獲得に関するものではない。それは、それらの技能を行使することから生じる、倫理的な帰結を解する能力も含んでいる。**倫理的な意識は、自らの信念や価値観を批判的に見つめることや、時と国を超え他者の信念や価値観に自らをさらすことで高められる。**そうすることで、学生は自分を導くプリンシプルとは何かについて、自覚的かつ意識的に再確認することができるはずである。

「ものを書く」は教養の柱

具体的に、ハーバードの新しい学部教育プログラムを説明していきましょう。**学位取得のために必要になるのは、専攻、外国語、エクスポジトリー・ライティング（説明文）、一般教養の4つです。**

このうち、専攻については約50の分野があり、2年生の半ばまでにいずれかを選択します。専攻の選択肢を次ページに示しましたが、まさに〝知のデパート〟と言える豊富なバラエティです。社会科学、自然科学、人文科学まであらゆる専門がそろっています。

学生は自分の興味のある分野を2年以上かけてじっくり選ぶことができます。そして、自分は何が好きか、何に向いているかを模索することができるのです。この自由度の高さ

ハーバード大学の専攻一覧

アフリカ／アフリカン・アメリカン	音楽	電子工学
考古学	近東語・文明	工学
古典	哲学	発生再生生物学
比較文学	心理学	進化生物学
東アジア	比較宗教学	統合生物学
経済学	ロマンス語・文学	数学
英語	スラブ語・文学	機械工学
環境政策学	社会調査	分子生物学
神話学	応用数学	神経生物学
ドイツ語・ドイツ文学	天体物理学	物理学
政治学	生体工学	統計学
歴史	化学生物学・物理生物学	視覚環境学
歴史・文学	化学	社会学
歴史・科学	化学・物理	南アジア
美術史・建築史	コンピューターサイエンス	映画、ダンス、メディア
言語学	地球惑星科学	ジェンダー学

出所）ハーバード大学

が、受験時に学部が決まってしまう日本との決定的な差です。

専攻の他に義務づけられる科目としては「外国語」があります。3年生の1学期までに、ひとつの外国語について、一定の基準を超えなければなりません（留学生については、英語に堪能であれば、それで条件を満たしたことになります）。

もうひとつの必修は「エクスポジトリー・ライティング」です。これは直訳すると「説明文」となりますが、その意味するところは、前提知識のない人に対して、物事を的確かつわかりやすく伝える技術を指します。言いかえれば、どうすれば池上彰さんみたいになれるかを学ぶのです。

「説明文」の授業は10人以下の少人数制でテーマは先生によってそれぞれです。オバマ政権の政策について分析することもあれば、ダーウィンや古代ローマをテーマにすることもあり、音楽や演劇などを批評することもあります。ドキュメンタリーを見たり、曲を聴いたり、資料を読んだりして、議論するという流れで、授業では、他の学生のエッセイにコメントしたり、学生同士で添削し合ったりもします。

ハーバードでは「ものを書く」ことをこれほど重視しているのです。

ハーバード大生が学ぶ8領域

最後に、本題の「一般教養」です。一般教養では8つの領域が定められています。その分野とは、「美学と解釈」「文化と信仰」「経験的・数学的推論」「倫理的推論」「生命科学」「物理科学」「世界の社会」「世界の中の米国」です。卒業までに、それぞれの分野から授業をひとつずつ選択することが義務づけられています。

分野は、社会科学、自然科学、人文科学のすべてを網羅しています。**将来、理系、文系のいずれに進むかにかかわらず、小説や哲学といった人文科学、経済学や政治学といった社会科学、生物学や物理学といった自然科学のすべてを学ばなければならないのです。**8分野の内容について、各分野に属する授業の例とともに説明していきましょう。

①美学と解釈

批評、美学、芸術、哲学、レトリック、言語理論、知覚理論などのフレームワークを用いて、分析する方法を習得する。小説や詩を読んだり、絵画や彫刻を見たり、映画や音楽を鑑賞したりすることを通じて、多様な文化形式を解釈し、批評するためのスキルを磨く。

新しい一般教養プログラム

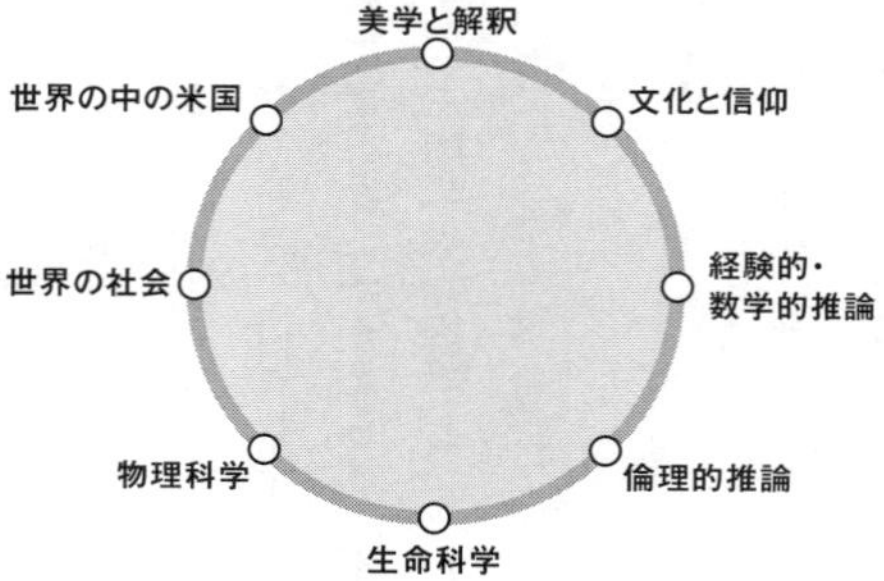

Learn to Think Critically, Act Ethically, and Engage
専攻、外国語、エクスポジトリー・ライティング、一般教養の履修が必須に

出所）ハーバード大学

授業の例：「米国の詩」「レトリックの要素」「グローバル・ポップカルチャーとしてのアニメ」「シェークスピア」

②文化と信仰

思想や芸術作品の生成を、社会、政治、宗教、経済、文化などの条件を考慮しながら分析する。宗教の原典や文学などを通じて、文化や信仰がどう個人や共同体のアイデンティティを形成しているかを学ぶとともに、身の回りの文化的な問題との関連性を導き出す。

授業の例：「ポップカルチャーと現代中国」「古代ギリシアの英雄」「旅と冒険

の文学」「アニメ、マンガ、映画の中の日本宗教」

③経験的・数学的推論

不確実な状況において、証拠を収集・評価し、それを基に推論を行い、最終的な決断を下すための能力を鍛える。統計、確率理論、数学、論理学、意思決定理論といった抽象的な原理が、どのように具体的な問題に応用できるかを実践的なケースを通じて学ぶ。

授業の例：「言語、論理、コミュニケーション」「リアルライフの統計学」「数字のアート」「確率とは何か」

④倫理的推論

モラル、政治理念、慣習などについて原理的に推論する力を磨く。自由、平等、民主主義、権利、正義などの概念・理論について学ぶとともに、それらを、医療、法律、ビジネス、政治などで直面しうる倫理的なジレンマにあてはめ、議論、熟考する力を鍛える。

授業の例：「正義」「人権」「生命倫理学」「自己、自由、存在」

⑤生命科学

医薬品、遺伝子組み換え植物、細菌兵器など、生命科学が関連する分野は数多い。また、進化論、ES細胞、クローン人間の倫理などの問題は、過去数十年、議論の的となってきた。こうした問題への理解を深めるため、生命科学の主要な概念、事象、理論を紹介する。

授業の例：「ダーウィニズムを理解する」「発達心理学」「人間の進化と肉体」「進化生物学」

⑥物理科学

物理科学の発達は、原子力の開発、地球と宇宙の起源に関する洞察、コンピューター、インターネットの発明などを可能にした。化石燃料への依存、宇宙探索、核兵器の拡散、気候変動などの数多くの社会問題の根底にある、物理科学の概念、事象、理論を学ぶ。

授業の例：「居住可能な惑星の作り方」「アインシュタインの革命」「時間」「テクノロジー・科学入門」

⑦世界の社会

米国に住む学生が、米国を国際的な視点から捉えるのは難しい。視野の狭さを克服するためには、米国とは異なる価値観、習慣、制度などを理解しなければならない。米国以外の社会の現在や過去について、社会、政治、法律、経済などの側面から研究する。

授業の例：「中国：伝統と変革」「大英帝国」「キューバ革命」「日本のサムライ革命」

⑧世界の中の米国

米国の社会的、政治的、法的、文化的、経済的な慣習や制度を、現代の視点と歴史的な視点から研究する。米国の慣習や制度と、他の社会の慣習や制度とのつながりを示すとともに、所得格差、移民、アファーマティブ・アクション（積極的差別解消策）など現実社会の問題との関連を考える。

授業の例：「米国の医療政策」「憲法について考える」「グローバル・ヒストリー」「米国の都市設計」

ここに記した8分野の知識を習得してこそ、現代の教養人たる資格がある——ハーバード大学はそう考えているわけです。**この8分野で培うことができる教養は、ハーバードや米国の学生だけに求められるものではありません。国を超えた普遍性のあるものです。**文化や国に応じて、内容には修正が必要ですが、日本やその他の国が、教養教育を考える際にも参考になるはずです。

スタンフォードは「T字型人間」を育てる

アメリカ東海岸の雄がハーバード大学だとすれば、西海岸の雄はスタンフォード大学です。ＩＴ企業が居並ぶシリコンバレーに位置するスタンフォード大学は、起業家養成のメッカとして知られています。スタンフォードでは、サイエンスとエンジニアリングがとくに盛んです。

ただし、**スタンフォードが理系に強いからといって、教養をおろそかにしているわけではありません。**実用的なスキルに偏りすぎることの弊害も認識しています。**現在のジョン・ヘネシー学長が、最優先テーマに掲げているのは、「T字型人間」の育成です。**[5] 単にひとつの専門に優れているだけでなく、幅広い分野に知見を持つ人材を育てようとしているのです。

スタンフォードが教育の理念としているのは、次の4つです。

①知識を習得すること

これは言葉のとおり、深く、広く知識を得ることです。自然科学、人文科学、社会科学の枠組みにとらわれず、知識を深めることです。「知識としての教養」に当たります。

②スキルと知的能力を磨くこと

ここでいうスキルと知的能力とは、仕事にすぐ役立つノウハウなどではなく、もっと根本的なものです。明確に書く力、精読する力、プレゼンする力、批判的に考える力、他人の意見に耳を傾ける力、歴史的に考える力、数字・データを分析する力など、知的活動の基本となる技術を指します。「考え方としての教養」と言えます。

スタンフォードで教養教育を担当する、ジョン・エチェメンディ学長補佐は「教育の効能とは、単に知識を伝えることだけではない」と強調しています。「教育のプロセスにおいて形成されていく思考の回路や性格の特性などがある。たとえば、人々がわかっていると頭から決めてかかっている事柄を、本当はどうなのかと疑ってみる考え方だ[6]」

③個人的、社会的な責任感を育むこと

いくら知識とスキルがあっても、それを正しく使えなければ、社会に多大な害を及ぼすことになります。それだけに、社会のリーダーたる人間には、個人としての強い責任感が求められます。それと同時に、多様な人が集うチームで協働する力、忍耐力、優しさ、人の気持ちになって考えられるエンパシーの能力が欠かせません。つまりは、「倫理としての教養」が重要なのです。

④アダプティブ・エデュケーション（適応教育）

アダプティブ・エデュケーションとは、新しい状況に適応しながら、つねに学び続ける

Thinking Matters

プログラムは、次の7つから構成される。
学部の1年生は、各領域から1〜2クラスを履修する。

1. 美学と解釈の探究
2. 社会調査
3. 科学的分析
4. 形式推論、数的推論
5. 多様性にエンゲージする
6. 経験的、倫理的推論
7. クリエイティブな表現

出所）スタンフォード大学

ことを指します。今の世の中では、社会で求められるスキル、能力は日々変化します。そうした時代を生き抜くには、新しい知識を貪欲に吸収し、これまでの知恵・経験と組み合わせて、日々チャレンジしていく姿勢が不可欠です。「好奇心としての教養」と言い換えることもできます。

これらの理念に基づき、スタンフォードでは、時代の変化に合わせてリベラル・アーツ教育を見直してきました。2012年からは、およそ20年ぶりに教養教育のカリキュラムを大きく変えました。

外国語、ライティングが必修である点

はこれまでと同じですが、一般教養の領域で「シンキング・マターズ（物事を考える）」という学際的なプログラムを新たに始動しました。このプログラムは次の7つから構成されています。ハーバードと重なるものが多いですが、7番目の「クリエイティブな表現」にスタンフォードらしさが表れています。

①美学と解釈の探究

美術、音楽、文学、哲学、宗教、演劇、歴史など幅広い題材を解釈し、批評する力を磨く。さまざまな国や民族のカルチャーを学ぶ。

②社会調査

社会科学の手法を用いながら、社会について批判的に考察する力を養う。主に歴史学、政治学、国際関係、経済学、考古学、社会学、宗教学などの授業を通じて、人間の行動原理や、社会的文脈と個人の行動の関係などについて調査する。

③科学的分析

自然科学的な概念や、理論やエビデンスを学ぶことを通じて、演繹法、帰納法の考え方を習得する。仮説を立て、それを実証的に検証し、データを解釈する力を磨く。2つの異なる自然科学の授業をとることが義務づけられている。

④形式推論、数的推論

形式推論と数的推論をひとつずつ履修する。形式推論（演繹的推論）は主に数学、コンピューターサイエンス、統計学、哲学の授業で学び、より帰納法的な数的推論は、工学、経済学、公共政策、プロダクト・デザインの授業などで学ぶ。

⑤多様性にエンゲージする

幅広い民族の歴史や文化などを理解する。そして、多様なバックグラウンドを持つ人間が集うことで生じる課題についても理解する。考古学、歴史学、社会学、心理学、宗教学、国際関係、フェミニスト・スタディーズなどの授業を履修する。

⑥経験的、倫理的推論

モラルや倫理に関わる問題について、異なる見方を評価し、理性的に批評する力を学ぶ。モラルに関する現実の問題に対しても批評できる力を鍛える。サンデル教授の授業のように正義について学ぶ。

⑦クリエイティブな表現

自己表現の手法を学ぶ。コンフォートゾーン（自分が心地よい領域）から抜け出し、失敗の可能性を受け入れ、クリエイティブなリスクを取る方法を学ぶ。デザイン・シンキングや、新しい疑問を思いつく力、障害を特定しクリエイティブな答えを導く力などを養成する。アート、ミュージック、クリエイティブ・ライティング、ダンス、演劇、映画、建築、プロダクト・デザインなどの授業を履修する。

説明だけではわかりにくいと思いますので、具体的な授業の内容を次ページの図表にまとめてみました。自由、デモクラシー、悪について考える授業、脳の機能を学ぶ授業、暗号解読やフィクション執筆の実技を行う授業など実に多彩です。

新しく始まった教育プログラムとは別に、スタンフォードには、１９７４年から行われ

スタンフォード大学のプログラムの例

プログラム	授業の例	内容	課題図書など
美学と解釈の探究	自由の風	スタンフォードの非公式のモットーは『自由の風が吹く』。自由とリベラル・アーツにはどんな関係があるのか。	『アンティゴネ』(ソフォクレス)、『啓蒙とは何か』(カント)、『19世紀の女性』(フラー)など
社会調査	デモクラシーの魂	デモクラシーの成功のカギは何か、問題は何か、テクノロジーはデモクラシーを推進するのか。	『ザ・フェデラリスト』(ジェームズ・マディソン他)、『資本主義、社会主義、民主主義』(ヨーゼフ・シュンペーター)、『政治の起源』(フランシス・フクヤマ)など
科学的分析	脳はどう機能するのか	脳はいかにして、人間が話し、歩き、笑い、愛し、学び、記憶し、忘れることを可能にしているのか。脳の機能をインタラクティブな講義で学ぶ。	Watson and Breedlove, *The Mind's Machine*
形式推論、数的推論	コードを破り、パターンを見つける	エニグマなど過去の暗号の歴史を学ぶとともに、実際に暗号解読にトライする。	『暗号解読』(サイモン・シン)、『暗号戦争』(デイヴィッド・カーン)、『ビューティフル・マインド』(映画)
多様性にエンゲージする	エンパシー	歴史をたどりながら、エンパシー、同情、共感について考える。VRを使う実技も。	『道徳感情論』(アダム・スミス)、『バーミンガム刑務所からの手紙』(マーティン・ルーサー・キング)、『入菩薩行論』(シャーンティデーヴァ)
経験的、倫理的推論	悪	悪とは何か？　人は生まれながらにして善なのか悪なのか？　悪にどう立ち向かうべきか？	『ファウスト』(ゲーテ)、『人間不平等起源論』(ルソー)、『文化への不満』(フロイト)
クリエイティブな表現	どこでもストーリー	ピューリッツァー賞受賞者(フィクション部門)のアダム・ジョンソンを講師に迎え、ストーリーを生み出す方法を実技で学ぶ。	

出所)スタンフォード大学

ている「ストラクチャード・リベラル・エデュケーション（構造化教養教育）」というプログラムがあります。これは一部の大学1年生を対象にしたコースです。一クラス15人の学生を同じ寮に集め、1年間、先生が住み込みで教養教育を行います。

授業は寮の中で行われ、プラトン、アリストテレス、シェークスピアなどの著書を通じて哲学、文学などを学びます。ただ、授業を一緒に受けるだけでなく、生活も一緒に送りながら、教養とは何かを友人とともに語り合っていきます。そうした経験を通じて、知識だけでなく、社会性も身につけることができるわけです。

「多くの場合、彼らは生まれて初めてルームメートと部屋をシェアしなくてはならない状況に置かれ、自分とは大きく異なる見方・考え方をする人と付き合わざるを得なくなる。社会性を身につける教育の場として、寮生活には、教室での授業とは比べものにならない重要性がある」とエチェメンディ学長補佐は指摘します。

ここまで2つのプログラムの概要を説明しましたが、最後に、課題図書の一部である50冊の書籍を紹介しましょう。これらを読破とまではいかなくても、大半を読みこなして初めて、西洋型教養人の資格を手に入れることができるのです。

スタンフォード大生が読む教養書50冊

『歴史』トゥキディデス	『旧約聖書』
『歴史』ヘロドトス	『新約聖書』
『饗宴』プラトン	『オデュッセイア』ホメロス
『ソクラテスの弁明』プラトン	『イリアス』ホメロス
『国家』プラトン	『オイディプス王』ソフォクレス
『政治学』アリストテレス	『神曲』ダンテ
『弁論家について』キケロ	『ユートピア』トーマス・モア
『君主論』マキャベリ	『ハムレット』シェークスピア
『統治二論』ロック	『リア王』シェークスピア
『リヴァイアサン』ホッブズ	『ファウスト』ゲーテ
『省察』デカルト	『エセー』モンテーニュ
『国富論』アダム・スミス	『怒りの葡萄』スタインベック
『自由論』ミル	『荒地』T・S・エリオット
『啓蒙とは何か／永遠平和のために』カント	『ドン・キホーテ』セルバンテス
『社会契約論』ルソー	『闇の奥』コンラッド
『人性論』ヒューム	『高慢と偏見』オースティン
『道徳の系譜学』ニーチェ	『フランケンシュタイン』シェリー夫人
『人口論』マルサス	『1984年』オーウェル
『ザ・フェデラリスト』ジェームズ・マディソン他	『ウォールデン』ソロー
『アメリカの民主主義』トクビル	『審判』カフカ
『大転換』カール・ポラニー	『ガリバー旅行記』スウィフト
『資本主義と自由』ミルトン・フリードマン	『タルチュフ』モリエール
『個人主義と経済秩序』ハイエク	『ゴリオ爺さん』バルザック
『雇用、利子および貨幣の一般理論』ケインズ	『異邦人』カミュ
『資本主義、社会主義、民主主義』シュンペーター	『種の起源』ダーウィン

出所）スタンフォード大学の授業のシラバスから作成

幕末の志士はワールドクラスの教養人だった

ここまで米国流のエリート教育について書き連ねてきましたが、こう思った読者の方は多いでしょう。結局、米国がどこがすごいかを述べて、それを真似しろという話か、それでは米国の亜流になるだけだろう、と。

その疑問はもっともです。教育とは、それぞれの文化や風土に根ざすものです。世界のベストプラクティスを導入すれば、うまくいくというものではありません。

私自身、西洋の古典などを読むのは面白いのですが、そればかり読み続けると疲れてきます。料理と同じように、西洋系（フランス料理など）はガツンとしたインパクトがあり、エレガントです。ただ、胃にもたれやすく、食べ続けると食傷気味になってしまいます。西洋料理が続いた後には、和食が食べたくなるように、読書でも同じことが言えます。日本人にあった和風テイストの教養プログラムが必要なのです。

重要なことは、米国の猿真似に陥るわけでも、日本の伝統に拘泥することでもなく、両者を高次で融合させていくことです。日本人にしか見つけられない教養を高レベルで身につけることです。

たとえば、ダライ・ラマは日本のあるべき教養の姿について「西洋のリベラリズムや論理的なものと、日本古来のものを両立させて、それをミックスしていくところに日本の使命があるのであって、単なる伝統回帰ではないだろう」と言っています。[7]

西洋と東洋の教養を日本流に融合する――そのヒントになるのが幕末の勤王志士たちです。勤王志士たちは、日本的教養と西洋的教養を兼備した、世界に通用するワールドクラスの教養人でした。だからこそ、奇跡とも言える明治維新を成し遂げられたのです。

理想とする日本型教養人のモデルのひとつは福澤諭吉です。彼は単なる西洋かぶれではありません。そのバックボーンには漢学の素養があります。漢学をベースに、まずは蘭学を学び、英語を学び、日本的、西洋的な教養を統合していったのです。

彼に東洋・西洋の教養がなければ、日本になかった概念をうまく翻訳することはできなかったでしょう。例えば彼は、当初、ソサエティを「人間交際」と訳しました。今では「社会」という訳語が定着しましたが、前者のほうが血が通っています。社会というと無味乾燥ですが、人間交際と訳すことで、ソサエティの持つ本意がよく日本人に伝わります。

福澤は個人としてだけでなく、学校の長としても新時代の日本人育成に挑みました。福澤というと「実学重視」というイメージが強く、すぐに役立つ知識や技能だけを教えようとした印象があります。確かに、彼は、文字、手紙の書き方、帳面の付け方（会計）、そろばんの稽古、天秤の取り扱い方など、具体的なスキルを重視しました。

その一方で、福澤は、地理学、究理学（物理学）、歴史学、経済学、修身、外国語など幅広い知識、教養を学生に学ばせました。**福澤の言う実学とはスキルと教養をうまく融合させたものだったのです。**

彼が学問の目的として掲げたのは、「物事の道理」をわきまえることでした。

福澤は、世界の発展段階を「野蛮」「半開」「文明」の3ステップで考えました。そして日本は、「事物の理」が問われず、妬みや習慣が支配する「半開」の社会から、智力が全権を掌握する「文明」の社会へと移らないといけないと主張しました。そのために、国民は猛勉強する必要がある。それを説いたのが、『学問のすゝめ』だったのです。

福澤は、一人の英雄による改革論を否定し、歴史の変化の遠因となるのは、「一国人民」の気風であり、「智力の差」であると説きました。そして、いったん改革や矯正に成功しても、気風に基づいていない限り、時の経過とともに元に戻ってしまうとクギを刺しています。外科手術によってガンを摘出したとしても、体質や生活習慣を変えない限りガンが再発する可能性が高いのと同じです。

では現代の日本人は、福澤が目指した、文明社会への移行を成し遂げられたのでしょうか？

物質面、技術面ではイエスと言えるでしょう。ただ、智という点では、未だに日本は半開ではないでしょうか。嫉妬を超え、事物の理を追究する。その姿勢をまだ日本人は体得できていません。

むしろ、嫉妬の感情が昔よりも高まっているようにさえ感じられます（ネットにより嫉妬がより視覚化されやすくなった面もあります）。嫉妬とは教養、知ともっとも縁遠い感情であり、醜いものです。人生とは嫉妬との闘いと言っても過言ではありません。

アリストテレスは嫉妬心と競争心についてこう述べています。

「競争心は、道徳的にも優れたものであり、優れた人々に見られる感情なのである。これに反し、妬むというのは低俗なことで、低俗な人々に見られることである。なぜなら、前者は、競争心によって、優れてよいものを自分も手に入れようと心掛けるけれども、後者は、妬みのために、隣人がそれを持たないように仕組むからである」[8]

人間は弱い生き物です。少なからず嫉妬するでしょう。しかし、その嫉妬心を抑え、真理を見つめる、自分の低俗な感情より公共の利益を大事にする。そういう人間がどれだけいるかが、文明国にステップアップできるか否かの分かれ目となるのです。**福澤から学ぶ**

べきは、その勉強量や知識量や意見だけでなく、智に取り組む姿勢そのものなのです。

西郷を生んだ郷中教育の真髄

福澤とともに、日本型教養人の筆頭と言えるのが、西郷隆盛です。彼は、ラストサムライであり、最後の武士型教養人と言える存在です。西郷は四書五経を読み、剣術により心を磨きました。

西郷隆盛は『南洲翁遺訓』の中で、読書についてこう語っています。

「いやしくも、現在の世界が対立している様子を知ろうと思うならば、『春秋左史伝』を熟読し、それに助けるに孫子をもってすべきである。当時の形勢と今と大差のないことがわかるであろう」

西郷という人間を形作る上で、土台となったのが薩摩の郷中教育です。西郷のみならず、大久保利通、東郷平八郎、大山巌、山本権兵衛など、**日本史に輝く英雄を生み出した郷中教育には、現代へのヒントが多く鏤められています。**

郷中とは方限（＝地域）ごとに分けられたグループ、自治組織のことです。薩摩には、30～40の郷中があり、それぞれ30から40人前後の稚児がいました。

西郷や大久保が所属したのは、下加治屋町の郷中です。この狭いエリアから、明治の英雄が続々と生まれたのです。西郷は、11歳の頃に右腕を切られ、利き腕が伸びなくなってしまいましたが、リーダーシップがあったため、この郷中の二才頭《にせがしら》（＝グループ長）となりました。[10]

郷中教育の本質をなすのは次の言葉です。

「いにしへの道を聞きても唱へてもわがおこなひにせずばかひなし」

大事なのは知行合一の精神。本を読むだけではなんの意味もない。それを実行してこそ本物の武士であり、教養だという考え方です。

とくに重視したのが、「うそを言うな」「負けるな」「弱い者をいじめるな」の3項目です。年長者を敬い、知育・体育・徳育をバランスよく行うことを大切にしました。

知育の中心になったのは、書道と四書五経の素読です。四書五経の読みが早い者は、『史記』『前漢書』『後漢書』へと進んでいきます。また年齢に応じて、読み物などを変えていきました。

郷中教育は6歳から24～25歳までの男子が対象ですが、小稚児（6～7歳から10歳）は『日新公いろは歌』『三州府君歴代歌』『虎狩物語』などを読み、雨の日は、大名かるた、武者かるたで遊びました。二才（元服をすませた14～15歳）から24～25歳は、『真田三代記』『三国志』『漢楚軍談』などの軍書を輪読しました。

体育は当時、山坂達者と呼ばれており、文字通り、急な坂にも耐えられるような体力をつけるべく、馬追いや相撲、旗とりなどでトレーニングしました。

ただし、**郷中教育は単に知識の詰め込みと、厳しい肉体の鍛錬だけではありません。その大きな特徴のひとつが、詮議（討論）です。**

これはいわば、少人数バージョンのサンデル教授の白熱教室のような対話型教育です。詮議の目的は、思考力と判断力を鍛えることにあります。機に応じて適切な判断ができる実践的な能力を涵養《かんよう》することを目指したのです。

たとえば、こんな問いが出されます。

「親のかたきを討とうとして諸国をたずねまわっている途中、海上で難破して救助船が来た。しかし、救助してくれた人は親のかたきであった。そのようなときはどうするか」

この問いに対する模範解答は、「助けてもらったお礼を述べてからかたきを討つ」です。

ただし、いわゆる一問一答のクイズのような形式ではなく、はっきりした答えのない問題を考え抜くところに詮議の意義があります。しかも問いを出す先生が固定されておらず、自分の意思で選ぶこともできました。そのため、いろんな先生や先輩や同僚と議論し、さまざまな思考に触れることができたのです。

こうして、素読、山坂達者、詮議、自治組織での集団生活を通じて、薩摩の若者たちは、知識、体力、徳を磨いていったのです。郷中教育自体は明治維新によって消滅しましたが、鹿児島では郷中教育の伝統は戦前まで受け継がれました。

日本オリジナルの教養教育をつくれ

明治維新以後、日本では武士的な教養教育や漢学は下火になっていきましたが、教養教育が完全に廃れたわけではありません。代わりに、西洋的な教養が花開きました。

その中心地となったのが旧制高校です。旧制高校とは1886年に誕生した3年制のエリート校であり、今で言う大学に当たります。たとえば、一高は今の東大、二高は東北大、三高は京大の前身です。

旧制高校の教養のベースになったのは、西洋的な教養、いわゆる、デカンショ（デカルト、カント、ショーペンハウエル）です。**旧制高校では、文系理系の別なく、古文漢文・外国語・文学・哲学・倫理学・論理学・歴史学などを学び、天下国家について語り合いま**

した。

旧制高校は1950年をもって廃止されましたので、こうした教育を受けた最後の世代が、今の80代後半以上の人たちです。有名人で言うと、中曽根康弘元首相、渡邉恒雄読売新聞主筆などが旧制高校的な香りを感じさせる最後の世代です。この世代までは、軽いリベラル路線に走った団塊世代とは違い、体に国家と教養が染み込んでいる印象があります。

私自身の抱く、旧制高校卒業生のイメージは祖父です。

祖父は、鹿児島の旧制第七高等学校の出身でした。小学生の頃、祖父の同窓会に参加して、なんだか皆で歌をうたって盛り上がっていたことをおぼろげながら覚えています。その雰囲気を一言で言うと、バンカラ。寮生活を通じて、60代、70代になっても途切れることのない友情を育んだのでしょう。

祖父は私が高校生の頃に他界したので、あまりじっくり話したことがなかったのですが、大学生になってから書庫を見る機会があり、その本の量と質に驚きました。世界文学全集から日本の古典まで、いわゆる教養書がずらっと並んでいました。祖父は医者でしたが、仕事を離れるとそうした教養書ばかり読んでいたそうです。

寡黙な祖父でしたが、西郷隆盛の肖像画を家に飾り、芋焼酎をちびちびと飲む姿には、圧倒的な威厳がありました。祖父と親しく話したことなど一度もありません。教養人というより人生を悟った仙人という感じでした。

旧制高校と同じく、戦前のエリート養成機関だった陸軍士官学校は、現代において評判は地に落ちていますが、その教養レベルは今のエリートに比べれば数段上です。

東条英機は現代にもいそうな典型的な官僚ですが、石原莞爾《かんじ》、永田鉄山などはスケールの大きい教養人です。石原莞爾の人生と思想は、福田和也氏の『地ひらく』に詳しいですが、毀誉褒貶《きよほうへん》あるにせよ、あれだけのビジョンを打ち出せた人物は当時の世界でも稀有でした。

井上成美《しげよし》も教養人の一例です。音楽に造詣が深く、琴、ピアノ、ギター、アコーディオン、バイオリンを弾きました。そのうえ、語学にも堪能で、英語、フランス語、ドイツ語を操りました。井上は、ドイツ語の原書を読み、日本語版『我が闘争』で除かれている、日本人を蔑視する記述を把握し、海軍部内に注意喚起していたというエピソードもあります。

その後、団塊の世代は、よくも悪くもマルクス主義にかぶれて、教養書を読む習慣は多少残りましたが、教養主義は徐々にすたれ、１９９０年代の大学設置基準の緩和により、教養課程が崩壊していきました。**今やまともな教養学部を持っているのは、東大くらいです。**

過去の教養教育をそのまま復活させても時代錯誤です。しかし、過去から学べることもたくさんあります。**歴史と世界最先端の動きに学びながら、新しい時代に合った教養の形をつくる。日本の歴史や文明論や文学といった、日本人が最低限知っておくべき教養を改めて定義し、日本オリジナルの教養プログラムを開発する。それこそが、「日本３・０」時代の高等教育を創るための最優先事項なのです。**

教育の未来を考えるための10冊の本

- 福澤諭吉『現代語訳　文明論之概略』慶應義塾大学出版会
- 西郷隆盛『南洲翁遺訓』角川ソフィア文庫
- 松本彦三郎『郷中教育の研究』大和学芸図書
- 秦郁彦『旧制高校物語』文春新書
- 佐々木毅『学ぶとはどういうことか』講談社
- プラトン『ソクラテスの弁明』光文社古典新訳文庫
- カント『永遠平和のために／啓蒙とは何か　他3編』光文社古典新訳文庫
- ミル『自由論』光文社古典新訳文庫
- アリストテレス『ニコマコス倫理学』岩波文庫
- プラトン『国家』岩波文庫

第6章

日本3・0とリーダー

日本は英雄の国ではない。しかし、改革はボトムアップでは成し遂げられない。ムラ社会を打ち破る「決断型のリーダー」が不可欠だ。「日本3・0」時代のリーダーに求められるのは、「体力」「ワールドクラスの教養」「クリティカル・シンキング」「議論・説得する力」「無私」「孤独力」「コスモジャポニズム」の7つだ。

本章の10のポイント

・日本からリーダーが生まれないのには3つの理由がある。
・日本のムラ社会化が進んでいる。ネットがムラ化にさらに拍車をかけている。
・ボトムアップでの改革は不可能。改革期には「決断型のリーダー」が不可欠。
・若い時からリーダー経験を積ませ、遅くとも30代でリーダー候補を選抜すべき。
・ワールドクラスの教養を磨け。リーダーにこそアートが癒やしになる。
・疑う力。クリティカル・シンキングこそが、イノベーションの源泉になる。
・自己愛の強い人はリーダーになれない。失敗と恋愛こそが、人間を育てる。
・説得力を高めるには、エトス、ロゴス、パトスに訴える「弁論術」を習得せよ。
・「孤独を愛する力」から、逆張りする勇気と批判に耐える力が湧いてくる。
・日本を背負い、世界に挑む。「コスモジャポニズム」を持つリーダーを。

今、なぜリーダーが必要なのか

「日本には、今こそリーダーが必要だ」

そんな青臭い提言をわれわれは何度聞いてきたでしょうか？　メディアでも、講演会でも、居酒屋トークでも、「リーダー待望論」があふれにあふれています。

しかし皮肉なことに、いっこうにリーダーが現れる気配はありません。小池百合子東京都知事に異様なほどメディアが殺到するのも、それだけ華のあるリーダーがいないからでしょう。

私自身、編集者という仕事柄、「どこかに注目のリーダーはいないだろうか。インタビューしたら面白そうなリーダーはいないだろうか」とつねにアンテナを張っています。ところが、いくら探してもリーダーらしいリーダーがどこにも見当たりません。思いつくのは同じ人ばかりで、一向にニューリーダーが台頭してこないのです。

なぜ日本にはリーダーがいないのでしょうか？　それにはいくつか理由があります。

ひとつ目は、時代背景です。戦後の日本では、長らく、「決断型リーダー」が不要だったのです。

高度経済成長期のビジネスには、戦略は要りませんでした。ひたすら市場が右肩上がりで伸びるのですから、とにかく攻めまくればいい。「攻める」という戦略が正しければ、戦術の多少のミスは成長が覆い隠してくれました。「調整型リーダー」がいてくれれば事足りたのです。

安全保障という点でも、戦後は大きなリスクが生じませんでした。冷戦構造、日米安保条約、中国の停滞などが日本の追い風となり、ひたすら利害調整を行っていれば平和は保たれていました。

つまり、**経済界も政界も、調整がうまく、懐が深く、利益配分がうまく、みなの士気を上げられるリーダーがいれば、つつがなく組織は回っていったのです。**

その典型が田中角栄です。最近、角栄本が売れていますが、その購入者の大半はシニア世代です。人使いのうまさなど角栄に学ぶべきところはありますが、現代の日本が求める「決断型のリーダー」とは思えません。

2つ目は、育成問題です。「決断型のリーダー」がいなくてもよかった期間が長すぎたがゆえに、リーダーを発掘・育成するシステムとノウハウが日本から失われてしまいました。

しばしば、「リーダーは育てられるか」が議論になりますが、ひとつ確かなことは、リーダーは自然と時代が生み出すものではないということです。危機になれば必ずリーダーが生まれるのであれば、どこの国や会社も衰退したり倒産したりしません。むしろ時代に合ったリーダーを持てないがゆえに国も組織も衰えていくのです。

そして**大事なことは、リーダーを育てるにはリーダーが必要だということです。**リーダーシップは理論ではありません。それは全人格的なアート（技術）です。リーダーシップのない人から教育されて、リーダーが育つわけがないのです。

リーダーは連鎖で生まれます。リーダーの言葉と行動、生き方に触発されて、新たなリーダーが生まれるという循環があります。同世代のリーダーに刺激を受けて、リーダーシップに目覚めることもあるでしょう。ある年代や組織にリーダーが集中するのもそうした〝感染効果〟があるからです。

ですから、今の日本には、どこの分野を見ても目ぼしいリーダーが少ないのに、シニア層が「若い人にリーダーがいない」と嘆くのは随分勝手な話なのです。上の世代にいいリーダーがいないので、若い世代からリーダーが生まれにくいのです。

3つ目は、損得の問題です。

損得というとセコくなりますが、リーダーになることが損な時代になっているということです。ただし、ここでいう損得とは単純にお金の話ではありません。社会からの尊敬や、リーダーを見る人々の気持ちなども含みます。

一流のリーダーは金銭で動きません。自分が犠牲になってでも世の中に尽くそうという人は今もいます。しかし、誰しも人間ですので、ある程度の尊敬や金銭的対価を求めるのは当然です。家族がいればなおさらです。嫉妬で嫌がらせをされたり、家族がメディアで叩かれたり、プライバシーがなくなったり、不自由なことばかりでは、さすがにリーダーになるのがおっくうになってしまうでしょう。

そのため、現代の日本では、リーダーにふさわしい人ほど自ら手を挙げません。リーダーに立候補する人は、ナルシシズムが強い人、悪い意味で鈍感な人、自己顕示欲が強い人ばかりになりがちです。リーダーの世界でも、悪貨が良貨を駆逐してしまっているのです。

ムラ社会化する日本がリーダーを殺す

では、なぜリーダーはこれほど損な仕事になってしまったのでしょうか。尊敬されなくなってしまったのでしょうか。

一因としては、リーダーがことごとく期待を裏切ってきたことが挙げられます。安倍政権、小泉政権を除くと、コロコロと首相が代わってきた政界はもちろん、経済界でも、改革を期待された経営者が失敗を重ねました。リーダーという存在そのものに対する信頼の貯金が尽きてしまったのです。

ただし、それだけが理由とは思えません。**より根深い要因として、日本の「イエ文化の衰退」と「ムラ文化の跋扈《ばっこ》」があるように思います。**

日本文化論はあまたありますが、「イエ」と「ムラ」で読み解くのがもっとも腹に落ちます。日本には「イエ」と「ムラ」という2つの文化の潮流があると説いたのは、1970年代を中心に活躍した村上泰亮、佐藤誠三郎、公文俊平という3人の学者です。

詳細は彼らの著書『文明としてのイエ社会』に譲りますが、イエ文化とは、11世紀頃に東日本に出現したサムライ主導の組織を起源としています。そのイエが大規模化したものが大名、連合体となったものが幕府です。

イエには、ヒエラルキーが厳然と存在しますが、外に開かれており、血縁関係を超え、養子という形で外部の血を取り入れていきます。また、自律性が高く、農耕から軍事まで複数の機能をイエの中で担います。

イエ社会では主君と臣下の関係は絶対ですが、その分、主君はことあらば、リーダーシップを発揮しますし、大きな過ちがあれば腹を切ります。権力を持つ分、当事者意識と責任感があるのです。

一方の**「ムラ文化」の特徴は、「同質性」「平等性」「大局観の欠如」「反権力」です。ムラでは反対意見はありえず、全会一致となるまで延々と話し合いが続きます。**「ムラの中の世界は変わらないことが望ましく、繋がりが密なほど好ましい」のです。[1]

日本の歴史は、この「イエ社会」と「ムラ社会」の拮抗により成り立ってきましたが、とくに戦後、日本にはびこったのは「ムラ社会」的な日本です。

村上は、こう警鐘を鳴らしています。

「いささかカリカチュアライズしていえば、日本人たちはムラ人であり、彼らから選ばれる政治家もムラ役人である。つまり、アメリカという領主様が平和と安全を守ってくれるという虫の良い気分から抜け出ていない。しかし日本はムラではない。少なくともその中には、攻撃的なイエが本拠を構えていて、ムラの外で活動し、喜ばれたりもするが、恨まれたりもする。この状態を突破するために、日本人はムラ人の心理を超えなければならない。しかしそれは、彼らの二千年近い歴史的経験の中で、多分もっとも困難な課題となるだろう」

この困難な課題を今も日本はクリアできていません。むしろ近年、パワーバランスはよりいっそう、「ムラ社会」のほうに傾いています。

その一因となったのが、イエとしての会社の衰退です。今の会社は、もはやサムライの集団には程遠い。出世を目指さない、横並びの発言、内向きに閉じるなど、軟弱な公家集団になっています。

過去15年、経済記者として企業を取材してきましたが、年々、日本企業の経営者や社員が小粒化しているように思えてなりません。取材していても面白くないのです。

「失われた20年」とは、イエがムラに侵食された20年間、最後の砦だった企業までもがムラの論理に侵された20年間だったように思います。

言わずもがな、「空気を読む」のはムラ文化の特徴であり、こうした言葉が流行語になること自体、ムラ社会化が進んでいる証左です。

本来は、そうした空気に「水を差す」のが、メディアや大学といった言論界の役割ですが、メディアと大学こそがムラ社会の最たる例となってしまっています。

同じようなネタを横並びで追っていく（記者クラブのスクープ競争）。しかも、内輪の論理が強く、外に開かれていない（内向きな大学の教授会）。そして、歪んだ「反権力」思想だけは強い（一部のリベラル系メディア）。ムラ文化のお手本とも言える状況です。ベッキーや舛添要一前東京都知事の報道は、いわば、「村八分」の現代版と言えます。

今も日本のウェブは残念

こうした**「ムラ社会化」を促す原動力となったのがネットです。**自由の象徴であったネットは、日本ではむしろ、自由を奪う作用も果たしています。

2009年、ベストセラー『ウェブ進化論』の著者である梅田望夫《もちお》氏が「日本のウェブは残念」と「ITメディア」のインタビューで発言し、炎上したことがありました。

梅田氏の意味するところは、「英語圏のネット空間と日本語圏のネット空間がずいぶん違う物になった」ということです。米国では、最先端・最高峰の知が開かれるツールとして機能したネットが、日本では、質の低いコメントが飛び交う場になってしまったことへの無念を語ったのです。

「素晴らしい能力の増幅器たるネットが、サブカルチャー領域以外ではほとんど使わない、〝上の人〟が隠れて表に出てこない、という日本の現実に対して残念だという思いはあります。そういうところは英語圏との違いがものすごく大きく、僕の目にはそこがクローズアップされて見えてしまうんです」

私はこの梅田さんの落胆がよく理解できました。

私自身、2004~2006年にかけて記者としてIT業界を担当し、梅田さんにインタビューするためだけにシリコンバレーに出張するぐらい、その言論に魅せられていました。梅田さんの発するインターネット・ユートピア論は、当時、多くの若者の心を鷲摑みにしたのです。

その後、梅田さんは言論の舞台から去り、当時取締役を務めていた「はてな」の経営からも退きました。しかし、2017年の今になっても、かつて梅田さんが指摘した課題は未解決です。今なお、日本のウェブは残念なままなのです。

ではなぜ、日本のウェブは残念なのでしょうか。

それはネット黎明期から続く問題をまだ解決できていないからです。今も、日本のウェブ上には、質の高い言論空間がほとんどできていませんし、匿名の罵詈雑言にあふれています。編集者の中川淳一郎さんが言う「ネットはバカと暇人のもの」という状況は本質的には変わっていないのです。

日本のウェブ空間は、当初から匿名がスタンダードだったため、旅の恥はかき捨て的な言葉がまかり通ります。日本人は実名ではなかなか本音を吐露しませんが、匿名であれば本音で話しやすい。ただし、本音とはえてして醜く、自分勝手なものです。

今のウェブは、メディアとしての影響力をますます高めてはいるものの、そこに一流の知はなく、嫉妬や日常のポエムが満ち溢れた空間になっています。いわば、現代版の「巨大なムラ」です。そこでもっとも嫌われるのは、権威であり、エリートであり、偉そうなことを言うリーダーです。リーダーは叩きやすい恰好のターゲットなのです。

しかも日本のネットの特徴は、炎上に加担する人に、高学歴が多いことです。『ネット炎上の研究』（田中辰雄、山口真一著）に記されているように、炎上の犯人は、一般的に思われている低学歴・低収入の人ではなく、高学歴な人であるケースが多いのです。いつの時代も、革命は、不満を持つ学生などのインテリが起こすことが多いのと似ています。

社会学者の竹内洋・京都大学名誉教授は、現代を「引きずり下ろしデモクラシー」の時代だと言います。

「今の下克上は、何かに対峙しているわけではなくて、ただ単にエリートや既得権益層を引きずり下ろすことが目的になってしまっている。改革といいながら、引きずり下ろす衝動のほうが前面に出てきている。改革しても、また、改革したその人間を引きずり下ろす。だから、〝引きずり下ろしデモクラシー〟みたいなものです」

私自身、ウェブメディアに携わる人間として、単に批判するだけでなく、いい言論空間づくりのために智恵をしぼり続けるつもりです。しかし、今の状況は簡単には変わらないでしょう。

現場仕事の延長にリーダーはいない

ことほど左様に、世の中は、リーダーにとっては過酷極まりない状況です。

しかし、それでもリーダーは必要です。かつてないほどに、日本は「決断力あるリーダー」を欲しています。

その理由は簡単です。このままでは日本が沈むからです。国家、地方公共団体、企業、大学、NPOなどあらゆる領域で「改革なくして生存なし」だからです。**もし一流のリーダーを持てなければ、日本は、2020年以降おそるべきスピードで没落していくでしょう。**

一刻も早く、日本は「日本3・0」時代に向けて舵を切らなければなりませんが、大胆な方向転換はボトムアップでは不可能です。大改革は強力なリーダーがトップダウンで断行するしかありません。調整型ではなく、決断型のリーダーが主役になるのです。

これからの日本企業に求められるリーダー像として、ＩＧＰＩの冨山和彦氏はこう語ります。

「従来の日本企業は、調整能力のある人をリーダーにする傾向があったが、組織のレイヤーが上がれば上がるほど、そうしたタイプはいらなくなる。トップに近づけば近づくほど、リーダーの固有の仕事は、あれかこれかの鮮烈な意思決定をすることになる。だからこそ、すぱっと鮮烈な意思決定をする能力のある人間をリーダーにしていくことが決定的に大事になる。

言い換えれば、現場の仕事の延長線上でやっていると、ろくなリーダーが出てこないことになる。いい課長がいい部長になり、いい部長がいい役員になり、いい役員が常務になり専務になり、そして社長になるという出世モデルは絶対に捨てないといけない。トップリーダーを選ぶラインは別に考える必要がある」

では、どういう人が決断型リーダーに向いているのか。冨山氏は能力よりも性格が大きいと言います。

「どちらかというと、**頭のいい悪いというよりは性格の問題が大きい。**基礎能力がすごく高くても、得てして偏差値的に優秀な人は優柔不断になりがちだ。A案、B案、C案を出してきて、メリットとデメリットをまとめた表をつくるのはうまいが『お前は何をやりたいのか』と聞いたら、あなたが決めてください、というタイプ。勉強ができても、これでは困る。

だからこそ、**素質のありそうな人には、かなり若いときからタフなアサインメントを割り当てて、意思決定の経験を積ませるとともに、その結果責任も負わせたほうがいい。**そういう立場で仕事をさせないと絶対、力はつかない。30歳ぐらいから、そうした経験を積まないといけない」

この冨山氏の話は、企業だけでなく、あらゆる分野に当てはまります。いちばん似ているのは、スポーツの世界かもしれません。スポーツは、幼少期から素質を見極め、フィットする競技を選択し心技体を磨いていきます。たとえば、錦織圭選手がサッカーを選択していたら、テニスほどの成功を収めることはできなかったでしょう。

だからこそ、誰が何に向いているかを的確にマッチングすることが大切なのです。スポーツ選手を若いときから選抜するように、リーダーも若いときから選抜しなくてはならないのです。

リーダーはやっぱり体力勝負

リーダーの素質があるからといって、素質だけでリーダーとして成功はできません。若き日に神童と言われたスポーツ選手が、プロにすらなれないことも多々あります。それと同じように、リーダー候補生たちも、どう自分を磨いていくかによってリーダーとしての運命が決まります。

冨山氏は「トップリーダーを目指すのは、極めてタフだけどチャレンジングな人生」と語ります。**「トップリーダーを狙う世界において、〝ワーク・ライフ・バランスなんてクソ食らえ〟です。**錦織選手にワーク・ライフ・バランスがあるかといえば、絶対ない。そのぐらい大変。そのぐらいタフ」

では、新時代のリーダーが、イノベーションを起こし、世の中に役立つリーダーになるためには何が必要なのでしょうか。

私は次の7つの力が求められると思っています。

①体力
②ワールドクラスの教養
③クリティカル・シンキング
④議論・説得する力（レトリック）
⑤無私
⑥孤独力
⑦コスモジャポニズム

順になぜその力が必須なのかを説明していきます。

まず、①の体力については詳しく説明するまでもないでしょう。

すべての基本は肉体から。強靭な体なくして、激務はこなせません。今後のリーダーは、あたかもスポーツ選手であるかのように、自らのコンディションを丁寧に調整していくスキルが求められます。スポーツの世界でもいい選手ほど、栄養学に詳しかったり、食のプロのサポートを受けたりしていますが、リーダーにも同じくらいの心がけが必要です。そしてここ一番のときには、徹夜しても判断力が鈍らないぐらいの体力がいります。リーダーの一番の仕事は決断ですが、体調によって決断がぶれるようでは大仕事を担えません。

今でこそ、ジムが日本では当たり前になっていますが、それでも日本における普及度はまだまだです。フィットネス大国である米国と比べるとその差が際立ちます。２０１４年時点における米国のフィットネスクラブ数は３・４万軒、会員数は５４１０万人に上ります。それに対し、日本は４３７５軒、会員数は４１９万人と13分の1程度です。[2] まだまだ米国と比べると少ないです。

ちなみに、体力が大事だからといって、マッチョになれということではありません。健康を保つ方法であれば、ランニングでも、水泳でも、気功でも、空手でも、ヨガでも、散歩でも、テニスでも、ゴルフでも何でもいいのです。

私などは元来の怠け者で、ランニングなどは死んでもやりたくないほうです。ただ、ゆったりと続けられる水泳はことのほか性に合い、かれこれ10年ぐらい続いています（大半の時間は、ジャグジーで雑誌を読んでいるのですが……）。

もうひとつ気にかけるべきは、食事です。

日本は世界各国の料理を、手頃な価格でおいしく食べられる世界一の食の大国です。ただし、ヘルシーフードに限ると、世界最先端から一周遅れています。コールドプレスジュース、グルテンフリー、アサイーなどなど、今、日本で流行っているヘルシーフードは随分前から米国・欧州で人気です。健康食に関しては、日本はフォロワーになってしまっています。

私は、大の野菜ジュース好きで、よく飲むのですが、都心でも、気軽にコールドプレスジュースを買える店はほとんどありません。ヘルシーフード・ライフを送る環境ができていないのです。

そもそも日本は、和食という最強のヘルシーフードを持つ国です。洋物に食いつかなくとも、伝統的な日本の食生活を送っていれば健康は維持できます。しかしながら、みなが仕事や子育てに忙しいなか、朝からご飯、味噌汁を用意するのは大変です。それだけに、ヘルシーフードを外で買える環境をより整えなければいけません。

たとえば、中国では、一般家庭のおふくろの味をお裾分けしてもらえるサービスがはやっています。これは、今はやりのシェアリング・サービスのひとつで、自分が指定した家庭の台所でつくるご飯を、自分の家や仕事場までデリバリーしてもらえるのです。外食に比べて塩分や油も少なめに指定できるため、健康にもいいのです。

体力づくり、食ともに、日本にはまだまだビジネスチャンスがあります。ぜひともみながヘルシー生活を送れる環境を起業家たちには創っていってほしいものです。

教養なきリーダーに未来はない

新時代のリーダーに不可欠な2つ目の素養。それは、前章でも扱った「ワールドクラスの教養」です。前章から、私はしつこいくらい「教養」を連呼していますが、そもそもなぜ、リーダーには教養が必要なのでしょうか。

ここでひとつの文章を引用します。誰の言葉か推測してみてください。

「これまでのあらゆる社会において、教養ある人間は飾りにすぎなかった。それは、敬意と冷笑の二つのニュアンスが込められたドイツ語のクルツール（文化人）だった。知識社会では、この教養ある人間が社会のシンボルとなり、基準となる。教養ある人間が、社会学でいうところの社会モデルとなる。彼ら教養ある人間が社会の能力を規定する。同時に社会の価値、信念、意志を体現する。

封建時代の騎士が中世初期における社会の代表であり、ブルジョアが資本主義時代における社会の代表であったとするならば、教養ある人間は、知識が中心的な資源となるポスト資本主義時代における社会の代表である」[3]

勘の良い人であればすぐに気づいたと思いますが、この言葉は、ピーター・ドラッカーによるものです。彼は、いちはやく、これからのビジネス社会において、教養がモノをいうことを見通していたのです。

ドラッカーは、教養人になるには、過去の偉大な遺産を理解することが不可欠だと言っています。彼の指す遺産とは、西洋的なものだけを指すわけではありません。

「われわれが必要とする教養ある人間は、他の偉大な文化や伝統を理解する者である。中国、日本、朝鮮の絵画や陶磁器、東洋の哲学や宗教、そして宗教および文化としてのイスラムを理解する。同時に、人文主義者の教養課程に特有の書物偏重主義を超越する。教養ある人間は、分析的な能力だけでなく、経験的な知覚の能力をもつ」[4]

彼の言う教養人のひとつ目の条件は、西洋・東洋・イスラムなど幅広い文化について、書物を通してだけでなく、経験を通じて知ることです。

ただし彼は、教養を重んじるからといって、専門知識を軽んじているわけではありません。ドラッカーが定義する教養人のもうひとつの条件は、専門を理解する能力です。

「われわれは多様な専門知識に精通した博学を必要としない。事実、そのような人間は存在しえない。逆に、われわれの知識はますます専門化していく。したがって、われわれが真に必要とするものは多様な専門知識を理解する能力である。そのような能力を持つ者が、知識社会における教養ある人間である。

われわれは専門知識のそれぞれに精通する必要はないが、それが『何についてのものか』『何をしようとするものか』『中心的な関心事は何か』『中心的な理論は何か』『どのような新しい洞察を与えてくれるか』『それについて知られていないことは何か』『問題や課題は何か』を知らなければならない[5]」

つまり、**ドラッカーが定義する教養人とは、専門知識が豊富な人ではなく、さまざまな専門知識の本質を押さえた人なのです。**

イノベーションは教養から生まれる

現代のビジネスにおいて、教養が役立つことは研究でも実証されています。

世界中で経営学の名著として認められている『イノベーションのジレンマ』という本があります。その著者である、ハーバード・ビジネス・スクールのクレイトン・クリステンセン教授が、破壊的イノベーションを起こした人が持つスキル、能力を探るための共同研究を行っています（研究内容は、『イノベーションのDNA』という本にまとめられています）。

教授らは、デル創業者のマイケル・デル、アマゾン創業者のジェフ・ベゾスなど、革新的な企業・サービス・製品を生み出した3000人以上の人物を調べ、その共通点を明らかにしています。それは、次の5つの力です。

①**関連づける力**：知識分野、産業、地理を超えた意外な結びつきを生み出す力
②**質問力**：破壊的な質問を通じて、新しい洞察や可能性、方向性を誘発する力
③**観察力**：周りの世界に注意深く目を向け、新しい洞察やアイディアを得る力
④**人脈力**：多様な考え方を持つ人々との交流を通じ、アイディアを見つける力
⑤**実験力**：つねに新しいアイディアを試し、さまざまな仮説を検証していく力

この5つの中で、もっとも重要性の高いものとして、「関連づける力」が挙げられています。つまり、**自分と関係のない分野や国などの考え・ノウハウをうまくつなげて、新し**

いサービスや商品を生み出したケースが多かったということです。「関連づける力」とは、まさしく教養、リベラル・アーツの神髄です。

この調査と似た問題意識から、ジャーナリストのスティーブン・ジョンソンも、人類史上、科学、芸術、ビジネスなどの分野で偉業を成し遂げた人物には、どんな共通点があるのかを調べています。

進化論のチャールズ・ダーウィン、コンピューターの父チャールズ・バベッジ、現代ジャズの帝王マイルス・デイヴィスといった、偉人たちを分析してわかったのは、「多趣味な人が多い」ということでした。

「彼らには本業がある一方で、世間にはあまり知られていないプロジェクトを5つも6つも持っており、常に思考を巡らせていた。そのため、一人でいる時にも多様な経験を積むことができた。これからの組織で最も貴重な人材は、境界を跨ぐことに喜びを見出せる人物だ」とジョンソン氏は説明します。

この多趣味の中に、芸術が入ればベストです。芸術は教養の最たるものですが、アートが生活に入り込んでいるかどうかで人生の質が変わってきます。

トップ経営者がアートにハマる理由

たとえばチャーチルは、人には、「仕事は仕事であり娯楽は娯楽である人々」と、「仕事がそのまま娯楽である人々」の2種類があることを指摘したうえで、「仕事が即ち娯楽である連中こそ、頭の中から時々仕事を追い出すことの一番必要な人達だといってもよいだろう」と語っています。[6]

大切なのは、芸術の腕を磨くことよりも、まずは芸術を愛し、楽しむ心を持つことです。40歳の頃から、絵を描くことを始めたチャーチルは「私が最も苦しい時に、絵を描くことが救いの手を差し延べてくれた」と振り返っています。[7]

「絵を描くことは気晴らしとして誠に申分のないものである。私はこれ程、肉体を消耗させないで、心をより完全に吸い付けるものを知らない。今日どんな心配ごとがあり、明日いかなる恐ろしいことが迫ろうとも、ひと度、絵が流れ始めれば、もはや、心のスクリーンにそんなものを入れる余地はない。そんなものは消えて影と暗黒の彼方へいってしまう。心の光の悉くは、仕事に集中されるようになる[8]」

チャーチルは死ぬまで絵を描き続け、毎年、ロイヤル・アカデミーに入選するレベルにまで腕を上げました。ノーベル文学賞を受賞するほどの文才を持ったチャーチルは、絵画をこよなく愛する超一級の教養人だったのです。

私が、アートという点で、最近、感銘を受けたリーダーが石川康晴さんです。

石川さんは、「アースミュージック＆エコロジー」などの人気ブランドを有するストライプインターナショナルの創業者にして、当代きっての現代アートコレクターとしても知られています。２０１６年10月には、地元・岡山で現代アートの大型国際展をプロデュースしました。

石川さんに「アートとビジネスにはつながりがありますか」と聞いたところ、「現代アートのアーティストと交流することで、ビジネスのアイディアまで浮かんでくる」とのことでした。石川さんにとって、現代アーティストとは「猛獣」のような存在だそうです。

つまり、**現代アーティストとは、つねに常識を打ち破る「概念」を生み出すべく、猛獣のように思考している人たちなのです。そのスタイルは起業家にそっくりです。**

しかも、アートを通じて、ビジネスシーンでは会えない人とも知り合えます。思考という点でも、人との交流という点でも、アートは新たな刺激をもたらしてくれるのです。

現代でこそ、日本のビジネスパーソンの趣味はゴルフばかりになってしまいましたが、過去には芸術を深く愛するリーダーが日本にもいました。

書や漢詩をたしなんだ勤王の志士たちはもちろん、戦前から戦後にかけても、文化人リーダーの系譜は続いていました。

たとえば、「電力王」「電力の鬼」として知られる松永安左エ門は、大茶人として知られ、仏教美術を取り入れた侘び茶の世界を追求しました。また、宝塚歌劇の創始者である小林一三《いちぞう》も大茶人として名を馳せました。大阪の池田市にある逸翁《いつおう》美術館には、小林の個人コレクション約5000点が収蔵されています。

財界人がアートを楽しみ、アートを通して社交する。こうした文化を「日本3・0」の時代には復興していかないといけません。石川さんにかぎらず、バスキアの作品『Untitled』を約62・4億円で落札したスタートトゥデイの前澤友作社長など、起業家によるアートへの投資が活発化しているのはすばらしい潮流だと思います。石川さん自身が予言していましたが、「2016年は起業家によるアート投資がブームになる」元年となるかもしれません。

今こそ、クリティカル・シンキングを身につけろ

ワールドクラスの教養とともに、リーダーに欠かせない3番目の素養が、「クリティカ

ル・シンキング」です。第5章で紹介したハーバードの教養教育でも「クリティカル・シンキング」は最優先テーマに掲げられています。

「クリティカル」という英語は通常、「批判的な」と訳されますが、人のことを批判する考え方を指すわけではありません。むしろ、**「常識や固定観念を疑う考え方」と訳したほうが適切です。**

盤石だと思われているビジネスにも問題点があるのではないか、こう挑戦することができるのではないか、こう変えられるのではないか、というふうに先入観なく、物事を上下左右から眺めてみる——そうして新たな視点を獲得し、イノベーションへとつなげていくのがクリティカル・シンキングの本質です。

とくに、クリティカル・シンキングはこれからの日本で威力を増します。

高度経済成長期の日本では、クリティカル・シンキングのニーズはさほどありませんでした。経済がぐんぐん伸びて、何をすべきかが明確な時代に有効なのは、お手本をみつけて、それをスピーディかつ徹底的に真似ることです。みなが一丸となって、しゃにむに働くことです。そこでは知的な議論は無用で、猪突猛進の体育会系が重宝されます。意見の多様性は邪魔になるだけです。

だが、「答えがない時代」にはこのやり方ほどもろいものはありません。間違った方向に進んでも、修正が利かないだけにダメージが大きくなります。

正解が頻繁に変わる、もしくは、正解がない状態では、多様な意見をぶつけ合わせ、何らかの仮説を作り出し、それを実行し、成功すればさらに資源を投入し、失敗すれば、再び意見をぶつけて新たな仮説を生み出しそれを実行する。そのフィードバックのプロセスをいかに速く、的確に行えるかによって、ビジネスでも、政策でも、個人の人生でも、勝負が決まります。

儒教思想の色が濃く、権威志向が強いせいか、東アジアの国では、クリティカル・シンキングが育ちにくいとも言われます。ただ、こうした考え方は日本人にとって決して不慣れなものではありません。

武道には「守・破・離」の精神があります。「守」とは、師匠の教えを守り、型を身につけること、「破」はその一度身につけた型を疑い破ること、そして、「離」は自分なりの新しい型を確立することです。

これまでの日本は、「師匠＝欧米」の教えを吸収することに躍起になってきましたが、やっと今、その型を疑い破るステージにさしかかっています。さらには、「破」のステージをも超え、自分なりの型をみつける。それこそが、あらゆる分野において日本の宿題です。今こそ日本人は古来の教えを思い返すべき時なのです。

ソクラテスに学ぶ問答法

このクリティカル・シンキングの源流は、ソクラテスの「無知の知」にあります。

自分や他人が当たり前と思っていることが、実は当たり前ではないのではないか。自分は物事を知っているようで、実は何も知らないのではないか。そうした姿勢を持つことによって、健全な批判精神が芽生え、偏見や傲慢や固定観念から自由になることができます。

こうした、クリティカル・シンキングを鍛えるための、代表的な手法がソクラテス・メソッドです。米国では、ロー・スクールやビジネス・スクールなどでこの手法がよく使われます。

ソクラテス・メソッドの研究者であるマックス・マックスウェルは、クラシックな問答法について以下のように説明しています。[9]

クラシックな問答法は2つのステップに分けられます。まず最初に、自分がいかに無知であるかを知るステップです。理解していると思っていた概念の理解がいかに浅いかを気づかせ、より深く物事を考えるようにさせるステップです。

たとえば、プラトン著の『メノン』は、メノンという20歳の美青年がソクラテスに対して「バーチュー（徳）を教えられるか」を尋ねるというお話ですが、その問いに答える前に、ソクラテスは「そもそも徳とは何か知っているのか」を徹底的に問いただします。メノンがなんとなくわかっていたと思っていた「徳」の理解をテストするのです。しかし、メノンはそれに答えられない。自分の無知を知ることがひとつ目のステップなのです。

次のステップは、自分の無知を知ったうえで、「では、徳とは何か」を自分で考えさせるプロセスです。

その後、メノンは自分が思う徳の定義を次々と述べていきますが、その都度、ソクラテスに反駁されてしまいます。**新しいアイディアを創出し、それが質問者に反駁され、さらに新しいアイディアを練り直す。この思考の創造と破壊の繰り返しがステップ2です。**

このクラシックな問答法の特徴は、正しい答えを得られる保証はないということです。その目的は、「自分が無知である」ことを知り、物事を根本的に考えるクセを身につけさせることです。

ソクラテス・メソッドに限らず、西洋式の思考スタイルは、ギリシア哲学を読むとよく理解できます。中でも面白いのは、プラトンの著作に出てくるソクラテスです。ソクラテスは、次々と年上の権威に挑戦し、論破していきます。いわば、道場破りです。みなから崇められているカリスマをやっつける。そこにプラトン作品のカタルシスがあります。

ソクラテス自身、『ソクラテスの弁明』の中で、「好んでわたしといっしょに長い時間をすごす者があるのは、いったい、どうしてなのでしょうか」と自問し、「つまり彼らは、知恵があると思っている人が調べられて、そうでないことになるのを、聞いているのが、面白いからなのです」と自答しています。古今東西、人は権威あるものがやっつけられるのが好きです。サッカーでジャイアント・キリングがもてはやされるのもそれゆえです。

ソクラテス・メソッドを学ぶために私がとくにおすすめするのが、『メノン』『プロタゴラス』『ゴルギアス』の3冊です。この3冊を読むと、ソクラテス・メソッドの神髄がよくわかります。

『メノン』の中に印象的なシーンがあります。

ソクラテスはメノンを叱りつけます。自分の頭で考えることなく、答えが存在すると思い、それをソクラテスが持っていると思い、何が答えかを聞いてばかりいるからです。そもそも答えなど存在しないし、ソクラテスはそれを教えもしない。逆にメノンの議論の甘さを衝く質問ばかりして、追いつめていきます。答えを教えてあげず（そもそも答えがない問題も多い）、問答法による質問、批判により相手をやりこめ、自分の頭で考えさせるのがソクラテスのやり方です。

この本を読んでいて、答えばかりを求めるメノンが、私を含む今の日本人の典型的な姿のように見えました。メノンの考える知識のイメージと、日本人のそれに類似を感じたからです。

日本人とメノンは、いろんな知識を持っていても、それは表面的で、その知識の源泉、その根本、原因を押さえていません。プロセスを考え抜いたうえでの知識ではないので、ちょっとつっこまれるとあたふたしてしまいます。

一方、**ソクラテスの言う知識とは、原因の推論によって縛りつけられた知識です。そうした知識であれば、応用も利きます。**

彼は本当の知識についてこう説明します。

「つまり正しい考えもまた、或る程度の時間留まっていてくれる場合には、立派であり、あらゆる優れたよいことを成し遂げてもくれる。しかしそうした考えは、長期間留まってはくれないで人間の魂から逃げ出してしまうので、**したがって人がこれらの考えを**［事柄のそもそもの原因にさかのぼって、その原因から考えて」**原因の推論によって縛りつけてしまうまでは、たいした価値はないのだ。**（中略）**だが、いったん縛られたならば、それらの考えは初めに知識になり、しかるのち、安定的に持続するものになる」**

討論とは人ではなく仮説を攻撃すること

ただ、こうした本当の知識を求める伝統が日本にないわけではありません。根本を求めるという点では、トヨタの現場主義などに生きています。人から話を聞くだけではなく、現場に行ってそれを確かめる。それにより、表面的な知識が本物の知識になる。伝聞情報は表面的な知識であり、実物を現場で見ることにより、知識がよりひもづいたものになることがよく理解されているわけです。

日本でもソクラテス・メソッドを普及させるには、何よりそれを教える人が大事です。そうした人物には、もちろん知識も求められますが、それよりも重要なのは、知に取り組む態度です。**ファクトを教えるのではなく、正しい態度を教えることが重要な任務となるのです。**

それは第1に、自分自身が無知であることを知り、誤りを認め、生徒から反駁されるこ

ともも歓迎し楽しむことです。クリティカル・シンキングを奨励しながら、自分自身が生徒からの批判を受け入れないのでは、「しょせん口だけか」と生徒も思ってしまいます。

これは儒教の伝統が強く、先生は偉い人、先生は正解を持っている人だという意識のある東アジアでは容易ではないでしょう。ただ、だからこそ、教師は西洋以上に、自分は誤りを受け入れることを、大げさなほどにアピールする必要があります。

第2に大事なことは、あまりにくだらない質問は例外だとしても、生徒の質問を尊重することです。「なんだその質問は?」というようなバカにした姿勢は、決してとらないことです。それによって、生徒は失敗や恥をかくことをおそれずに、質問ができるようになります。そして、徐々にこの方法に慣れてきて、生徒にも耐性がついてくれば、少人数での授業では、ときに生徒に厳しい質問を投げかけたり、的外れな質問には反駁したり、もっとレベルを上げていけばいいのです。

実は、**こうしたソクラテス型の教師の素養が求められるのは、経営者、マネージャーも全く同じです。**今の時代、上司が正しい答えを持っているとはかぎりません。マネージャーの役割は、ソクラテスのように、部下に自由に質問させ、それによって考えさせ、好奇心を多く抱かせ、これまでにないようなアイディアを思いついてもらうことです。

クリティカル・シンキングで大切なことは、あくまで倒すのは相手の仮説であって、相手自身ではないということです。人格攻撃をして相手の神経を逆なでですると、議論が台無しになります。そうした理性的な討論を行う力を身につけるには、慣れも必要ですし、感情的にならないためにも、相手の感情に充分配慮したスタイルをとることがポイントです。

投資家のジョージ・ソロスが師事した、哲学者のカール・ポパーはこう語っています。

「理性的で批判的な討論は、悪しき仮説の発案者とか代表者を死滅させるのではなく、われわれの仮説を批判し、そして誤ったものとして除去することを可能にします。これは、批判的方法のもたらした偉大な成果です――それは、**仮説を欠陥のあるものとして認識し、その所有者を断罪することなく、「仮説の方を」断罪することを可能にするのです。批判的討論の方法は、われわれの仮説を、われわれの代わりに、死なせるのです**[10]」

この批判的方法を実践できたとき、日本人は、文明の新たなステージへと到達することができるのです。

話す力――人をどう説得するか?

クリティカル・シンキングが、「考えるための技法」だとすれば、4番目の素養である

「レトリック」は、「話すための技法」です。

今の世の中で、国や社会を動かす力を一番持っているのはどんな人でしょうか。お金持ちの資産家でしょうか、大企業のトップに立つ経営者でしょうか、国家権力を握る大統領や首相でしょうか？　答えはそのいずれでもなく、**最も強力なパワーを持つのは、世論に訴える力を持つ人だと思います。それはトランプの勝利を見ていても明らかです。**

では、どうすれば世論に訴える力を高めることができるのでしょうか。そのカギを握るのが、話す力、つまりは弁論術（レトリック）です。古代人は、レトリックはリーダーシップにとっても不可欠なスキルだと考え、高等教育の中心に据えました。

現代のリーダーにとって「話す力」は必須です。実績を残している経営者にインタビューすると、その大半は話で相手を引き込むのが上手です。自分の言葉を持っています。もちろん、口ばかり達者で、実践が伴わない人は軽蔑の対象になりますが、まずもって、目標を語る力がない限り、チームをたばねることはできません。

かつての日本のように、進むべき方向が明確なときは、背中で語るリーダーでもいいのですが、変化が激しく、右に左にハンドルを切り続けないといけない現代において、「黙して語らず」では、社員が道に迷ってしまいます。

話す力は、リーダーに限らず、部下を指導する上司にも、学校で生徒を教える先生にも、家庭で子どもを育てる父母にも、みんなに求められます。つねに自己主張が求められる米国だけに必要な力ではないのです。

事実、日本でも、「話す力」の大切さは長らく唱えられてきました。たとえば、演説という訳語をつくった福澤諭吉は、日本にスピーチやディベートの文化を広めるべく苦心しました。ただ、その試みは、現代に至るまで、成功しているとは言えません。日本で繰り広げられる議論は、「感情的になって人格攻撃に陥る」か「相手を気遣って当たり障りのない発言に終始する」かのいずれかに収束しがちです。

ただ、今の状況は、日本にとっての宿命ではないはずです。ただ単に、議論、弁論の正しい方法を教えられていないからだと思います。**弁論術とは、いわば「怒ることなく議論する技術」です。**その技術を正しく学びさえすれば、日本人の「話す力」は一気に底上げされるはずです。

この「話す力」を磨くための最高の教材が、古代ギリシア・ローマ時代から伝わる弁論術です。ここではアリストテレスとキケロの本を読み解きながら、時代と文化を超えた弁論のエッセンスを紹介していきましょう。

ハーバード大学やスタンフォード大学などのコミュニケーション術を学ぶ授業では、アリストテレスの『弁論術』、キケロ『弁論家について』が必ず課題図書に挙がります。これらの本は、埃をかぶった古典としてではなく、現代でも役立つ実用書として読まれているのです。

大統領選を見ているとよくわかりますが、米国では「話す力」を問われる場面がつねにあります。話し下手であるという時点で、リーダーとして失格の烙印を押されるわけです。弁護士、金融マン、コンサルタント、政治家、教師、NPOの運営者、そのいずれになるにしろ、リーダーにとって弁論術は基本となる技能なのです。

米国において、「話す力」がかくも重視される背景には、「弁論こそが民主主義社会を生き抜くうえで武器となる」との考えがあります。民主主義を支えるのは、何でも言える権利(=言論の自由)であり、平等な発言権です。弁論力がないと、その権利を存分に活かすことができません。

弁論術の始祖、アリストテレスとキケロ

民主主義の祖流である古代ギリシアでは、直接民主主義が採られていました。みながアゴラと呼ばれる広場に集まり、そこで人々の理性と感情を揺さぶる演説ができれば、それ

が、権力や影響力へとつながりました。つまり、弁論術は成り上がるための最高の武器だったのです。そのため、当時の人々は、どうすれば民衆を魅了する話ができるかを徹底的に研究したのです。弁論の技術が、人類の歴史上、もっとも分析され実践されたのがこの時代と言っても過言ではありません。だからこそ、この時代の弁論のテクニックは現代でも〝使える〟のです。

その弁論のテクニックをうまくまとめて具体例とともに解説した名著があります。それが、ジャーナリストのジェイ・ヘンリクスが記した『サンキュー・フォー・アーギュイング』（未邦訳）です。

この本は、アリストテレスやキケロの知恵をうまく現代化して、ビジネスマンでも楽しく読める構成に仕上がっており、ハーバード・ケネディ・スクールの「コミュニケーション」の授業などで使用されています。私はこの本のテクニックを実践していますが、その効果はてきめんです。この本も参考にしながら、仕事でも使える弁論のテクニックを紹介していきましょう。

生産的な議論のコツは、未来形で行うこと

そもそも、**すべての議論には3つのタイプがあります。それは、「過去を扱うもの」「現在を扱うもの」「未来を扱うもの」の3つです。**言い換えれば、議論のテーマが、過去形のものと現在形のものと未来形のものです。

過去を扱う議論の典型が、法廷での論争です。「この事件を起こした張本人は誰か？」「誰の罪が一番重いか？」など、過去に起きたことについて、証拠や証言などを基に論争するわけです。こうしたテーマは弁論が扱うものではありません。

次に現在を扱う議論の例としては、「幸せとは何か？」「正義とは何か？」といった価値観やモラルを問うものが挙げられます。サンデル教授の白熱教室はこの範疇《はんちゅう》に含まれます。こうした、いくら議論しても結論が出ないテーマを選ばないことが弁論の正しいやり方です。

つまり、**弁論が対象とするのは「未来を扱うもの」なのです。弁論術は、何が真実かを哲学的に追い求めるものではなく、何が将来のベストな選択かを考える実用的なツールなのです。**ほとんどの議論が行き詰まってしまう最大の理由は、過去や現在の時制で問題を議論してしまう点にあります。

「未来形」で語る効果を、雑誌の編集部の企画会議を例にして説明してみましょう。

今の時代、週刊誌はなかなか売れません。すると、つい真面目な編集部ほど反省会をやってしまいます。そこで、問われる質問は自ずと過去形になります。

過去形：なぜこの特集企画は読まれなかったのか？

こうして過去形のテーマを掲げると、「切り口が古い」「取材が甘い」「テーマがメイン読者層と合っていない」などなど、各メンバーから思い思いのコメントが飛んできます。それぞれの意見は一片の真実を含んでいるのでしょう。しかし、特集企画を気に入らなかった読者に、その理由をしらみつぶしに聞くわけにもいきませんから、正解は誰にもわかりません。ですから、結局は、個人の思いつきからくる批判や非難のオンパレードになってしまい、編集部の雰囲気がすさんでしまいます。反省会が、法廷闘争のように、責任者の罪を弾劾する場所になってしまうのです。

次に、この問いかけを現在形に変えたらどうでしょうか。

現在形：なぜこの特集企画は読まれないのか？

こう聞かれると、話はより本質論へと移り、各人は時代のトレンドや雑誌のコンセプトなどについて持論を述べ始めます。「これからは、経済ネタよりも生活関連ネタだ」「コンセプトを創刊時に戻すべきだ」といった感じです。こうした議論は、雑誌の方向性やビジョンを作る際には有効でしょうが、毎週の反省会でこんな話をしていては具体的なアイディアは生まれません。こうした熱いトークは、ときどき居酒屋でやるぐらいにしたほうがいいでしょう。

では、未来形に変えてみたらどうでしょうか。

未来系：どうすればこの特集企画は読まれるのか？

こう問われれば、意見を言う側も、単なる批判だけではなく、具体的な改善案、アイディアを提案する形で発言せざるをえなくなります。「この特集のテーマはいいのだけど、記事の書き手が良くない。次回は、あの人に原稿を依頼してみては？」「このテーマは、今の季節には合わない。次は、冬にやってみたら」といった感じで前向きな議論になります。そうなれば、提案される側もよりポジティブに意見を受け入れられるようになります。すなわち、同じ反省会をする場合でも、**未来形の時制を意識することによって、より生産的な会議を行うことができるのです。**

「未来形」の法則は、きっとどの業界でも力強い味方になるはずです。

一流は見た目が9割

まずは、「未来形」で語るのが弁論の基本ということを押さえましたが、次に、説得力のある弁論を展開するためには、どこに気を遣う必要があるのでしょうか。アリストテレスは、3つの要素を挙げています。

ひとつ目は、論理（ロゴス）です。脳、理性に訴えるということです。

言うまでもなく、論理は弁論の根幹です。まずもって内容が論理的に破綻していては、人々をうまく説得することはできません。

2つ目は、感情（パトス）です。他人の気持ちを読み、心に訴えかけることです。

人は機械ではありません。いかに論理的に筋が通っていても、マイナスの感情を抱く相手の言葉を素直には受け止めないでしょう。実際、アリストテレスは、論理による説得よりも、感情による説得を重視しています。正しいことを率直に言えば良いと考える人もいますが、それはあまりにナイーブです。自らの言い分を、どう快く相手に受け入れてもらうかの技術こそが問われます。

3つ目は、徳（エトス）です。本能に訴えることです。

言い換えれば、「他人から、徳があって信頼できる人物だと思ってもらう能力」です。同じ内容の話でも、相手への信頼感によって、その印象は一変します。外見、話し方、雰囲気、話の内容や構成など全人格でもって、相手に信頼してもらう力とも言えます。

この3つのうち、論理については、あまたの入門書がありますし、あらためて説明する必要もないでしょう。また、2つ目の感情についても、さほど目新しいノウハウはありません。「ユーモアが強力な武器になる」「ムードを変えるのにもっとも効果的なのはストーリーテリング」「感情に訴えるには、できるだけシンプルに話す」といった程度のものです。

実は、**いちばん差がつきやすく、わかりにくいのは徳です。ここでは、徳に絞ってより具体的な方法論、ノウハウを語っていきます。**

まず、**もっとも初歩的かつ重要なのは外見です。**気心の知れた相手同士ならまだしも、初対面の人物や聴衆を相手にする場合、外見でその人に対する信頼感が決まります。外見こそもっとも重要なプレゼンテーションなのです。もちろん、「外見や服装の第一印象は悪かったが、話してみるといい人だった」という例はあります。ただ、自分の姿を見た人全員と、話すチャンスがあるわけではないですから、外見で好印象を与えるに越したことはありません。**「プレゼンのときは、黒いスーツを着る」**など基本作法を押さえているかどうかで、相手への説得力が変わってきます。

外見でもっとも損をしたのは、堀江さんでしょう。もし彼が、目上の人物と会うときにスーツを着ていたなら、歴史が変わっていたかもしれません（そこをあえてTシャツで通すところが、堀江さんの魅力でもあるのですが……）。

「普段はTシャツしか着ないホリエモンが、私との面談のときはスーツを着てきた」となれば、「そこまで俺を尊重しているのか」ということで、交渉がうまく進んだ可能性もあります。たかがスーツ、されどスーツです。

外見という点では、ヒゲも要注意です。私自身、学生時代からヒゲ面ですが、これで損をしているなと感じることがたまにあります。

一度、テレビ番組に出演したとき、友人のお父上が「この青年は、なかなか誠実な話し振りだな」と褒めてくださったそうなのですが、間髪を容れず、「ただ、このうさんくさいヒゲはどうにかならんのか」とダメ出しが入ったそうです。ヒゲはよっぽど男前か、似合っていない限り、徳にマイナスに働きます。

礼を失しないための服装が「守り」だとしたら、「攻め」は今の自分の地位に見合わない服装をすることでしょうか。

たとえば、20代のうちから、オーダーメードで高級スーツを着るといったことです。地位が人を作るように、服装も人を作ります。みながカジュアル路線に向かいがちなだけに、あえてフォーマルな装いを攻略することで、上司や顧客に安心感を与えられるケースもあります。何はともあれ、「外見は関係ない、大事なのは中身だ」といったナイーブな考えから抜け出すことが、説得力ある人間になるための第一歩です。

攻守に優れた人間になるには、スーツ一辺倒、カジュアル一辺倒を止めて、つねに服装を状況に応じて変えるのが、いいトレーニングになるでしょう。オバマ大統領、スティーブ・ジョブズ、ジェームズ・ボンドのように、毎日同じデザインの服を身にまとうのも一案ですが、それが通用するのは確たるスタイルと地位を築き上げた人に限られます。

ネット時代に必須のメディアを使い分ける力

弁論のノウハウはあまたありますので、ぜひアリストテレス、キケロの著作も読んでほしいのですが、最後に言葉とメディアについて話しましょう。

やはり**弁論において大事なのは語彙です。**たとえば、シェークスピアは平均的な人間の語彙が700語だった時代に、2万1000以上の語彙を獲得していたそうです。

語彙の豊富さは、表現力の豊かさにつながりますので、話していて飽きられることが少ないですし、繊細な感覚を表しやすくなります。それゆえに語彙力につながる読書は大切です。

もうひとつ、**人にうまく伝えるためにとりわけ大切なのが、メディアの使い分けです。**どのケースにどのメディアを使うかによって、人の印象は大きく変わります。

「インターネットの時代にはもう人と直接会わなくてもいい」と言う人もいますが、人間は直接会わないとなかなか信頼関係が生まれません。

それはなぜでしょうか。エトス（徳）が伝わらないからです。徳、人柄は、メールやスカイプや電話ではどうしても伝わりにくいのです。今なお、フェイス・トゥ・フェイスはロゴス、パトス、エトスを丸ごと伝える、ベストなコミュニケーション法なのです。

たとえば、メールは、ロゴス（論理）に訴えるのにはいいですが、パトス（感情）には向いていません。絵文字はメッセージの硬さをやわらげる効果はありますがそれでも充分とは言えません。それゆえに、メールでばかりコミュニケーションをとっていると、感情表現をするチャンスを奪われ、その技術がとぼしくなってしまいます。たまにメールで切れる人がいますが、意図的ならまだしも、そうでないなら最悪の行動と言えます。

一方、LINEのようなメッセージングサービスは、パトスの表現がよく合っています。メールに比べて、気軽にメッセージできるだけに、その人の地が出やすい傾向があります。

そして、ロゴスを伝えるのに最適なメディアは電話です。聴覚はロゴスと相性がいいのです。カンファレンス・コール（電話会議）がビジネスで多用されるのは、ロゴスに訴えるビジネスの話であればうまく機能しやすいからです。一方で、まだ信頼関係ができていない相手とは、飛行機を使ってでも移動して直接会うべきです。

最後に、メディアではないですが、**パトスとエトスをうまく伝えるのに効果的なのが、**

贈り物です。ちょっとした贈り物を渡すことで、ほっこりします。相手との距離がぐっと縮まります。

以前、サンリオ創業者の辻信太郎社長にインタビューした際、「『スモールギフト・ビッグスマイル』を合言葉にしてサンリオを作ったのは、贈り物の文化を広げることにより、世界を平和にするため」と話していましたが、とても本質的なビジョンだと思います。私の周りでも、コミュニケーション上手な人ほど、贈り物をうまく使うなあとよく感心させられます。

人たらしになるには、こうした細かい配慮を欠いてはならないのです。

自分大好き人間の時代

5つ目のリーダーの条件は「無私」です。無私の大切さは昔から繰り返し指摘されてきましたが、現代においては、よりいっそう希有な素養になっています。

なぜなら、**現代では、無私になることがとても難しくなっているからです。現代はある意味、自己愛がもっとも肥大化した時代なのです。**

以前、『君の名は。』などヒットを連発する映画プロデューサーの川村元気さんに、恋愛をテーマに話を聞いたことがあります。人気作家でもある川村さんは『四月になれば彼女は』という恋愛小説を執筆中だったのですが、彼は現代に恋愛が成り立ちにくい理由をこう語っていました。

「自分が一番大事だという人にとっては、恋愛は一番非合理ですよね。恋愛は相手がいる話です。ですから、恋愛した以上は、もはや自分のペースでは生きられなくなります。今10代、20代の自分大好きっ子たちは、恋愛すると、もう半端ない〝ロス〟になります。なんで自分が好きなときに寝て、好きなときに好きな人と遊んじゃダメなの、と。いわゆる自己愛の典型ですが、その状態がオジサン、お姉さんになっても継続している気がします」

そうした**自己愛の増幅をもたらしたのが、フェイスブックやツイッターなどのSNSです。**

猫も杓子も自分について語っています。しかも中身は、他人にとってどうでもいい話ばかりです。普通の自分と、なんだか充実していそうなSNS上の自分。現代人とは、もっとも実態と自己評価が乖離《かいり》した人たちなのです。

そうした現代人の宿痾《しゅくあ》を描いたのが、作家の朝井リョウ氏の『何者』です。この直木賞を受賞した作品も同じく川村元気さんプロデュースによって映画化されています。

『何者』は大学生の就活をテーマにした作品ですが、主人公は、プライドが高く、他人の評価ばかりを気にして、挑戦する人間を「サムい」と笑い、自分が何者かがわからなくなってしまっている男子学生です。この映画の核をなすのもSNS、ツイッターです。主人公はツイッターに匿名アカウントをつくり、表面上は仲良くしている友人の悪口を書き続けているのです。こうしたネットツールが、人間のどす黒い自尊心を解放してしまったのです。自尊心のインフレを過熱させているのです。

今の日本人は、自尊心は強いけれども、自分に自信はないという、なんともアンビバレントな状況に置かれる人が増えています。ただし多くの人は、自己愛は強いものの、他人の自己愛には不寛容です。とくにリーダーが自己愛に走ると猛烈な批判が起きます。

たとえば、舛添要一氏が、法律違反でもないのに、経費問題であれほど叩かれたのはなぜなのでしょうか。そのときに、一番腹に落ちたのは、LINEで上席執行役員を務める田端信太郎さんの解説です。彼はツイッターでこう説明していました。

「『ケチ』なリーダーがなぜ嫌われるかと言えば、ケチってのは『自己犠牲が出来ない』ってことなんだよね。リーダーが、自己犠牲をためらうようでは、部下のモチベーションが大きく下がる。割勘オトコが女性に嫌われるのもコレ。金銭ですら自己犠牲を躊躇する男は夜道で暴漢に襲われたらどうよ？　問題」

きっと世の中にはケチな人はたくさんいます。でもリーダー、しかも東京のトップに立つ人はせめてもっと清廉潔白で、自己犠牲の精神を持ってほしかった。しかし、驚くほどのケチで自分のことしか考えていなかった。そこに幻滅したのです。

では、現代において自己犠牲の精神がある人、無私の人とはどんな人物なのでしょうか。どうすれば無私の人間になれるのでしょうか。

これも性格と同様に、生まれながらの素質と経験によるものだと思います。

自衛隊の「特殊部隊」の創設者で、『国のために死ねるか』の著者である伊藤祐靖さんに一度、「国のために死ねる人はどういう人ですか」と聞いたことがあります。

伊藤さんの答えは、「ＤＮＡで決まっている」でした。つまり、**群れに危機が訪れたときに、自ら率先して戦う人かどうかは先天的に決まっているというのです。**伊藤さんによると、特攻隊員の写真と遺書を見ると、心から望んで行った人か、そうでない人かはすぐにわかるそうです。

仮にＤＮＡが自己犠牲の精神に大きく影響しているとしても、経験によって無私に至る人も中にはいるはずです。たとえば、失敗、挫折を通して、そこから復活してきた人は、表層的な自己愛を乗り越えているかもしれません。

古来、男を鍛えるのは、女（恋愛）、仕事、貧乏、戦争、牢獄暮らしだと言われていますが、そのどれもが、自分のアイデンティティを強烈に揺さぶります。くだらない自尊心が吹き飛ぶような経験です。

このうち現代においては、貧乏、戦争、牢獄暮らしはかなり稀なだけに（刑務所から帰ってきた、堀江貴文さん、佐藤優さん、鈴木宗男さん全員に会ったことがありますが、やはり迫力が違いました）、恋愛と仕事こそがカギを握るのでしょう。

ところが、日本の場合、有名私立中高は男子校が多く、東大も学部は女性が18％しかいません（理系はもっと少ない）。こんな環境では、恋愛もろくにできません。今の典型的なエリートコースでは、自己をガラガラポンするような恋愛のチャンスがないのです。『君の名は。』のような純愛ストーリーがこれほど日本中に響いたのは、それだけ多くの人が恋愛という〝ぜいたく品〟に飢えているからかもしれません。

もうひとつ、自己愛を払拭するのに役立つのが海外生活です。海外に出て、とくに帰国子女でもない日本人が、勉学でも仕事でもすんなり成功するということはまずありません。

マイノリティとして、弱者としての生活を送ることで、自己の強さが試されます。そこで、挫折してもよし、引きこもってもよし、這い上がってもよし、いずれにしろ日本では顔を覗かせないような自己と向き合うことができます。

また、何らかの修行をするのもいいでしょう。武道でも、座禅でも何でもいいので、とにかく自分と向き合い己に克つことです。

西郷隆盛は、『南洲翁遺訓』の21条で「概して人間というものは己に克つことによって一人前に成功し、己を愛することによって失敗するものであるぞ」と述べています。武士たちは、己に向き合い、自己愛を捨てることがいかに大切かをよくわかっていたのです。自己愛が強すぎるナルシストを要職につけてはならないのです。

孤独とリーダーシップは双子の兄弟

無私とも深く関わるのが、リーダーの6番目の素養である「孤独力」です。

孤独力は勇気とも置き換えられます。それが、国や社会や組織のためになるのであれば、誰が何と言ってもやりきる、どんなに反対されてもやりきるという執念のようなものです。逆張り力、信念を貫く力とも言えます。

私が読んだ記事の中で、もっとも感銘を受けたのは、「クーリエ・ジャポン」の2011年7月号に掲載された「リーダーシップの本質、それは〝孤独〟である」です。これは元イェール大学の教授で文芸評論家でもある、ウィリアム・デレズウィッツ氏が、陸軍士官学校で行った講演録です（詳細は『優秀なる羊たち』に記されています）。

彼は、孤独とリーダーシップと逆張りする力についてこう語ります。

「**リーダーシップにとって、真に重要なのは想像力であり、新規かつ逆張り的な物の見方を考え出し、それを表現する勇気です。**良きリーダーであるためには、いかにして一人の時間を作るか、一人で思考に集中できるか、大多数の一致した意見に左右されないか、をわかっていなければなりません。**〝孤独〟とは、一人で静かな時を過ごすことへの自信と心地よさです**[11]」

そして彼は、「道徳的勇気」を持つことの大切さを説きます。「道徳的勇気」とは、自分自身の頭で考える能力、そして、自分が心から信じる物事のために戦い、正しくないと判断した人々に断固として抵抗する意志のことを指します。

デレズウィッツ氏が、孤独力を磨くために薦めているのが読書です。とりわけ古い本を読むことです。その理由を彼は2つ挙げています。

「本にはツイッターに勝る2つの長所があります。ひとつは、本を書いた人間のほうがはるかに丁寧に、じっくりと内容を考えていること。本とは書き手の『孤独』の成果であり、自分で考えようとする試みなのです。

もうひとつは、ほとんどの場合は本のほうが古いこと。これは欠点ではなく、本に価値がある理由そのものです。今日書かれたものでないがゆえに、いまの社会通念に立ち向かえるのです。たとえ発表当時の社会通念を反映しているだけの内容だったとしても、その主張は君たちがいつも耳にするものとは異なるでしょう。

ひとつ断っておくと、人々に読み継がれてきた偉大な作品は、発表当時の社会通念を反映していません。こうした作品には、私たちの思考習慣を乱す不朽の力が備わっています。発表された当時も革命的で、いまも革命的な作品なのです」[12]

実際、名作の著者とは、「常識を疑い、超える」ことに傑出した人物です。その多くは、執筆当時や生存中に、前代未聞の意見を表明し、異端扱いされた人たちです。

ソクラテスは「ギリシア古来の神々を冒瀆《ぼうとく》し、若者たちを誤った方向に導いた」との咎《とが》で死刑に追い込まれました。ルソーは自らの教育観を記した『エミール』が教会の怒りを買い、パリから追放されました。ホッブズは『リヴァイアサン』を書いたことで教会から激しい非難を浴び、無神論者のレッテルを貼られました[13]。

つまりみな、命をかけて真理を説いたのです。こうした著者の息吹に触れることで、単なる知識を超えた、天才の思考法と覚悟を追体験することができるのです。

私自身、これまでの人生を振り返っても、読書を通じて、過去の偉人とバーチャルに語り合うことが、大きな助けとなりました。

就職活動のときには、夏目漱石の『私の個人主義』が、仕事の本質とは何かを教えてくれました。留学中には、福澤諭吉、吉田茂、高坂正堯、山本七平などの著書が、日本とは何かを教えてくれました。

こうした先人の声に耳を傾けることにより、信念はより強固となり、ぶれない強靭な自己ができ上がります。何か人生や判断に迷ったときに、頭の中で、過去の偉人にアドバイスを仰ぐことができれば、それほど心強いことはありません。

しかも、読書を好きになれば孤独が怖くなくなります。孤独を楽しめるようになります。現代人は、LINE、フェイスブック、ツイッター、メールなどの発達で、どこにいても仕事や友人関係から離れられません。それはいい面もありますが、自分の思考を深める時間がなくなるというデメリットも大きいのです。

カリフォルニア大学ロサンゼルス校の神経精神医療研究所のピーター・ホワイトブロー所長は「コンピューターは電子のコカインである」と指摘しています。脳は、新しいものを求める傾向があるため、LINE、フェイスブック、メールなどから次々もたらされる情報が、気になってしょうがなくなるのです。[14]

スマートフォンを使っても、人間はスマートになれるわけではありません。孤独の中で、自分の考えを深めておかないと、誰かと対話しても新しい視点を提供することができず、真の友を得ることができません。

哲学者のエマーソンは「人は周りに友人を置くことで、より深く己を知り、より深い孤独を手に入れる」と言っています。[15] 表面的な会話だけではなく、自分の本質をえぐるような深い話をできる友人を持つことで、自分をより深く知ることができるのです。

私の場合も、大学時代に一人の友人に恵まれ、ああでもないこうでもないと、青臭いテーマを毎日のように語り合っていましたが、それはかけがえのない財産になっています。

これからの時代は、ウェブをどう使いこなすかというリテラシーも大事ですが、それと同じくらい、どれだけウェブやスマホから距離を置き、自分で思考する時間、真の友と語る時間をつくれるかが問われてきます。

孤独に耐えられる力を高めれば高めるほど、批判に動じない自己を形作ることができるようになるのです。そして、批判に耐えられる人ほど、人に反発されるような大胆なイノベーションに挑戦することができるのです。

現代最高のイノベーター、アマゾンのジェフ・ベゾスもこう言っています。

「もしあなたが何か面白いことをしようとするなら、きっと批判を浴びるだろう。しかし、そんな批判に耐えられないなら、何か新しいことや面白いことはしないでほしい[16]」

リーダー最後の条件「コスモジャポニズム」

リーダーの最後の条件が、「コスモジャポニズム」です。

これは、コスモポリタニズムとジャポニズムを組み合わせた造語です。**一言で言うと、日本を愛し、日本を土台にして、世界にも貢献するということです。**

ジャポニズム、つまりはナショナリズムを否定するのではなく、健全なナショナリズムを育て、それをコスモポリタニズムへとつなげていくということです。ナショナリズムとコスモポリタニズムは矛盾しないのです。共存できるのです。

家族、地域、会社、日本という足元のアイデンティティをしっかり確立し、敬い、それを世界と対立するものではなく、世界に資するものとしてつなげていくのです。

言い換えれば、オープンな保守主義とも言えます。保守主義とは、偏狭な伝統主義、排外的な愛国主義とはまったくの別物です。保守思想の元祖といわれる、エドマンド・バークは愛国心についてこう語っています。

「われわれの公共心は、まず家庭の中で育まれる。それがやがて、近隣の人々や、地域社会のつながりへと発展してゆく。地元に愛着を抱くことは、国全体を愛することと矛盾しない。いや、まずは地元を愛してこそ、国という大規模で高次元なものにたいし、個人的な事柄のごとく愛着が持てるようになるのだ」

この理屈はそのまま、ジャポニズムについても当てはまります。家庭、地域、国で公共心を育んでこそ、それが日本への愛と、世界に貢献しようという意欲につながるのです。

実際、そんなコスモジャポニズムを持った日本人が徐々に生まれつつあります。

私がその典型だと思うのは、**サッカーの本田圭佑選手と、柔道全日本男子の井上康生監督です。**

本田選手は、決してエリートコースを歩んできたわけではありません。ユース時代には、ガンバ大阪に受け入れてもらえませんでした。その後、石川の星稜高校を経て、Jリーグの名古屋グランパスに入りましたが、そこでも突出した成績を残したわけではありません。海外移籍後も、最初のチームとなったオランダのフェンロでいきなり2部落ちを経験します。しかし、挫折のたびにはいあがり、イタリアの名門ACミランの10番をつけるまでステップアップしました。

彼がすごいのは、日の丸を背負い、日本のためにプレーするだけでなく、選手の枠を超えて、世界を舞台に果敢に行動していくことです。オーストリアのサッカークラブのオーナーになったり、国連の教育事業に協力したり、ファンドを立ち上げてスタートアップに投資したりと、発想がコスモポリタンなのです。

さらには、日本全国にサッカースクールを張り巡らすなど、教育起業家としても活躍しています。2016年6月にオーストリアで本田選手に直接話を聞く機会があり、「なぜそれほど教育に入れ込むのですか」と聞いたところ、次のような答えが返ってきました。「だって、やっぱり地球の宝は人でしょう。人が主役だと僕は思うんですね。いわゆるITとか、モノとかがビジネスの中心に来ますけど、結局、宇宙はともかく、地球という枠では人が主役だと考えているので、人を中心に置くビジネスを自分のライフワークにしたい。さらに言えば、僕はそんなに優秀な人間じゃなかったのにここまで来ることができた。

そのことについて、自分の思うところを直接、若者や子どもに伝えられたらなと思っていたんですよね」

本田選手はプレーヤーとして日本に貢献するだけでなく、次世代も見据えて教育に熱意とお金を注ぎ込み、さらに世界にその取り組みを広げようとしているのです。私は前々から本田選手のファンでしたが、その教育に懸ける熱意とビジョンに触れ、ますます彼が好きになりました。

本田選手と同じく、コスモジャポニズムの体現者が、柔道の井上康生監督です。ストイックに自己を追い込んでいく。それは孤独な戦いであるが、孤立ではないし、その周りには、人が集ってきます。その典型が、井上康生さんです。

彼は、選手時代もストイックで孤独に見えましたが、それはさびしい孤独ではなく、たくましい武士のような孤独でした。そして彼は本物の人格者でした。だからこそ、彼の周りには人が集まり、メダルを獲った選手たちが、口々に井上監督への感謝を口にしたのでしょう。彼の徳がチームにポジティブな感染をもたらしたのです。

井上監督のすごさはもちろん徳だけではありません。スコットランドに2年間留学するなど、世界の「JUDO」をしっかり研究するとともに、世界の文化を貪欲に吸収。科学的なトレーニングと非科学的なトレーニングをうまく組み合わせて、世界で勝てるチームを作り、リオ五輪ではすばらしい結果を残しました。

2人がかっこいいのは、日本を背負いながら、世界を見ているからです。日本への貢献と世界への貢献がシームレスにつながっているのです。これこそが、新しい日本のリーダー、コスモジャポニズムを持つリーダーの生き方だと思います。

こうしたコスモジャポニズムを持った日本人が、これからあらゆる分野で出てくるでしょうし、みなで全力で応援しなくてはいけません。

私は「スポーツはビジネスの先行指標だ」とつねづね思っています。

たとえば1998年、日本のサッカー代表がW杯に初出場した際、世界の強豪に挑む様子に日本中が熱狂しました。当時は、バブル崩壊後とはいえ、まだまだ日本経済にも、日本企業にも余裕がありました。本気で世界に挑んでいる企業はわずかでしたし、「グローバル人材」といった言葉もありませんでした。

それが今では、猫も杓子も「グローバル人材」と唱えています。**スポーツとは、われわれが見るべき未来を10年以上先取りしているのです。**そして、われわれが日本代表のスポーツ選手に感動し、自然と応援したくなるのは、コスモジャポニズムを全身から発散しているからです。

２０２０年のオリンピックが、日本衰退の序曲となるのではなく、日本人がコスモジャポニズムに目覚め、日本を背負いながら世界へ旅立っていく――そのきっかけとなることを心から願っています。

リーダーの未来を考えるための10冊の本

・村上泰亮、公文俊平、佐藤誠三郎『文明としてのイエ社会』中央公論社
・内村鑑三『代表的日本人』致知出版社
・クレイトン・クリステンセン、ジェフリー・ダイアー、ハル・グレガーセン『イノベーションのDNA』翔泳社
・プラトン『メノン』光文社古典新訳文庫
・プラトン『プロタゴラス』光文社古典新訳文庫
・アリストテレス『弁論術』岩波文庫
・キケロ『弁論家について』岩波文庫
・ピーター・ドラッカー『ポスト資本主義社会』ダイヤモンド社
・カール・ポパー、フランツ・クロイツァー『開かれた社会 開かれた宇宙』未來社
・チャーチル『描く楽しさ』美術出版社

おわりに：30代よ。いい子ちゃんを卒業せよ

この本を書くにあたり、私がつねに念頭に置いていたのは、30代の人たちです。この本は、いわば、30代のみなさんを鼓舞するための檄文のようなものです。

『日本3・0』というタイトルも、「日本近代の第3ステージ」という意味と、「30代」の3と0をかけています。あらゆるフィールドで「日本3・0」の原型をつくるのは30代です。「日本2・0」時代の成功体験も、「日本2・0」へのノスタルジーもない30代だからこそ、「日本3・0」の創始者となれるのです。30代の覚悟と頑張りなくして、「日本3・0」の繁栄は望めません。歴史的な責任を背負っているのです。

わたしはつねづね、人は40歳で一度死ぬと思っています。言い換えると、40歳で若者としての人生を終えるということです。

日本では高齢化が進んでいるため、40代でも若手と呼ばれたりしますが、そんなのは日本だけの話です。「若手」という言葉には、甘えが含まれています。誰かが守ってくれる、誰かが責任をとってくれるというニュアンスがありますが、それもせいぜい30代まで。40歳ともなれば、もう立派な大人です。会社でも家庭でも、決断するリーダーにならなけれ

ばなりません。

逆に言うと、**30代は、若手として許される最後の10年です。だからこそ、誰よりも大胆に貪欲に攻めるべきなのです。**

「日本3・0」という大変革の時代を、脂の乗り切ったタイミングで迎えられる今の30代は本当に幸せです。しかし、30代はまだその僥倖《ぎょうこう》を活かせていません。まだまだ〝いい子ちゃん〟すぎます。周りに遠慮しすぎです。野蛮さが足りません。

別に、上司や同僚に嫌われてもいいじゃないですか。

別に、世間で痛烈に批判されてもいいじゃないですか。

別に、こっぴどい失敗を犯してもいいじゃないですか。

反対意見があっても、自分が正しいと思ったこと、世の中のためになると感じたこと、これはいけると感じたアイディアをどんどん実行してみればいい。**失敗しても、何もしないより100倍ましなのですから。**

これから「日本3・0」を牽引する魁《さきがけ》となるのは1976年生まれのナナロク世代です。

ちょうど40歳を迎えたばかりの〝大人1年目〟のこの世代は、ネットネイティブ、ケータイネイティブの魁であり、起業家も多数輩出しています。
女性総合職が一気に増えた年代でもあり、ワーキングマザーが当たり前。子育てに忙しい人も多く、新時代の教育システムに対する問題意識もとても高いはずです。企業や官庁やＮＰＯでも現場の主力となりつつあるこの世代が、きっと多くの組織で風穴を開けてくれるでしょう。

ナナロク世代に続く30代後半の世代は、最後の青春を満喫すべく、暴れまくらなければなりません。大失敗しても取り返しのつく最後の年頃です。２０２０年以後の自らが主役になる時代に備えて、徹底的に自己を磨くべきです。この世代までは、会社や社会よりも、自分優先で結構。強い個なくして、会社にも社会にも貢献できません。

30代前半の人は、大企業でもスタートアップでも役所でも、まだ責任を負うような仕事には就いていないでしょう。未だ雑巾がけの人も多いはずです。しかし、もう下積みはいりません。一刻もはやく、何か自分で決断できる仕事に手を挙げるべきです。左遷部署でも、赤字部門でも、新規部門でも、海外の支社でもなんでもいい。とにかく大事なのは、自らの裁量で働ける場所に行くことです。

私自身も33歳のとき、当時勤めていた出版社で異動を申し出ました。図々しくも、当時苦戦していたオンライン部門で媒体の編集長にしてほしいと頼んだのです。上司がそのわがままを認めてくれて、望みどおり編集長になり、すぐさま大幅なリニューアルを敢行。周りのサポートにも恵まれ、いい結果が出たことで、その後の人生が一気に開けました。

「あの時、図々しく手を挙げていなかったら、自分の人生はまったく違ったものになっただろうなあ」とつくづく思います。

若さは本当に一瞬です。LINEやフェイスブックで友達とメッセージを送り合ったり、ネットサーフィンをしていたりする間に、気が付いたら40歳になってしまいます。そうなってからでは遅いのです。ネット上だけでは真の充実感も修羅場も味わえません。ネットをフル活用しながらも、ネット空間に逃げ込んではいけないのです。

20代以下の人たちは、完全なネットネイティブであるからこそ、上の世代にはない発想でどんどん世の中を切り開いていってほしい。しつこいようですが、ネットばかりに没入していてはいけません。リアルの世界は、はっきり言って、ネットの100倍面白いです。存分に旅をして、存分に友人と語り、存分に恋をして、存分に体を動かして、存分に働く。リアルの経験がネットの生活をさらに豊かにしてくれるのです。

30代以下の世代が絶対にやってはいけないこと。それは親の言うことを聞くことです。

親は「日本2・0」という日本の歴史の中でも稀有な時代を生きてきた人たちです。親の価値観に基づいたアドバイスを聞くのは、利より害が大きいのです。だからこそ、親を尊敬し、親孝行をしながらも、完全に親離れをしないといけません。

もちろん、30代だけでは世の中や会社は変えられません。応援団が必要です。上の世代にも下の世代にも、立派な人はたくさんいます。そうした人たちを見つけ、互いに学び合い、タッグを組んでいけばいいのです。30代は世代をつなぐハブにもなれるのです。

本書では、「お前は何様だ」とおしかりを受けそうな偉そうなことばかりを述べてしまいましたが、私自身も、本書で述べたことを実現すべくチャレンジします。

現在編集長を務める、経済メディアの「ニューズピックス」を通じて、新時代のメディアを創りあげ、イノベーションのハブにしていきたいと思っています。「日本3・0」を創るリーダーを見つけ、つなげ、ともに奮闘する。そのためには、ネットとリアルを網羅した「場」が欠かせません。理想とするのは、慶應義塾という「新時代の学ぶ場」を創り、時事新報という「新時代のメディア」を創り、交詢社という「新時代の社交場」を創った福澤諭吉です。

福澤諭吉の10分の1、せめて100分の1ぐらいは世の中に貢献できるよう、勇気と体力と智恵を振りしぼって、突っ走りたいと思います。

佐々木紀彦

4. ハーバードの一般教養の改革については、次のレポートを参考にした。
Harvard University, Report of the Task Force on General Education (http://www.sp07.umd.edu/HarvardGeneralEducationReport.pdf).
5. スタンフォードの一般教養の改革については、次のレポートを参考にした。
Stanford University, The Study of Undergraduate Education at Stanford University (http://www.stanford.edu/dept/undergrad/sues/SUES_Report.pdf).
6. 「グローバルエリートを育成せよ」『週刊東洋経済』2011年7月2日号。
7. 山折哲雄、上田紀行「知識はあるが勇気のない、日本の『人格者』」東洋経済オンライン、2013年11月5日。
8. アリストテレス『弁論術』岩波文庫、1992年、pp.220-221。
9. 西郷隆盛『南洲翁遺訓』角川ソフィア文庫、2007年、p.36。
10. 大石慎三郎等『江戸時代人づくり風土記—ふるさとの人と知恵〈46〉鹿児島』農山漁村文化協会、1999年、pp.248-254。

第6章

1. 村上泰亮『村上泰亮著作集 4』中央公論社、1997年、p.218。
2. Fitness Business (http://www.fitnessclub.jp/business/date/compare.html)
3. ピーター・ドラッカー『ポスト資本主義社会』ダイヤモンド社、1993年、pp.265-266。
4. 同上、p.270。
5. 同上、p.274。
6. ウィンストン・チャーチル『描く楽しさ』美術出版社、1951年、p.7 。
7. 同上、p.12。
8. 同上、pp.34-35。
9. Max Maxwell, "Introduction to the Socratic Method and its Effect on Critical Thinking", THE SOCRATIC METHOD RESEARCH PORTAL(http://www.socraticmethod.net/).
10. カール・ポパー、フランツ・クロイツァー『開かれた社会—開かれた宇宙』未來社、1992年、p.28。
11. 「よきリーダーになるにはなぜ孤独が必要なのか」『週刊東洋経済』2011年11月26日号。
12. 「孤独とリーダーシップ」『クーリエ・ジャポン』2011年7月号。
13. 三崎和志、水野邦彦編『西洋哲学の軌跡』晃洋書房、2012年、p.12。
14. Mary Fischer, "Manic Nation: Dr. Peter Whybrow Says We' re Addicted to Stress", *Pacific Standard*, June 19, 2012.
15. 「孤独とリーダーシップ」『クーリエ・ジャポン』2011年7月号。
16. Edmund Lee, "Jeff Bezos on Gawker vs. Peter Thiel: 'Develop a thick skin.'", *recode*, May 31, 2016.